LENNON

1940–1980

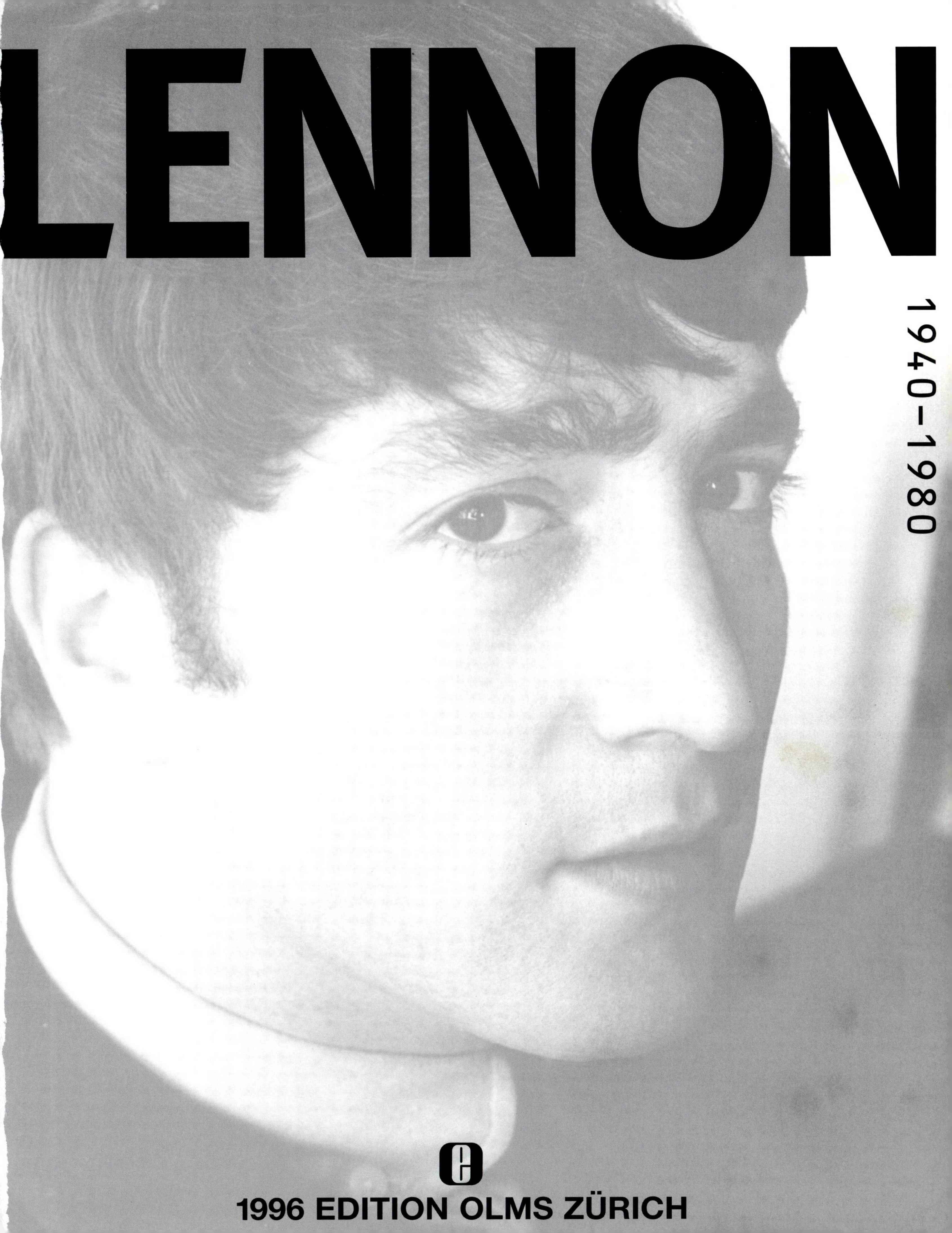

1996 EDITION OLMS ZÜRICH

2

Autorisierte deutsche Erstausgabe für
Deutschland, Österreich, Schweiz

ISBN 3-283-00298-3

Die Deutsche Bibliothek –
CIP-Einheitsaufnahme

Robertson, John:
John Lennon 1940 – 1980 : eine
Reise durch John Lennons Leben in
Worten und Bildern / John Robertson.
Dt. Übers. von Peter von Stahl. –
1. Aufl. – Hombrechtikon/Zürich :
Edition Olms, 1996
Einheitssacht. : John Lennon <dt.>
ISBN 3-283-00298-3

Herausgeber: Chris Charlesworth
Design: Kalina
Owczarek, 4i Limited, London
Foto-Recherche: Nikki Russell
Übersetzung: Peter von Stahl
Produktion: PvS Medienservice
Produktions-Assistenz: Silvie Bohla

Fotohinweis:
Dagmar/Star File: 86 u.r.;
Harry Goodwin: 30;
Bob Gruen/Star File: Umschlag vorne
und hinteno.l,81,82,groß,86,92,93, 95,
97,98,99u.,100, 104, 08,110 l.&o.r,1110.r,
123,124,126;
Tom Hanley/Camera Press: 6;
London Features International: 1,4,13,
18/19, 20,22,23 u.r.,27,35 u., 36 u.l,
38,40, 43,460.,48,49, 53,55,60,68,69,
710.r, 720.,77,110 u.r., 114,116,119
groß,128u.;
Kieron Murphy/SIN: Umschlag hinten
o.r,2/3, 5, 82/3 insets,84/5;
Kalina Owczarek: illustration 68;
Chuck Pulin/Star File: 90;
Rex Features: Umschlag hinten
u.r.,m.o.& u.,8, 10,12,14, 23 groß,26,
31,32,33, 34,35 o., 36,37,39, 52, 54,
56,59,63,64,65,66, 67,70,71 u.l., 72
u.l.&r, 75,76, 78,88,99 m., 101,102,106,
109, 118,119 m., 121,1280.;
Star File: 46u.;
Gloria Stavers/ Star File: 400.r;
Virginia Turbett/SIN: 112/3;
Jurgen Vollmer/Star File: 9;
Vinnie Zuffante/Star File: 990.,115,117.

Printed in Germany

Vorwort

Es war fünf vor acht am Morgen. Ich haute auf mein Radio, ließ mich in die Kissen zurückfallen und döste mich durch den Wetterbericht. Fünf Minuten später war die Sicherheit meines Morgen-Rituales zerstört. „Hier sind die Nachrichten des Tages“, sagte der BBC-Mann Brian Redhead in einer Mischung aus Resignation und Eile. „Die Schlagzeile des heutigen Morgens: der ehemalige Beatle...“. Mein Zeitgefühl dehnte sich explosionsartig wie ein Akkordeon, und meine Gedanken verdichteten sich im Bruchteil einer Sekunde zu einem turbulenten Durcheinander von Sätzen, die alle gleichzeitig durch mein Gehirn rasten. Der Beginn der Nachricht bedeutete Tod, und ich kannte seinen Namen, bevor er ausgesprochen war. „Laß’ es nicht John sein“, dachte ich - als ob meine Willenskraft einen der anderen drei Beatles in ein vorzeitiges Grab schicken könnte.

Brian Redhead katapultierte mich in die Wirklichkeit zurück und berichtete mit Grabesstimme über den Alptraum: „Der ehemalige Beatle John Lennon ist vor seinem Haus in New York erschossen worden.“ „Nur ein Pop-Sänger“, wie meine Mutter im Laufe des Tages netterweise bemerkte. Aber Lennon war für mich, wie auch für Millionen andere rings um den Globus, viel mehr als das. Ich hatte ihn (natürlich) nie getroffen, und ich kann mir auch keine Gelegenheit vorstellen, bei der mir das hätte passieren können. Aber ich kannte ihn, oder ich glaubte, ihn zu kennen – so wie jeder Beatles-begeisterte Jugendliche ohne Hotline ins Allerheiligste des Dakota eine Bekanntschaft mit ihm haben konnte. Immerhin hatte ich all seine Platten gekauft.

Mein Schock (noch immer einer der abruptesten meines ganzen Lebens, andere Trauerfälle hatten sich meist längerfristig angekündigt) war einzigartig, obwohl er durchaus in der glorreichen Tradition des Fantums stand, das die Beatles immer als einen persönlichen Besitz betrachtet hat. Aber das war Lennon nicht. Tatsächlich zeigten all die Aussagen der „Insider“, die im Laufe des folgenden Jahrzehntes auftauchten, daß keiner seiner Fans irgendetwas über Lennon oder seine jüngste Vergangenheit wußte. Noch wichtiger: Die Zeugen behaupten sogar, daß der „Ehrenwerteste Mann des Rock“ selbst vor einer Umdichtung seiner eigenen Geschichte nicht Halt gemacht habe – wann immer es ihm gerade in den Kram paßte.

Es brauchte den Großteil eines Jahrzehntes, um die Folgen von Lennons Ermordung zu verkraften. Erst 1990, als sein Lebenswerk mit einer Reihe von mehr oder weniger notwendigen CD-Boxen und halbherzigen Tribut-Konzerten „gefeiert“ wurde, konnte dem weltweiten Schmerz ein vages Gefühl des Bedauerns folgen. Es gibt nach wie vor Augenblicke, in der Regel eher beim Anhören von Lennons Interviews denn bei seiner Musik, die einen kleinen Stoß ins Herz versetzen können, weil man sich wieder einmal klar macht, daß er – ja – noch immer tot ist. Wir werden immer wissen, daß die Welt ohne ihn ein weitaus weniger interessanter Ort ist. Aber ein Jahrzehnt reichte immerhin aus, um herauszufinden, daß das menschliche Leben auch ohne einen Helden weitergehen kann – und daß der Held selbst den größten Teil seines erwachsenen Lebens damit verschwendete, sich in Zweifeln und kindischer Selbsterniedrigung zu suhlen.

1990 schrieb ich auch das Buch „The Art And Music Of John Lennon“ (Omnibus Press), ein Versuch, ihn den Klauen der Klatschsüchtigen zu entreißen und den Blick wieder auf seine Arbeit zu lenken. Bei Lennon gab es, mehr als bei jedem seiner Zeitgenossen, keine festumrissene Trennung zwischen Kunst und Leben – bis hin zu dem Punkt, daß die Interviews dieses Mannes oftmals wesentlich „künstlerischer“ ausfielen als eine Reihe seiner Solo-Platten.

Als ich für dieses Buch recherchiert habe und stundenlang Heim-Demos und Skizzen-Bänder hörte, fand ich heraus, daß seine Interviews – vor allem die großen „Bekenntnisse“ in seinen letzten Lebenswochen – noch in einem ganz anderen Sinne „künstlerisch“ waren. Kurz gesagt: sie waren zur Hälfte Fiktion – mit der von Lennon und Yoko Ono wohlüberlegten Absicht, auf diesem Wege einen idealisierten Volksmythos um ihre Beziehung herum zu spinnen. In dieser Märchenwelt hatte Lennon 1975 einen Schlußstrich unter die grausame Geschäftswelt gezogen und verbrachte fünf Jahre als perfekter Hausmann mit Brot backen, dem Aufziehen seines Kindes und dem versenkten Blick in die Unendlichkeit. Wenn er überlebt hätte, dann wäre die Stille der späten Siebziger Jahre sicher von seiner nachfolgenden Arbeit überstahlt worden – und seine kleinen Lebenslügen wären unbemerkt geblieben.

Statt dessen ließ er die Welt zunächst mit seinen kreativen Abgründen, später mit der jungfräulichen Geburt des „Double Fantasy“-Albums allein zurück. Der Drang, die Lücke zu füllen, war nicht zu bremsen, und seit 1990 wissen wir alle nur zu gut, was Lennon in seine vierjährige Umnachtung

REVOLUTION

hineingezogen hatte: Drogen (meistens) und der Terror der Außenwelt.

Die Existenz jener kostbaren Heim-Aufnahmen aus den späten Siebzigern erlaubte uns einen kurzer Blick auf Lennons Geisteszustand in seinen letzten Lebensjahren, der dann mit der Veröffentlichung von „Double Fantasy" jedoch sofort wieder sorgfältig verschleiert wurde. Trotzdem – sogar nach dem Erscheinen von „The Art And Music" wurde die Lennon-Version dieser Ereignisse von den meisten Kommentatoren noch blind geglaubt.

Dieses Buch hier will die Dinge wieder ins reine bringen, will unterscheiden zwischen dem handgemachten Mythos in Lennons letzten Interviews und der Wirklichkeit. Es ist aber auch eine Chronik des seltsamsten und am wenigsten vorhersehbaren Rock-Lebens unserer Zeit. Zu Beginn ist es ohne jeden Zweifel klar, daß Lennon und seine Gruppe, die Beatles, sich ihren Weg an die Spitze hart erarbeitet haben und dort bis lange nach ihrer Auflösung auch blieben – unter Beibehaltung eines Arbeitspensums, das sämtliche nachfolgenden Pop-Stars wie faule Simulanten aussehen läßt. Doch wer hätte sich 1963 schon vorstellen können, daß der freche Komponist von „Please Please Me" sechs Jahre später zum „Mann des Jahrzehnts" gewählt wird? Daß er Kontakt zu Dichtern, Premierministern und Politikern haben wird? Daß er zur besten TV-Sendezeit gegen die amerkianische Regierung protestieren wird? Daß er seinen halberigierten Penis im Namen der Kunst zur Schau stellen wird? Oder daß er dem faszinierenden Zauber einer japanischen Avantgarde-Künstlerin verfallen wird, für die Publicity schon die halbe Kreativität ist?

Und sogar all das kratzt kaum an der Oberfläche von Lennons bizarrer Existenz. Fast jede Seite dieses Buches enthüllt diesen Mann als geborenen Schreihals. Als unsicheren Einsiedler. Als unerträglichen Tyrann und als empfindsamen Vorzeige-Feministen. Als Peacenik und als gewalttätigen Revolutionär. Als Zyniker und als unheilbaren Romantiker.

Lennons Leben war ein einziger Widerspruch, und es provoziert gleichermaßen widersprüchliche Antworten. Einen Moment lang fängt man an zu glauben, Mark Chapmans krankhaft verbogene Logik für seinen Akt der Bilderstürmerei – sein Held war für ihn ein Heuchler, der beseitigt werden mußte, bevor er noch jemanden vergiftet oder verführt – trage ein paar Körnchen Wahrheit in sich. Doch schon beim zweiten Hinsehen fühlt man sich im Banne eines Mannes, den Charisma, Aufrichtigkeit und schmerzhafte Selbstoffenbarung zu der erstaunlichsten Figur gemacht haben, die die ersten vier Jahrzehnte des Rock hervorbrachten.

Was folgt, ist eine Tag-für-Tag-Aufrechnung des Wahnsinnes und der Raserei. Jenen Besessenen, die eine Auflistung aller Beatles-Konzerte im Cavern brauchen, oder wissen wollen, welche der Aufnahmen von „Ticket To Ride" für die Single ausgesucht wurde, empfehle ich die Lektüre von Mark Lewisohns meisterhaften Standardwerkes. Jene, die die Geschichte von Lennons künstlerischer Metamorphose vom Teenager-Rocker zum Avantgarde-Experimentator nachlesen wollen, können auf mein Buch „The Art And Music Of John Lennon" zurückgreifen. Und wenn Sie eine Lennon-Biographie wollen, lesen Sie doch mal abwechselnd die Kapitel von Ray Colemans „Lennon" und Albert Goldmans „The Lives Of John Lennon" – die erste eher eine Heiligen-Legende, die zweite ein klarer Rufmord.

Dieses Buch dagegen ist ein Lagerhaus für die Ereignisse, aus denen sich Lennons diverse Leben formten. Lesen Sie es und weinen Sie, falls sie sich das Lachen verbeißen können. Nehmen sie sich eine Sekunde Zeit und denken darüber nach, was Lennon uns gegeben hat, und was er uns noch alles hätte geben können, wenn Mark Chapman am 8. Dezember 1980 irgendwo anders gewesen wäre. Oder, wie John Lennon im New Yorker Record Plant-Studio sang: „Everybody here says hi. Goodbye."

John Robertson, August 1995.

John vor dem Haus seiner Tante Mimi in der Menlove Avenue in Liverpool.

1912-1956

14. DEZEMBER 1912
Alfred Lennon wird in Liverpool geboren.

12. MÄRZ 1914
Julia Stanley wird geboren, ebenfalls in Liverpool.

18. FEBRUAR 1933
Yoko Ono wird in Tokio geboren.

3. DEZEMBER 1938
Alfred Lennon und Julia Stanley werden im Mount Pleasant Register Office, Liverpool, getraut. 24 Jahre später wird ihr einziger Sohn dort auch heiraten.

4. DEZEMBER 1938
Freddy verläßt Liverpool für eine dreimonatige Schiffsreise zu den Westindischen Inseln. Julia bleibt zu Hause bei ihren Eltern. Dieses Muster zieht sich durch ihre gesamte Ehe.

10. SEPTEMBER 1939
Cynthia Powell wird in Blackpool geboren.

FRÜHLING 1940
Einige Wochen nach einem von Freddy Lennons flüchtigen Heimatbesuchen entdeckt Julia, daß sie schwanger ist. Doch sie kann ihrem Mann diese Nachricht nicht mitteilen.

9. OKTOBER 1940
Während eines schweren Luftangriffes über Liverpool gebärt Julia Lennon um 18:30 Uhr im Oxford Street Maternity Krankenhaus ihr erstes Kind, John Winston Lennon. Sein Name war von ihrer Schwester Mimi Smith ausgesucht worden. Nach der Entlassung aus dem Krankenhaus wird John von seiner Mutter in Newcastle Road, Wavertree, aufgezogen.

1941
John bleibt in der Obhut der vielköpfigen Stanley/ Smith Familie, während Julia von den regelmäßigen Zahlungen lebt, die Freddy von Bord seines Schiffes sendet. Eines Tages schägt Julia vor, daß Mimi das Kind allein aufziehen soll.

1942-1944
John zieht mit Mimi und ihrem Mann George in deren netten bürgerlichen Heim „Mendips", in der Menlove Avenue, Woolton, ein. Das Paar hat keine eigenen Kinder. John sieht seine Mutter weiterhin regelmäßig , obwohl sie im Grunde ein ganz unterschiedliches Leben führen: sie hat ein Verhältnis mit einem Soldaten während dessen Fronturlaub begonnen. Ende 1944 entdeckt sie, daß sie schon wieder schwanger ist.

CA. 1945
Im Juni bringt Julia eine Tochter, Victoria Elizabeth, auf die Welt und gibt sie zur Adoption frei. Victoria findet in Schweden ein Zuhause. Julia nimmt ihre Arbeit als Kellnerin wieder auf, wo sie John Dykins kennenlernt, der ihr Partner bis zu ihrem Tod wird. Gegen Ende dieses Jahres kommt John Lennon nach Dovedale in die Grundschule. Die ist zwar drei Meilen von „Mendips" entfernt, liegt aber in der Nähe seines Stiefeltern-Hauses, Strawberry Fields.

JULI 1946
Freddy Lennon kehrt von der Seefahrt heim und besucht seinen Sohn in Liverpool. Er sagt ihm, er plane, nach Neuseeland auszuwandern und will ihn dorthin mitnehmen. Doch in der Zwischenzeit meldete auch Julia an, daß sie John zurückwill. Gezwungen, zwischen seinen Eltern zu wählen, entscheidet sich John für seine Mutter, nur, um kurz darauf endgültig wieder bei seiner Tante Mimi zu landen. Er wird seinen Vater fast 20 Jahre lang nicht mehr sehen.

CA. 1947
Wie viele kleine Kinder entscheidet sich Lennon, mit dem Schreiben seiner eigenen Bücher und Zeitungen anzufangen. Er fängt eine Serie ehrgeiziger Projekte an, die er betitelt: „Sport, Geschwindigkeit und Illustrationen, bearbeitet und illustriert von J.W. Lennon".

John Lennon: „Ich war vernarrt in ‚Alice im Wunderland' und zeichnete alle Figuren. Ich schrieb Gedichte im Stil von ‚Jabberwocky'. Ich schrieb meine eigenen William-Geschichten, mit mir als alleinige Hauptrolle."

5. MÄRZ 1947
Julia gebärt noch ein Mädchen, Julia, Johns Halbschwester.

29. OKTOBER 1949
Noch eine Halbschwester, Jacqui, wird von Julia geboren, die weiterhin ohne Trauschein mit John Dykins zusammenlebt.

SEPTEMBER 1952
Lennon erlangt Gymnasialreife und wechselt gemeinsam mit seinem besten Freund Pete Shotton zur Quarry Bank High School. Dort entpuppt er sich sofort als ein potentieller Unruhestifter: nachdem eine obszöne Zeichnung bei ihm entdeckt wird, wird er zum Vergnügen der Mitschüler mit einer Prügelstrafe belegt.

In den darauffolgenden Jahren läßt John unter seinen Freunden Kopien von „The Daily Howl", Lennons regelmäßigem „Rundschreiben", kursieren – gefüllt mit Witzen, Gedichten und Karikaturen. Einige dieser anarchischen Schriftstücke und ihre Nachfolger aus Lennons Universitätszeit bilden die Basis seines ersten Buches „In His Own Write", das er im Jahre 1964 veröffentlichen wird.

JULI 1955
Lennons Onkel George Smith stirbt unerwartet. „Ich wußte nicht, wie man in der Öffentlichkeit trauert", gibt Lennon später zu, „also ging ich nach oben in mein Zimmer. Dann kam meine Cousine an und folgte mir nach oben. Wir beide hatten einen hysterischen Anfall – wir lachten und lachten. Ich fühlte mich anschließend verdammt schuldig."

Seine Mutter Julia, mit der er seit Mitte der 40er Jahre selten, aber regelmäßig Kontakt hatte, taucht von diesem Punkt an häufiger in seinem Leben auf. Es entwickelt sich allerdings eher eine Bruder/Schwester- denn eine Mutter/Sohn-Beziehung. Unter anderem lehrt sie ihm, Banjo zu spielen, und er benutzt die Akkorde, die er von ihr lernt, um auf den Gitarren seiner Freunde zu experimentieren.

1955-1956
Die fast gleichzeitige Ankunft von Rock'n'Roll und Skiffle in der britischen Musikszene findet Lennon – wie Tausende anderer Teenager – sehr aufregend: ihm kommt die Idee, auch er könne ein Star-Sänger werden. „Vor Elvis Presley hat mich im Grunde nichts richtig berührt", sagt er später.

1957

MÄRZ
John Lennon gründet seine erste Skiffle-Gruppe, The Black Jacks, nachdem er Tante Mimi überreden konnte, ihm für gerade mal 17 Pfund eine Gitarre zu kaufen. Die ursprüngliche Besetzung besteht aus Lennon und seinem Schulfreund Pete Shotton. Nach wenigen Tagen benennen sie sich in The Quarry Men (nach ihrer Quarry Bank High School) und nehmen den Tee-Kisten-Bassisten Bill Smith in die Gruppe auf.

In den nächsten drei Monaten machen die Quarry Men große Fortschritte, verlassen bald ihre Schlafzimmer und beginnen, gelegentlich auf Partys und örtlichen Skiffle-Wettbewerben zu spielen.

MAI/ JUNI
Nachdem er im ersten Jahr als Einser-Schüler begonnen hatte, glitt Lennon langsam aber sicher auf der Leiter der akademischen Hierarchie hinab. Die Folge seines mangelnden schulischen Engagaments: er wählt in neun Fächern den leichtesten Prüfungslevel, den die High School anbietet, und besteht dennoch keine einzige Prüfung.

9. JUNI
The Quarry Men spielen bei Carroll Levis, Club-Besitzer des Liverpool Empire, vor, um sich für einen Fernsehauftritt auf ATV zu qualifizieren. Ihr Vorhaben, über Nacht berühmt zu werden, scheitert kläglich.

6. JULI
Das „Woolton Parish Church Garden"-Fest in der St. Peter's-Kirche ist das erste dokumentierte öffentliche Konzert der Quarry Men. Sie spielen zwei Sets – eines am Nachmittag draußen im Garten, ein zweites am Abend im Gemeindesaal. Lennon ist nach wie vor der unbestrittene Chef der Band, in der neben Shotton jetzt Eric Griffiths, Colin Hanton, Rod Davis und Len Garry spielen.

Vor der Abend-Show macht Ivan Vaughan, Lennons Grundschulfreund aus Dovedale, John mit einem 15-jährigen aus Allerton

John mit George, Paul und Pete Best in Hamburg.

bekannt – Paul McCartney. Lennon gibt sich zunächst unbeeindruckt, zeigt aber Zeichen der Anerkennung, als sich herausstellt, daß McCartney die Gitarre besser als er selbst spielen kann und die kompletten Texte einiger entscheidender Rock'n'Roll-Songs auswendig kennt, die Lennon bislang mehr schlecht als recht improvisiert hatte.

Zwei Songs von der Nachmittagsaufführung, „Putting On The Style" und „Baby Let's Play House", überleben auf einem Amateur-Spulentonband, das 1994 schließlich bei Sotheby's versteigert wird.

MITTE JULI
Lennon merkt, daß er McCartney in die Quarry Men integrieren kann, ohne seine Vorherrschaft in der Gruppe zu gefährden. Er läßt diese Entscheidung durch Pete Shotton überbringen.

7. AUGUST
Ohne McCartney, der gerade auf Urlaubsreise ist, tritt Lennon mit den Quarry Men zum ersten Mal in einem schmierigen, verschwitzten Liverpooler Keller auf. Doch der Cavern Club ist eine Bastion des traditionellen Jazz: Als Lennon sich an zwei Elvis Hits, „Blue Suede Shoes" und „Hound Dog", wagt, wird er vom Clubbesitzer forsch gestoppt: „Schluß mit dieser Rock-Scheiße!"

OKTOBER
Trotz seiner schulischen Mißerfolge wird Lennon als Student an der Liverpooler Kunstakademie aufgenommen. Er schreibt sich in den Kurs für Typographie ein.

18. OKTOBER
Lennon und McCartney teilen sich in der New Clubmoor Hall in Liverpool zum ersten Mal die Bühne. Bis Anfang 1958 folgen gelegentliche Auftritte in Jugendzentren und örtlichen Sälen.

McCartney verrät Lennon, daß er begonnen hat, seine eigenen Songs zu schreiben und spielt ihm die Melodie von „I Lost My Little Girl" vor. Angesporntvon der Vorstellung, daß Rock'n'Roll nicht nur aus Nachspielen bekannter Songs besteht, folgt John der Idee McCartneys – und kurz darauf beginnen sie, gemeinsam Songs zu komponieren. Seitdem setzten sie den Satz „Noch ein Original von John Lennon und Paul McCartney" unter jeden neuen Songtext.

In den nächsten vier bis fünf Jahren schreiben sie an die 100 Songs, doch nur eine Handvoll davon findet ihren Weg auf eine Beatles-Platte. Dazu gehören u.a. „The One After 909", „Hello Little Girl", „I Call Your Name", „What Goes On" und das Instrumental „Winstons Walk".

1958

FEBRUAR
Ein weiterer Name tritt in den Lennon-Kreis ein: George Harrison, ein zerbrechlich wirkender Junge, entpuppt sich als ein frühreifer Rock'n'Roll-Gitarrist. Innerhalb einiger Wochen besteigt auch er das sich ewig drehende Besetzungskarussell der Quarry Men. Die Band spielt das Jahr über sporadisch Konzerte, und wenn keine Gage in Sicht ist, oftmals auch umsonst.

ANFANG SOMMER
Nur um einmal den eigenen Sound zu hören, nehmen die Quarry Men – in diesem Fall Lennon, McCartney, Harrison, John Lowe und Colin Hanton – zwei Songs in Percy Phillips Heimstudio in Liverpool auf. Lennon raspelt sich durch Buddy Hollys „That'll Be The Day", doch die Gruppe spielt auch einen original McCartney/ Harrison-Song ein: „In Spite Of All The Danger", der sich offen an die Struktur von Elvis Presleys „Trying To Get To You" anlehnt. Eine Originalversion dieser Aufnahmen überlebt auf einem Acetat, das sich inzwischen wieder im Besitz von Paul McCartney befindet.

15. JULI
Julia Lennon, Johns Mutter, wird von einem dienstfreien Polizeifahrer auf ihrem Nachhauseweg von Mimis Haus angefahren und getötet. „Es war das Schlimmste, das mir jemals widerfahren ist", sagt Lennon später. „Ich dachte, jetzt bricht alles zusammen, jetzt habe ich überhaupt niemanden mehr". Vor seinen Freunden jedoch verbirgt er diese Gefühle: „Er gab niemals etwas preis", erinnert sich Pete Shotton später. „Sein Äußeres zeigte seine Gefühle nie".

Die Tragödie bringt Lennon näher zu McCartney, dessen eigene Mutter ein Jahr zuvor an Brustkrebs gestorben war.

Mimi Smith: „Er litt wochenlang an seinem gebrochenen Herzen. Er schloß sich in seinem Zimmer ein – wie in einer Schale."

9. JULI
Julia Lennon wird auf dem Friedhof von Allerton begraben.

ENDE 1958
Eng umschlungen tanzt Lennon mit seiner Kommilitonin Cynthia Powell bei einer studentischen Mittagsparty und versucht, sie auszufragen. Sie weicht aus: „Ich bin mit einem Typen in Hoylake zusammen." Lennon kontert: „Ich habe dich nicht gefragt, ob du mich heiraten willst!" Wie auch immer – in dieser Nacht schlafen die beiden miteinander in der Wohnung an der Gambier Terrace, die Lennon seit kurzem mit einem anderen Studenten, Stuart Sutcliffe, teilt. Ihre Beziehung verfestigt sich im Laufe der nächsten Wochen und überlebt ein Jahrzehnt lang unzählige Höllen und einige heimliche Treffen.

1959

4. FEBRUAR
Der Tod des Rock'n'Roll-Stars Buddy Holly verursacht in Lennon jenes offene Zeigen von Gram, die er vor der Welt verbarg, als seine Mutter starb.

29. AUGUST
Mona Best öffnet einen Teenager-Club in dem Keller ihres Hauses in West Derby, und The Quarry Men – Lennon, McCartney, Harrison and Ken Brown – tun ihr Bestes, um den Laden bekannt zu machen. Ihr Konzert erweckt die Aufmerksamkeit der Tageszeitung Liverpool Echo, die die Namen der Teenager gewissenhaft auflistet. John Lennon steht an erster Stelle.

OKTOBER-NOVEMBER
Zum zweiten Mal spielen The Quarry Men bei Carroll Levis vor, und dieses Mal schaffen sie es durch die Ausscheidungsrunde seiner Talentsuche ins Finale im Manchester Hippodrome am 15. November. Umbenannt in Johnny and The Moondogs (vermutlich in der Hoffnung, daß Levis sie nicht mit den 1957'er Quarry Men in Verbindung bringt) geben sie eine akzeptable Vorstellung, verpatzen aber ihre Chance auf den Sieg, weil sie vor der Endrunde ihren letzten Zug heim nach Liverpool erwischen müssen. Immerhin: der Übergangsname der Gruppe demonstriert Johns ungebrochenen Führungsanspruch.

1960

JANUAR
Gegen den Willen von McCartney und Harrison bietet Lennon seinem Kunstakademie-Freund Stuart Sutcliffe an, bei den Quarry Men den Baß zu spielen. Stu finanziert das Instrument mit dem Geld, das er bei dem ersten Verkauf eines Bildes an einen örtlichen Geschäftsmann verdient hat.

MÄRZ
The Quarry Men schneiden mehrere Stunden Proben im Haus eines Freundes mit und stellen fest, daß sie weit davon entfernt sind, die Welt zu erobern. Ihre holprigen Improvisationen auf das simple 12-Takt-Blues-Schema werden von zaghaften Kompositionsversuchen begleitet, einschließlich einiger Pseudo-US-Rocksongs wie Lennons „The One After 909". Dennoch werden – kreativ wie gesanglich – die Quarry Men im März 1960 von Paul McCartney beherrscht.

Zu dieser Zeit schlägt Stuart Sutcliffe, dessen dilettantisches Bass-Spiel nur wenig dazu beiträgt, den Quarry Mens-Sound zu veredeln, „Beatals" als neuen Band-Namen vor. Lennon wird ihn später in „Beatles" verändern, doch zuerst muß die Gruppe noch für eine kurze Zeit als „The Silver Beetles" und „The Silver Beets" auftreten.

MAI
The Silver Beetles rekrutieren einen neuen Schlagzeuger, Tommy Moore, aber er verpaßt ein Vorspielen bei dem Clubbesitzer Larry Parnes, der eine Begleitband für den singenden Lokalmatador Billy Fury sucht. Die Beetles geben ihr Bestes mit dem Ersatzmann, Johnny Hutchinson, aber Sutcliffes musikalische Unzulänglichkeiten lassen sie unten durch fallen. Es gibt die Legende, daß ihnen Parnes den Job unter der Bedingung angeboten habe, daß sie Stu rauswerfen, aber Lennon loyal zu seinem Freund stand. Seine Sturheit zahlt sich aus, als The Silver Beetles engagiert werden, um einen anderen von Parnes Sängern auf einer Tour durch Schottland zu begleiten: den nahezu unbekannten Johnny Gentle. Lennon und seine Freunde spüren den kommenden Ruhm am Horizont.

20. MAI
Die heiß erwartete Schottland-Tour beginnt in Alloa. Die kommenden neun Tage bescheren den Beetles und Johnny Gentle lausige Hotelzimmer, spärliches Publikum, Erschöpfung, Hunger und einen Autounfall. Zwei Wochen nach ihrer Rückkehr steigt Schlagzeuger Tommy Moore aus der Gruppe aus.

ANFANG JULI
The Silver Beetles beschränken sich auf die Begleitung einer Stripperin in einem illegalen Liverpooler Nachtlokal. Ihre Karriere scheint jäh beendet zu sein.

ANFANG AUGUST
Der Liverpooler Manager Allan Williams, seit Mai im Grunde der Agent der Beetles, redet ihnen ein, sie könnten es anderen Merseyside Rock'n'Roll-Bands in Hamburg gleich tun, wo das Bordellviertel voll von harten, schäbigen Nachtlokalen sei, die dringend nach passender Unterhaltungsmusik suchen.

6. AUGUST
Im Casbah Club seiner Mutter in Liverpool demonstriert der junge Schlagzeuger Pete Best, daß er sein Handwerk am Schlagzeug beherrscht. Er wird sofort gefragt, ob er bei den (erneut umbenannten) Beatles einsteigen will. Nach einem kurzen Vorspielen nimmt er das Angebot an.

16. AUGUST
Die Beatles kommen in Hamburg an und spielen ihre erste Show im Indra Club. Der Veranstalter Bruno Koschmider verpflichtet sie, zwischen vier und sechs Stunden jede Nacht bis zum Ende des Jahres zu spielen. In dem Hexenkessel eines Clubs voll von offener Gewalttätigkeit und Alkoholexzessen bleibt den Beatles keine andere Wahl, als sich anzupassen. Ihr ultraharter Spielplan bringt es mit sich, daß sie nur dann überleben können, wenn sie genau so hart werden wie ihr Publikum: ein Publikum, das davon ausgeht, daß eine Gruppe mindestens so wild spielt, wie diese Kiez-Szene damals war.

In den folgenden vier Monaten verwandeln sich die Schmalspur-Rocker aus dem März 1960 in eine gestandene Rock'n'Roll-Band, die es schafft, nächtelang auf einem Strom amerikanischer R&B-Klassiker herumzujammen. Ebenso beständig ist ihr Konsum an Amphetamin-Tabletten („Uppers").

4. OKTOBER
Die Beatles verlegen ihre Hamburger Bühnenheimat vom Indra in den geringfügig angeseheneren, wenngleich keinen Deut weniger gewalttätigen Kaiserkeller. Koschmider steht auf die Band, bis er Wind davon bekommt, das sie mit seinem Rivalen Peter Eckhorn in engen Verhandlungen stehen. Er beendet die Zusammenarbeit.

15. OKTOBER
Lennon, McCartney, Harrison, Sutcliffe und zwei Mitglieder von Rory Storm's Hurricanes – Ringo Starr und Lou Walters – nehmen eine Version der Ballade „Summertime" in einem winzigen Hamburger Studio auf.

Studio-Aufnahme:
„Summertime".

21. NOVEMBER
George Harrison wird nach Liverpool ausgewiesen, nachdem man – keine Namen! – der Hamburger Polizei gesteckt hat, daß er noch nicht 18 ist.

29./ 30. NOVEMBER
Paul McCartney wird eine Falschanzeige wegen Brandstiftung untergeschoben; die Band fällt auseinander. Er und Pete Best werden des Landes verwiesen. Lennon bleibt 10 Tage länger, aber auch er wird schließlich ausgewiesen. Er kann jedoch noch mit Eckhorn über ein Engagament für das folgende Jahr verhandeln.

15. DEZEMBER
Fast eine Woche nach der Rückkehr in das Haus seiner Tante Mimi trifft sich Lennon wieder mit Harrison und McCartney, die der Meinung waren, daß sich die Gruppe nun aufgelöst hat.

27. DEZEMBER
Die Beatles spielen in der Litherland Town Hall – mit Chas Newby an der Stelle von Stu Sutcliffe, der in Hamburg bei seiner Freundin geblieben ist – eine legendäre Live-Show, die Liverpool an die Tatsache erinnert, daß sie die heißeste Rock-Band in der Stadt sind.

1961

JANUAR
Pete Bests Freund Neil Aspinall wird Roadie der Beatles, die wieder regelmäßig in Liverpool auftreten. Er bleibt in ihrem Dienst bis zum heutigen Tag.

FEBRUAR
Als Antwort auf ein Ersuchen seines College-Freundes Bill Harry, der ein Magazin über die Liverpooler Rock'n'Roll-Szene unter dem Titel *Mersey Beat* plant, schreibt Lennon einen spaßigen Text über die – frei erfundene – Band-Geschichte. Überschrift: „Eine kleine Abhandlung über die dubiose Herkunft der Beatles."

Lennon: „Vor langer, langer Zeit gab es drei kleine Jungen, getauft auf die Namen John, George und Paul. Sie entschieden sich, zusammenzukommen, weil sie Zusammenkomm-Typen sind. Als sie dann schließlich zusammengekommen waren, fragten sie sich: Wozu das alles? Und plötzlich verwandelten sie sich in Gitarren und erzeugten ein Geräusch...Viele Leute fragten: Was sind Beatles? Warum Beatles? Uh-wie kommt man auf so einen Namen? Das wollen wir euch gerne verraten: Er kam in einer Vision – ein Männchen tauchte auf einer brennenden Torte auf und sprach zu ihnen: ‚Von nun an seid ihr die Beatles mit einem „a" geschrieben'. Dankeschön, großer Meister, sprachen sie mit dankbarer Stimme."

21. FEBRUAR
Die Beatles (und nicht The Quarry Men) spielen ihre erste Show im Cavern Club in Liverpool. In den folgenden zweieinhalb Jahren treten sie dort fast dreihundertmal auf, und der Cavern wird ein Synonym für die frisch getaufte Mersey-beat-Szene – und für die Beatles.

Zu dieser Zeit kehrt Stu Sutcliffe kurz nach Liverpool zurück, wo er mit offenen Armen von Lennon begrüßt wird. McCartney, der in Stus Abwesenheit der Band-Bassist geworden ist, teilt Johns Begeisterung nicht.

27. MÄRZ – 2. JULI
Die Beatles spielen ihre zweite Hamburger Konzertsaison im Top Ten Club.

12. MAI
Der deutsche Bandleader und Produzent Bert Kaempfert lädt die Beatles (ohne Stu Sutcliffe) ein, den Londoner Sänger Tony Sheridan bei einigen Sessions für das Polydor-Label zu begleiten. Sie unterschreiben links unten. Seit diesem Tag tritt Sutcliffe nur noch gelegentlich mit den Beatles auf. Er bleibt in Deutschland, als der Rest der Gruppe im Juli nach Hause fährt.

MITTE MAI
Eine Schulaula ist nicht gerade der prestigeträchtige Ort für die erste professionelle Aufnahmesession der Beatles. Ihr begeistertes Spiel bei drei Songs für Tony Sheridan bleibt weitgehend folgenlos.

John Lennon darf den Leadgesang für eine spannungsgeladene Version des Klassikers „Ain't She Sweet" übernehmen und sich mit George Harrison das Instrumental „Cry For A Shadow" teilen.

Studio-Aufnahmen:
„ My Bonnie", „The Saints", „Why", „Ain't She Sweet", „Cry For A Shadow", „ Nobody's Child", „If You Love Me Baby", „ Sweet Georgia Brown".

JULI
Die erste offiziell veröffentlichte Platte, an der die Beatles mitwirkten, kommt in die deutschen Geschäfte.
Auf dem Cover von „My Bonnie"/ „The Saints" steht Tony Sheridan and The Beat Brothers als Band-Name. Trotz guter Verkäufe in Hamburg kommt die Single nicht in die deutschen Charts – obwohl das in den meisten Beatles-Biographien behauptet wird.

6. JULI
Bill Harry veröffentlicht die erste Ausgabe seines *Mersey Beat*-Fanzines – inklusive Lennons kleiner Beatles-Historie.

Die Beatles kehren aus Hamburg zurück, und nehmen die gewohnte Reihe von Liverpool-Clubkonzerten wieder auf.

17. AUGUST
Ein weiterer Lennon-Beitrag ziert die Seiten von *Mersey Beat*: Das Gedicht „I Remember Arnold" zeigt erstaunliche Bezüge zu Edward Lears Nonsens-Versen. Bis zum nächsten Jahr füllt Lennon die Spalten der Kleinanzeigen von *Mersey Beat* mit einer Reihe satirisch-bizarrer Einzeiler.

SEPTEMBER
Lennons und Harrisons Instrumental, „Cry For A Shadow", ist eine von vier Spuren, die auf der deutschen „My Bonnie" EP eingeschlossen werden.

14. SEPTEMBER
Mersey Beat veröffentlicht Lennon „Around And About", einen satirischen Club-Führer durch das Liverpooler Nachtleben.

ENDE SEPTEMBER
Lennon und McCartney verbraten die 40 Pfund, die John zu seinem 21. Geburtstag geschenkt bekommen hatte, auf einer zweiwöchentlichen Urlaubsreise nach Paris. Dort treffen sie Jürgen Vollmer, einen Freund aus Hamburg. Er überredet sie zu der topaktuellen „französischen" Frisur: er bürstet ihre Locken in Fransen nach vorne und nicht – wie bei den Teddy Boys – nach oben, der Pilzkopf war geboren.

9. NOVEMBER
Brian Epstein, der gutsituierte Geschäftsführer des Liverpooler Platten- und Musikalienladens NEMS besucht unangemeldet den mittäglichen Beatles-Auftritt im Cavern Club und macht die erstaunliche Entdeckung, daß die Stadt ihr eigenes unentdecktes Underground-Pop-Talent hat. Gleichermaßen beeindruckt von dem coolen, selbstbewußten Leder-Charisma Lennons und ihrer Musik, faßt er den Plan, die Gruppe zu managen.

6. DEZEMBER
Die Beatles stimmen überein, Brian Epstein zu ihrem Manager zu ernennen. Er verspricht, seinen Einfluß in der Plattenindustrie (als einer von Liverpools führenden Einzelhändlern) zu benutzen, um ihnen einen UK-Plattenvertrag zu besorgen. Nach wenigen Wochen arrangiert er einen Vorspieltermin bei einem der vier Major-Labels in London, Decca.

9. DEZEMBER
Als ob sie einen Dämpfer gebraucht hätten: Die Beatles spielen vor gerade mal 18 Leuten in Aldershot – bei ihrem ersten Konzert im Süden Englands.

1962

1. JANUAR
Die Beatles feiern den Neujahrstag in den Decca Studios in West Hampstead, London, indem sie vor der versammelten A&R Mannschaft der Firma spielen. Fünfzehn Songs von Lennon, McCartney, Harrison und Best werden auf Band mitgeschnitten – und sie alle tauchen später auf diversen Bootleg-Platten wieder auf.

Brian Epstein hatte dazu geraten, den Decca-Verantwortlichen ein weltmännisch-attraktives Erscheinungsbild vorzugaukeln. Dementsprechend haben die Beatles ein Repertoire vorbereitet, das vor allem auf McCartneys Talent für Balladen und Standards basiert. Pech gehabt: Paul übernimmt sich mit seinem Gesang völlig, während Lennon das exakt entgegengesetzte Problem hat – er hinkt durch Chuck Berrys „Memphis“ mit einem Mangel an Selbstvertrauen, wie man es nirgends sonst in seinem auf Band festgehaltenen Lebenswerk finden kann. Seine Interpretationen von „To Know Her Is To Love Her“ (The Teddy Bears) und Barrett Strongs „Money“ schinden nur unwesentlich mehr Eindruck. Am leichtesten fällt ihm sein eigener Song „Hello Little Girl“. Es ist George Harrisons hoffnungsloser Job, mit einer beeindruckenden Gesangseinlage den verlorenen Boden wieder gutzumachen.

Verständlicherweise entscheiden sich Deccas Mike Smith und Dick Rowe, lieber eine andere Band des Januar-Vorspieltermines – Brian Poole and the Tremeloes – unter Vertrag zu nehmen, und die Beatles abzulehnen.

4. JANUAR
Mersey Beat veröffentlicht die Ergebnisse der ersten Leserumfrage. Die Beatles gewinnen mit weitem Abstand.

5. JANUAR
Brian Epstein, der sich ärgert, daß sich Liverpooler Fans Import-Platten von „My Bonnie“ besorgen, atmet auf, als die Single regulär in England veröffentlicht wird. Erstmals werden die Beatles auf einem Plattencover erwähnt.

12. FEBRUAR
Die Gruppe spielt für die BBC in Manchester vor.

7. MÄRZ
Die Beatles produzieren in den Corporation's Manchester Studios ihre erste Rundfunk-Session für die BBC. Sie nehmen drei Songs für die Übertragung der Sendung *Teenager's Turn* am nächsten Tag auf. Lennon singt „Memphis“ und den US- R&B-Hit der Marvelettes, „Please Mr Postman“.

BBC-Aufnahmen:
„Dream Baby“, „Memphis“,“Please Mr Postman“.

24. MÄRZ
Brian Epstein steckt die Beatles zum ersten Mal in ordentliche Anzüge. Lennon bedauert bis zum Schluß das Ablegen ihrer ursprünglichen Leder-Aufmachung als den ersten und vielleicht endgültigen Ausverkauf ihrer Karriere.

10. APRIL
Stuart Sutcliffe stirbt in Hamburg in den Armen seiner Freundin, der Photographin Astrid Kirchherr, an Gehirnblutung.

11. APRIL
Die Beatles fliegen von Manchester nach Hamburg, wo Astrid Kirchherr sie mit der traurigen Nachricht empfängt. Lennon befiel die gleiche äußerliche Unbewegtheit, wie er sie schon beim Tod seiner Muter gezeigt hatte. Astrid Kirchherr: „Er weinte nie. Nicht ein Mal. Er fiel in dieses hysterische Gelächter und konnte nicht mehr aufhören. Es war seine Art, der Wahrheit zu entfliehen. Aber dadurch hat er mich gerettet. In seiner rauhen Art sah er so wunderschön aus, und er übertrug, ohne es zu wissen, seine eigene Methode der Trauerbewältigung auf mich. ‚Kopf hoch – lebe oder verrecke' wollte er mir damit sagen. ‚Du kommst heute abend mit uns in den Star Club. Bleib nicht zu Hause sitzen – das bringt dir Stu auch nicht wieder zurück!'

13. APRIL – 31. MAI
Der neu eröffnete Star-Club beherbergt die Beatles für die nächsten sechs Wochen.

23. APRIL
Ohne das Wissen der Beatles wird ihre „My Bonnie“- Zusammenarbeit mit Tony Sheridan in den USA veröffentlicht. Auf dem Cover steht wieder einmal „Beat Brothers“.

8./ 9. MAI
Während seine Klienten auf der anderen Seite des Kanals sind, besucht Brian Epstein die HMV-Zentrale in London und ergattert ein Treffen mit dem Musikverleger Sid Coleman. Der wiederum arrangiert für Epstein einen Termin bei George Martin, A& R Manager von Parlophone Records. Martin hört sich konzentriert den Mitschnitt des Decca-Vorspieltages an. Er will die Gruppe selbst live hören und stellt sogar einen Plattenvertrag in Aussicht. Epstein kabelt seinen „Jungs“ nach Hamburg: „Glückwünsche, Jungs. EMI bittet um Aufnahmesession. Bitte probt neues Material.“

6. JUNI
Die Beatles spielen vor den Parlophone Records- Produzenten Ron Richards und George Martin in den Abbey Road Studios im Norden Londons. Die Manager sind tief beeindruckt, spätestens, nachdem die Gruppe eine Coverversion von dem Coasters-R&B-Hit „Besame Mucho“ und drei Lennon/ McCartney Originale, „Love Me Do“, „P.S. I Love You“ und „Ask Me Why“, absolviert hatte. Nur der letzte dieser Songs präsentiert Lennon als Leadsänger. McCartney stand immer dann im Vordergrund der Beatles, wenn sie versuchten, Menschen jenseits der 30 zu beeindrucken.

Unmittelbar nach dieser ersten Session bietet George Martin an, die Beatles für Parlophone unter Vertrag nehmen – damals das EMI-Label mit dem schlechtesten Ruf.

11. JUNI
Der EMI-Vertrag ermöglicht der Gruppe ihre erste BBC-Rundfunk-Session in London, die eine Woche später in der Sendung *Here We Go* ausgestrahlt wird.

BBC-Aufnahmen:
„Ask Me Why“, „Besame Mucho“, „A Picture Of You“.

21. JUNI
Die Beatles erscheinen an zweiter Stelle auf dem Plakat von „Hey Baby“ des „Hit-Machers“ Bruce Channel im Tower Ballroom in New Brighton. Hinter der Bühne freundet sich Lennon mit Channels Mundharmonika-Spieler, Delbert McClinton, an, der ihm etliche gute Tips gibt. Lennons Mundharmonika spielt in den kommenden Jahren eine wichtige Rolle im Sound der Beatles.

16. AUGUST
Schlagzeuger Pete Best wird von den Beatles rausgeworfen, angeblich, weil George Martin Brian Epstein bereits gesteckt hat, daß er nicht professionell genug für die anstehenden Plattensessions ist. In Wahrheit ist sein Rauswurf jedoch nur der Kulminationspunkt eines immer tiefer gewordenen Risses zwischen Best und den anderen drei Beatles. An seiner Stelle wird Ringo Starr, Drummer bei den Merseybeat-Rivalen Rory Storm& the Hurricanes, angeworben.

MITTE AUGUST
Cynthia Powell entdeckt, daß sie schwanger ist. Lennon reagiert prompt, wenngleich nicht völlig begeistert: Das Paar wird heiraten müssen.

22. AUGUST
Ein TV-Team aus Granada TV filmt die Beatles im Cavern bei zwei Versionen von „Some Other Guy“ sowie „Kansas City“. Es ist das erste Filmdokument, das die Gruppe in Aktion zeigt. „Wir müssen das noch mal machen“, sagt Lennon höhnisch nach dem ersten Take.

23. AUGUST
John Winston Lennon und Cynthia

Oben: Die Beatles im Cavern.
Mitte: John und Cynthia.

Powell werden im Mount Pleasant Register Office in Liverpool getraut. Das Hochzeits-Mittagessen findet in dem gleichen Restaurant statt, in dem schon Lennons Eltern ihre Eheschließung im Jahre 1938 feierten.

Den Abend verbringt das Paar mehr oder weniger stilgerecht – die Beatles geben ein Konzert im Riverpark Ballroom in Chester. Zwischen diesem Tag und dem 17. September hat die Band gerade mal einen einzigen Abend frei – ein Zustand, der sich in Lennons Leben als Ehemann nie nachhaltig verändern wird. In der Tat werden die Beatles für den Rest des Jahres, wann immer sie in Liverpool sind, fast jede Nacht auftreten.

John Lennon: „Ich ging einen Tag zuvor zu Mimi und sagte ihr, daß Cyn ein Baby bekommt. ‚Wir werden morgen heiraten – willst du nicht mitkommen?' Sie gab nur ein Stöhnen von sich. Es herrschte ein verdammtes Durcheinander in dem Standesamt. Ich konnte kein Wort von dem verstehen, was der Beamte sagte. Dann gingen wir über die Straße und aßen ein Hähnchen. Es war ein einziger Witz."

Die heutige Ausgabe von *Mersey Beat* enthält ein geschmackvolles Prosastückchen von Lennon: „Small Sam" zeigt Johns Sinn für Humor durch den meilenweiten Abstand zu seinem Nightclub-Image.

4. SEPTEMBER
Wie George Martin es wollte, kommen die Beatles mit einem neuen Schlagzeuger am Start in den Abbey Road-Studios an, um ihre erste Single zu produzieren. Martin hat „How Do You Do It" von einem Fremd-Komponisten (Mitch Murray) besorgt und besteht darauf, daß die Beatles es einspielen – mit einem für Lennon völlig untypisch zwitschernden Leadgesang. Sie dürfen aber auch einen ihrer eigenen Songs, „Love Me Do", aufnehmen und lassen Martin deutlich spüren, welchen der beiden sie besser finden.

Studio-Aufnahmen:
„Love Me Do", „How Do You Do It".

6. SEPTEMBER
Lennons literarische Ausflüge setzen sich mit der Veröffentlichung eines weiteren Prosastückes, „On Safairy With Whide Hunter", im „Mersey Beat" fort.

11. SEPTEMBER
George Martin ruft die Beatles nach Abbey Road zurück, wo er den Session-Drummer Andy White in den Startlöchern hält. White soll Ringo Starr ersetzen, der – verständlicherweise – in der Vorwoche nervös war und ein wenig zu unsicher getrommelt hatte.

Gemeinsam mit seinem Assistenten Ron Richards beaufsichtigt Martin die Session. Die Gruppe spielt „Love Me Do" mit White, nimmt McCartneys „P.S. I Love You" auf und versucht sich am Lennon-Song „Please Please Me", der versuchsweise wie eine Roy Orbison-Ballade arrangiert wird.

Der Produzent wählt „Love Me Do" als Debüt-Single aus, findet aber auch „Please Please Me" sehr vielversprechend. Für eine mögliche Single jedoch müsse der Song von Grund auf neu arrangiert werden.

Studio-Aufnahmen:
„P.S. I Love You", „Love Me Do", „Please Please Me".

5. OKTOBER
„Love Me Do"/"P.S. I Love You" wird als die erste reguläre Beatles-Single von Parlophone veröffentlicht. Das dazugehörige PR-Info listet auf, daß Lennon „Dickköpfe und traditionellen Jazz" nicht mag und sein Ehrgeiz dem „Geld und allen Sachen" gilt.

12. OKTOBER
Das Handelsmagazin *Record Retailer* meldet „Love Me Do" auf Platz 49 der Charts, mehr als zwei Monate später erreicht die Single Platz 17.

17. OKTOBER
Die Beatles geben ihr Live TV-Debüt und singen „Love Me Do" in Granadas *People And Places.*

25. OKTOBER
Die erste BBC-Session mit Ringo mit drei Songs für *Here We Go.*

BBC-Aufnahmen:
„Love Me Do", „ A Taste Of Honey", „P.S. I Love You".

ENDE OKTOBER
In dem Wissen, daß John im November und Dezember viel unterwegs sein wird, lädt Mimi Smith Cynthia in ihr Haus „Mendips" ein. Sie nutzt jede Gelegenheit, ihren Unmut über die Umstände von Johns Ehe zu äußern.

1.-14. NOVEMBER
Noch ein zweiwöchentliches Engagament der Beatles im Hamburger Star-Club.

26. NOVEMBER
Zurück im Abbey Road arrangieren die Beatles „Please Please Me" zur Zufriedenheit von George Martin um und nehmen den Song mit Lennons Leadgesang und Mundharmonika auf. Sein „Ask Me Why" wird als B-Seite ihrer nächsten Single ausgewählt. Die Gruppe versucht sich auch noch vergeblich an einem weiteren Lennon/ McCartney-Song. Während „Love Me Do" wenig von dem Geheimnis der Beatles enthüllte, verrät „Please Please Me" viel von der musikalischen Zukunft der Band: Es verschmilzt die Melodiösität von Buddy Holly und den Everly Brothers mit dem aufwühlenden Vorwärtsdrang des Rock'n'Roll.

27. NOVEMBER
Noch immer in London nehmen die Beatles eine Session für die BBC-Sendung *The Talent Spot* auf, was der Nation die Gelegenheit gibt, zum ersten Mal Lennons heisere Version des Isley Brothers-Hits „Twist And Shout" zu hören.

BBC-Aufnahmen:
„Love Me Do", „P.S. I Love You", „Twist And Shout".

3. DEZEMBER
Noch ein TV-Auftritt, um die Single zu promoten: *Discs-A-Go-Go.*

4. DEZEMBER
Tuesday Rendezvous ist der letzte TV-Auftritt der Band in diesem Jahr.

15. DEZEMBER
Die Beatles spielen als Headliner auf dem Poll-Winner-Konzert des *Mersey Beat*-Magazins.

17. DEZEMBER
In Granada-TVs „*People And Places*" werden die anhaltend guten Verkäufe von „Love Me Do" gefeiert.

18.-31. DEZEMBER
Die Beatles treten zum letzten Mal im Hamburger Star-Club auf. Ihre letzte Show wird von Ted Taylor (alias Kingsize Taylor of the Dominoes) für die Nachwelt aufgezeichnet und erscheint 15 Jahre später auf einem Doppelalbum. Trotz ihres offensichtlichen Mangels an Begeisterung hält die Band viel von der rohen Magie der Hamburger Zeit fest und zeigt Lennons gereiften, satirischen Verstand, wie auch seinen Sinn für Rock'n'Roll amerikanischer Prägung.

1963

1. JANUAR
Nach dem Ende ihrer letzten Auftritte in Hamburgs Nachtclubleben fliegen die Beatles nach London zurück.

2. JANUAR
Die Beatles sollen eine Fünf-Show-Tour durch Schottland in der Longmore Hall in Leith beginnen. Das Konzert wird jedoch abgesagt, weil ihr Flug von Edinburgh nach Aberdeen umgeleitet wird. Lennon kehrt kurz nach Liverpool heim, um Cynthia zu sehen.

3. JANUAR
Die Schottland-Tour beginnt, mit Lennon aus Liverpool zurückgekehrt, im Two Red Shoes Ballroom in Elgin.

4. JANUAR
Konzert in der Dingwall Town Hall. In der *NME*- Übersicht der erfolgreichsten Chart-Acts von 1962 landen die Beatles auf Platz 111.

5. JANUAR
Die Beatles, angekündigt als „The Love Me Do Boys", spielen einen Auftritt in der Museum Hall in Bridge von Allan.

6. JANUAR
Der Beach Ballroom in Aberdeen ist der letzte und wichtigste Auftritt der Schottland-Tour.

8. JANUAR
Drei Tage vor der Veröffentlichung von „Please Please Me" spielen die Beatles den Song in der schottischen TV-Sendung *Roundup* in Glasgow.

10. JANUAR
Zurück nach Liverpool für eine Show in den Grafton Rooms.

11. JANUAR
Die „Please Please Me" Single wird veröffentlicht. „Mir fällt nicht eine Gruppe ein, die zur Zeit Songs in diesem Stil produziert", notiert *NME*- Kritiker und DJ, Keith Fordyce. „Es würde mich nicht im geringsten überraschen, wenn die Beatles die Charts erobern."

Nach einem Auftritt zur Mittagszeit im Cavern fahren die Beatles nach Old Hill in Staffordshire für ein Konzert im Plaza.

12. JANUAR
Sie überqueren die Themse nach Süden und spielen im Invicta Ballroom in Chatham, Kent.

13. JANUAR
Der erste Auftritt für die ABC TV-Sendung *Thank Your Lucky Stars* in Birmingham – mit einem Playback von „Please Please Me" – wird aufgezeichet.

14. JANUAR
Die Beatles spielen in der Ellesmere Port Civic Hall.

John Lennon: „Ich ging einen Tag zuvor zu Mimi und sagte ihr, daß Cyn ein Baby bekommt. ‚Wir werden morgen heiraten - willst du nicht mitkommen?' Sie gab nur ein Stöhnen von sich. Es herrschte ein verdammtes Durcheinander in dem Standesamt. Ich konnte kein Wort von dem verstehen, was der Beamte sagte. Dann gingen wir über die Straße und aßen ein Hähnchen. Es war ein einziger Witz."

16. JANUAR
Die Beatles spielen in der Live Magazin-Show *People And Places*" auf Granada TV und nehmen dann eine BBC-Rundfunk-Show aus *Here We Go*- Serie auf.

BBC-Aufnahmen:
„Chains", „Please Please Me", „Three Cool Cats", „Ask Me Why".

17. JANUAR
Mittags im Cavern, abends im überfüllten Majestic Ballroom in Birkenhead – 500 Fans werden an der Türe abgewiesen.

18. JANUAR
Noch ein Konzert, diesmal in der Floral Hall in Morecambe.

19. JANUAR
Die *Thank Your Lucky Stars* Show mit dem Playback zu „Please Please Me" wird gesendet. In der Nacht treten sie dann noch in der Dodington Town Hall auf.

20. JANUAR
Abendkonzert im Cavern.

21. JANUAR
Ein weiterer Playback-Gig für Radio Luxembourg, aufgezeichnet in EMI HQ in London, für eine Folge der Serie *The Friday Spectacular.*

Das Vee Jay-Label nimmt die Beatles für die USA unter Vertrag und sagt zu, „Please Please Me" als deren erste amerikanische Single zu veröffentlichen.

22. JANUAR
Drei Show-Auftritte für die BBC in London: live bei *Pop Inn* und Playbacks für *Saturday Club* und *The Talent Spot.*

BBC-Aufnahmen:
„Some Other Guy", „Love Me Do", „Please Please Me", „Keep Your Hands Off My Baby", „Beautiful Dreamer", „Please Please Me", „Ask Me Why", „Some Other Guy".

23. JANUAR
Nach einer aufregenden Rückreise (die Windschutzscheibe des Band-Busses ging zu Bruch) spielen sie am Abend im Liverpooler Cavern Club.

24. JANUAR
Ein PR-Gig für „Please Please Me" in einem Liverpooler Plattenladen; anschließend ein Auftritt in der Mold Assembly Hall in Wales.

25. JANUAR
Bei einer Show für „The Greatest Teenage Dance" in der Darwen Co-Op Hall stehen die Beatles an erster Stelle – vor Nachwuchs-Hoffnungen wie The Electones oder The Mustangs.

26. JANUAR
Zwei Abendshows, im El Rio Club in Macclesfield und in der Stoke King's Hall.

27. JANUAR
Auftritt im Three Coins Club in Manchester. Lennon und McCartney (vorwiegend Lennon...) schreiben „Misery", das Helen Shapiro als Single angeboten wird.

28. JANUAR
Der Majestic Ballroom in Newcastle veranstaltet ein Beatles-Konzert.

30. JANUAR
Zur Mittagszeit im Cavern.

31. JANUAR
Eine erneute Buchung im Cavern; abends Rückkehr zum Majestic in Birkenhead. Der kommende TV-Star Freddie Starr steht erst an zweiter Stelle auf dem Plakat. Die Beatles spielen zwei komplette Sets – ein Beweis für die rapide wachsende Beliebtheit der Gruppe: das hat es in einem britischen Ballroom bislang noch nicht gegeben.

1. FEBRUAR
Zwei Abendauftritte, in den Assembly Rooms in Tamworth und dann in Sutton Coldfield.

Das Wort „Beatles" erscheint zum ersten Mal auf dem Cover eines nationalen Pop-Magazines, als der *New Musical Express* ein Interview mit der Gruppe veröffentlicht. Journalist Alan Smith bemerkt ihren „durchgedrehten Neger-Sound", während Lennon zugibt, daß ihre letzte Single ein wohlberechneter Kompromiß war: „Wir versuchten, es so einfach wie möglich zu machen. Einige der Songs, die wir in der Vergangenheit geschrieben haben, waren sicher ein bißchen abgedreht, aber dieses Mal zielten wir direkt auf die Hitparade."

2. FEBRUAR
Große Ereignisse kündigen sich am ersten Abend ihres England-Tour-Debüts an. Superstar Helen Shapiro ist mit „Walking Back To Happiness" zwar der Haupt-Act, und die Beatles bestreiten – passend zu ihrem momentanen Chart-Status – den ersten Teil der Nacht. „Sie haben den anderen praktisch die Schau gestohlen", kommentierte ein Kritiker hinterher, „weil das Publikum auch während den Auftritten anderer Künstler immer wieder lautstark nach den Beatles verlangte."

3. FEBRUAR
Zwei Tage Tour-Pause erlauben den Beatles, zum Cavern zurückzukehren. Die Gruppe wird als Co-Headliner für eine Tour mit Duane Eddy im Mai gebucht. Die EMI faßt den Plan, die Gruppe im Cavern Club für ein Live-Album aufzunehmen.

4. FEBRUAR
Noch eine Cavern Show.

5. FEBRUAR
Die Beatles sind zurück bei Shapiro und treten in der Doncaster Gaumont auf.

6. FEBRUAR
Noch ein Kino-Auftritt im Rahmen der Shapiro/ Beatles Tour, dieses Mal im Granada in Bedford.

7. FEBRUAR
Zurück nach Yorkshire für eine Show im Wakefield Regal.

8. FEBRUAR
Das Carlisle ABC-Kino ist der letzte Halt dieser Tour. Nach der Show wird Ringo Starr der Eintritt zu einer örtlichen Tanzveranstaltung des Golfklubs wegen seiner ausgefransten Lederjacke verweigert. Helen Shapiro und der Rest der Gruppe zeigen Solidarität und ver-

lassen den Club. Der Vorfall bringt den Beatles ihren ersten echten nationalen Presserummel, allerdings nur als Nebenfiguren in einer Helen Shapiro-Geschichte.

9. FEBRUAR
Das Empire Theatre in Sunderland veranstaltet eine Beatles-Show, danach pausiert die Tour für zwei Wochen.

11. FEBRUAR
Einer der folgenschwersten Tage der Pop-Geschichte: Die Beatles verbringen mehr als 12 Stunden in den Abbey Road Studios. Während drei getrennter Sessions nehmen sie an diesem Tag die fehlenden zehn Songs für ihr erstes Album auf. Ein weiterer, „Hold Me Tight", erweist sich als weit unter Niveau und wird auf Eis gelegt.

Lennon beginnt die Sessions mit einer schweren Kopfgrippe, die durch den immer absurder gewordenen Tourplan der letzten Wochen gehegt und gepflegt wurde. Der daraus resultierende nasale Klang seiner Stimme ist auf einigen der Aufnahmen unüberhörbar. Dennoch ist er es, der die Gruppe durch die Session führt: Von den zwei selbstreflektiven Kompositionen „Misery" und „There's A Place" bis hin zu den beiden soulig-leichtfüßigen Coverversionen „Anna" (Arthur Alexander) und „Baby It's You" von den Shirelles.

Der wahre Edelstein jedoch kommt am Schluß des Tages: John singt mit strapazierten Kehlen den Isley Brothers-Hit „Twist And Shout". Der erste Aufnahmeversuch klingt bereits so intensiv, daß der zweite eher wie ein lustloses TV-Playback wirkt. Den Tribut, den Lennons Stimme dafür bezahlen mußte, kann man bei jedem Abspielen der „Please Please Me"-LP hören.

John Lennon: „Meine Stimme war lange Zeit nicht mehr dieselbe. Immer, wenn ich schlucken mußte, fühlte es sich wie Sandpapier an. Wir sangen 12 Stunden lang, fast pausenlos. Wir waren schwer erkältet und sorgten uns, daß es die Platte negativ beeinflußen könnte. Und am Ende des Tages hatten wir nur noch einen Wunsch: literweise Milch trinken."

Studio-Aufnahmen:
„There's A Place", „I Saw Her Standing There", „A Taste Of Honey", „Do You Want To Know A Secret", „Misery", „Hold Me Tight", „Anna", „Boys", „Chains", „Baby It's You", „Twist And Shout".

12. FEBRUAR
Trotz Lennons Grippe und der Aussicht, noch einen Teil der Shapiro-Tour später im Monat mitmachen zu müssen, setzen die Beatles unbeirrt ihre nächtlichen Aktivitäten fort: sie spielen im Azena in Sheffield und später noch einmal im Oldham Astoria.

13. FEBRUAR
The Hull Majestic veranstaltet ein weiteres nächtliches Konzert der Beatles.

14. FEBRUAR
Heim nach Liverpool für ein Konzert im Locarno Ballroom.

15. FEBRUAR
Nach Süden zum Ritz Ballroom in Birmingham.

Der *NME* druckt den Lebenslauf der Beatles. John bekennt sich zu seinem persönlichen („ein Musical schreiben") und beruflichen Ehrgeiz („reich und berühmt werden"). Er mag „Blondinen und Leder" (eine fesselnde Kombination) und haßt „dumme Menschen".

16. FEBRUAR
Wieder nach Süden, dieses Mal zum Carfax in Oxford.

17. FEBRUAR
In London spielen die Beatles bei der Aufzeichnung einer weiteren Folge von *Thank Your Lucky Stars* Playback zu „Please Please Me". So wurden ihre Stimmen wenigstens in dieser Nacht geschont.

18. FEBRUAR
Wieder unterwegs spielen die „berühmten, fabelhaften, phantastischen, sensationellen, prachtvollen, superben" Beatles in der Queens Hall in Widnes.

19. FEBRUAR
Die Beatles blicken aufmerksam in eine andere Richtung, als Pete Bests neue Band, Lee Curtis & The All Stars, als ihre Vorgruppe im Cavern Club auftritt.

20. FEBRUAR
Über Nacht fährt die Gruppe nach London und absolviert einen Live-Auftritt in der BBC Radio-Sendung *Parade Of The Pops*. Anschließend schnell zurück nach Yorkshire für eine Show in Doncaster.

BBC-Aufnahmen:
„Love Me Do", „Please Please Me".

21. FEBRUAR
Zurück in Merseyside spielen die Beatles als Hauptgruppe zwei Shows in der Majestic in Birkenhead.

22. FEBRUAR
Northern Songs, der neugegründete bandeigene Musikverlag, wird offiziell eingetragen. Dick James und Brian Epstein werden als gleichberechtigte Geschäftsführer eingesetzt. Lennon besitzt 19 der 98 Anteile, McCartney einen mehr als er.

In der Nacht fallen sie in Manchesters Beat-Bastion, dem Oasis, ein.

„Please Please Me" schließt zu Frank Ifield's „The Wayward Wind", der Nr. 1 in Englands angesehenseten Pop-Charts – im *New Musical Express* – auf. Kurz darauf wird die Beatles-Single die Charts anführen. Lennon: „Was die Sache noch aufregender machte, war, daß wir den Song eigentlich als die B-Seite von „Love Me Do" verschleudern wollten. Wir hatten unsere Meinung nur deshalb geändert, weil wir so müde waren, als wir es aufnahmen, und es einfach nicht richtig hinbekommen haben, so daß George Martin vorschlug, einen anderen B-Seiten-Song stattdessen aufzunehmen."

23. FEBRUAR
Nach vierzehn Tagen permanenter Nachtauftritte geht es im Mansfield Granada weiter mit der Helen Shapiro-Tour.

24. FEBRUAR
Shapiro und die Beatles spielen in Coventry.

25. FEBRUAR
Offiziell ein tourfreier Tag, aber Brian Epstein sagt ihre Freizeit zugunsten eines Konzertes im Casino Ballroom in Leigh ab.

„Please Please Me" wird von Vee Jay als erste offizielle Beatles-Single in den USA veröffentlicht.

26. FEBRUAR
Zurück auf Tour im Taunton Gaumont.

27. FEBRUAR
Der Tourbus fährt für eine Show zum Yorker Rialto.

28. FEBRUAR
Im Bus unterwegs zu ihrer nächsten Show im Shrewsbury Granada komponieren Lennon und McCartney nebenbei noch einen potentiellen Superhit, „From Me To You". Eine Woche später erzählt Lennon einem Interviewer dennoch: „Unsere nächste Single ist noch nicht geschrieben worden."

John Lennon: „Wir hatten eigentlich schon „Thank You Girl" als Nachfolger von „Please Please Me" geschrieben. Das andere neue Lied sollte die B-Seite sein. Wir haben nur ein wenig auf der Gitarre herumgeblödelt. Dann ergab sich eine richtig gute Melodie, und wir fingen an, daran zu arbeiten. Bevor die Reise vorüber war, hatten wir den Text und alles andere vollendet. Wir waren sehr zufrieden und wußten, daß wir es zur A-Seite machen mußten."

1. MÄRZ
The Southport Odeon ist der nächste Halt der Tour.

2. MÄRZ
Danach steht die Sheffield City Hall auf dem Plan.

3. MÄRZ
Die Helen Shapiro-Tour endet im prestigeträchtigen Gaumont in Hanley.

4. MÄRZ
Ein weiteres Einzel-Gastspiel im St. Helens Plaza.

5. MÄRZ
Nachdem sie über Nacht von Lancashire herunter gefahren waren, kommen die Beatles rechtzeitig für eine Foto-Session im EMI-Haus am Manchester Square in London an. Um 14:30 steht ein Aufnahmetermin mit dem Produzenten George Martin im Abbey Road an. Drei Songs werden gespielt, „From Me To You" und „Thank You Girl", als Auswahl für die nächste Single. Um die Zeit zu nutzen, führt John die Gruppe durch mehrere Aufnahmeversuche einer frühen Komposition, „The One After 909". Sie bleiben unveröffentlicht.

Studio-Aufnahmen:
„From Me To You", „Thank You Girl", „The One After 909".

6. MÄRZ
Die Beatles nehmen ihren fünften Auftritt in der BBC-Radioshow *Here We Go* auf.

BBC-Aufnahmen:
„Misery", „Do You Want To Know A Secret", „Please Please Me".

7. MÄRZ
Angekündigt als „The Big Beatle Show", spielt die Band als Hauptgruppe nach den beiden anderen Acts aus dem Brian Epstein-Stall, Gerry& the Pacemakers und Billy J. Kramer& the Dakotas, im Elizabethan Ballroom in Nottingham.

8. MÄRZ
Die Ripon Hall in Harrogate sorgt dafür, daß die Beatles auch diese Nacht nicht dienstfrei bekommen.

9. MÄRZ
Die zweite große Tour der Band beginnt im East Ham Granada im Osten Londons. Die Beatles sind anfangs nur an dritter Stelle gebucht – hinter den US-Stars Tommy „Sheila" Roe und Chris „Let's Dance" Montez.

Nach dem ersten Konzert der Tour merken die Veranstalter allerdings, daß die Beatles bei weitem der populärste Act auf dem Plakat sind. Vom zweiten Abend (East Ham) an spielen sie als Hauptgruppe.

10. MÄRZ
Nach Norden zum Birmingham Hippodrome.

11. MÄRZ
Seit einem Monat der erste Tag ohne Konzertverpflichtung.

12. MÄRZ
Eine Grippe zwingt Lennon, die Show im Bedford Granada zu versäumen.

John Lennon: „Es ist verdammt anstrengend, Nacht für Nacht ‚Twist And Shout' zu singen. Am Ende habe ich manchmal tagelang meine Stimme verloren. Gott sei dank wirkt sich das nicht auf uns als Band aus. Wir haben ein solch großes Repertoire von Songs, da können wir es immer so arrangieren, daß die anderen meine Lücke ausfüllen."

13. MÄRZ
Zu krank zum Singen kann Lennon trotzdem noch immer Mundharmonika spielen. Er tut es im Abbey Road mit einem Overdub für „From Me To You". Wieder unterwegs tragen George und Paul das Beatles-Banner nach York, während Lennon in den Federn liegt.

14. MÄRZ
Die Beatles spielen noch immer zu dritt, dieses Mal in Wolverhampton.

15. MÄRZ
Lennon meldet sich in der Colston Hall, Bristol, zur Tour zurück.

16. MÄRZ
Die Gruppe fährt nach London, um live im *Saturday Club* des BBC-Rundfunks aufzutreten. Am Abend spielen sie in der City Hall, Sheffield.

BBC-Aufnahmen:
„I Saw Her Standing There", „Misery", „Too Much Monkey Business", „I'm Talking About You", „Please Please Me", „Hippy Hippy Shake".

17. MÄRZ
Nächster Halt: Peterborough Embassy.

18. MÄRZ
The Gloucester Regal ist ihr heutiger Anlaufhafen.

19. MÄRZ
Ein weiteres Regal-Kino erwartet die Beatles, dieses Mal in Cambridge.

20. MÄRZ
Konzert im Romford ABC.

21. MÄRZ
Am Morgen zurück nach London für eine BBC-Rundfunk-Aufnahme im Rahmen der *On The Scene*-Serie. Konzert am Abend im Croydon ABC.

BBC-Aufnahmen:
„Misery", „Do You Want To Know A Secret", „Please Please Me".

22. MÄRZ
Parlophone veröffentlicht „Please Please Me", das Debüt-Album der Beatles.

Inzwischen reist die Gruppe nach Doncaster zu einen Auftritt im Gaumont.

23. MÄRZ
Weiter nach Norden, zur Newcastle City Hall.

24. MÄRZ
Und dann zurück in die Heimat, zum Liverpool Empire.

25. MÄRZ
Die kurze Zeit in Liverpool nutzt der Photograph Dezo Hoffmann für eine Foto-Session mit der Gruppe in der Stadt. Hierbei entstehen die berühmten „Bomben-" Bilder, die auch für das Cover der „Twist& Shout"- EP verwendet werden.

26. MÄRZ
Die Beatles spielen im Mansfield Granada .

27. MÄRZ
Zwei weitere Shows im Northampton ABC.

28. MÄRZ
Ein bahnbrechender Besuch im Exeter ABC.

29. MÄRZ
Das Lewisham Odeon in Süd-Ost-London veranstaltet die nächsten Shows der Tour.

30. MÄRZ
Weiter zu der Portsmouth Guildhall.

31. MÄRZ
Drei Wochen permananten Herumreisens enden in der De Montfort Hall in Leicester.

1. APRIL
Die Beatles sind an der Seite des Pop-Sängers Karl Denver für diverse BBC-Radioshows eingeladen. Sie zeichnen zwei Programme auf, das zweite wird erst in sechs Wochen ausgestrahlt.

BBC-Aufnahmen:
„Side By Side", „I Saw Her Standing There", „Do You Want To Know A Secret", „Baby It's You", „Please Please Me", „From Me To You", „Misery", „From Me To You"(erneut), „Long Tall Sally", „A Taste Of Honey","Chains", „Thank You Girl", „Boys".

3. APRIL
Die Beatles nehmen in der BBC eine Session für die wöchentliche *Easy Beat*-Show auf.

BBC-Aufnahmen:
„Please Please Me", „Misery", „From Me To You".

4. APRIL
Noch einmal zur BBC, dieses Mal für die dritte und letzte *Side By Side*-Aufnahme.

BBC-Aufnahmen:
„Too Much Monkey Business", „Love Me Do", „Boys", „I' ll Be On My Way", „From Me To You".

Der Liverpooler Schuljunge David Moores hat Glück: er kann die Beatles für ein Konzert in seiner Stowe-Grundschule in Buckinghamshire verpflichten.

5. APRIL
Die Beatles bekommen in den Leyton Swimming Baths in Ost-London eine Silberne Platte für 250.000 verkaufte Exemplare von „Please Please Me" von den EMI-Bossen überreicht. Nachdem sie ein kurzes Live-Programm durchgehechelt haben, wenden sie sich am Abend erneut einem Live-Publikum zu. Diese Fans haben – im Gegensatz zu denen am Nachmittag – für das Konzert bezahlt.

6. APRIL
Weiterhin nur ein Konzert pro Tag, heute im Buxton Pavilion.

7. APRIL
Acht Tage nach ihrer letzten dortigen Show wieder zurück nach Portsmouth, wo sie dieses Mal im Savoy Ballroom spielen.

8. APRIL
Cynthia Lennon gebärt einen Sohn, John Charles Julian, im Sefton General Krankenhaus in Liverpool. Ihr Mann ist während der Geburt mit dem Rest der Beatles in London und überläßt es der resoluten Tante Mimi, Cynthia beizustehen. Genauso schrecklich ist es für sie, ihre Beziehung zu John vor der Öffentlichkeit geheimhalten zu müssen – man befürchtet, dies könnte der Popularität der Beatles schaden. Selbst als John sie am 10. April im Krankenhaus besucht, muß sie seine Zugehörigkeit zu den Beatles vor ihren Zimmergenossen verleugnen.

9. APRIL
Drei getrennte Engagements am heutigen Tag: ein Interview für die

BBC-Rundfunk-Show *Pop Inn*, ein Auftritt in ITV's *Tuesday Rendezvous*, und dann eine Abendshow im Kilburn Ballroom im Norden Londons.

10. APRIL
Zurück zur gewohnten Umgebung des Majestic Ballroom in Birkenhead. Vor der Show besucht Lennon Cynthia im Sefton General Krankenhaus und sieht seinen Sohn zum ersten Mal.

11. APRIL
„From Me To You", die dritte Beatles-Single, wird veröffentlicht.

Noch ein Konzert, diesmal in der Co-Op Hall in Middleton.

12. APRIL
Zum Karfreitag veranstaltet der Cavern „A Shot Of Rhythm& Blues, R& B Marathon". Die Beatles spielen als letzte der neun angekündigten Bands.

13. APRIL
Die Beatles machen einen BBC-TV-Auftritt für *The 625 Show*. Gemeinsam mit Cliff Richard besuchen sie anschließend die Tour-Abschlußparty der Shadows – einem in der britischen Musikpresse hochgejubelter Pop-Gipfel.

14. APRIL
Playback von „From Me To You" für *Thank Your Lucky Stars*. Am Abend sehen die Beatles zum ersten Mal die Rolling Stones, die im Crawdaddy in Richmond spielen.

15. APRIL
Auftritt im Riverside Dancing Club in Tenbury Wells.

16. APRIL
Live bei *Scene At 6,30* auf Granada TV, um die aktuelle Single zu promoten, „From Me To You".

17. APRIL
Wieder auf der Bühne, dieses Mal im Luton Majestic.

18. APRIL
Ihr bislang hochkarätigstes Konzert spielen die Beatles als Vorgruppe für Del Shannon bei der *Swinging Sound '63*-Show in der Royal Albert Hall. Zwei Songs werden vom BBC-Rundfunk live ausgestrahlt. Nach der Show stellen Lennon und McCartney Shannon ihre neue Single vor – der sie prompt für eine US-Veröffentlichung auswählt.

BBC-Aufnahmen:
„Twist And Shout", „From Me To You".

19. APRIL
Die King's Hall in Stoke-on-Trent beherbergt das zweite *Mersey Beat* Showcase, beworben mit „Featuring Jerry & The Pacemakers and Billy Cramer".

20. APRIL
Sie spielen im Mersey View Ballroom in Frodsham.

21. APRIL
Die Beatles stehlen bei dem *NME*-Pollwinner- Konzert im Empire Pool, Wembley, den Headlinern Cliff Richard & The Shadows die Show. Mit ihrer Entscheidung, das Set mit ihrem Nr. 1 Hit „Please Please Me" zu öffnen, fangen sie sich eine herbe Presse-Schelte ein.

Am Abend spielen sie im Pigalle Club an Londons Piccadilly Circus.

23. APRIL
Konzert in The Floral Hall, Southport.

24. APRIL
Das *Mersey Beat* Showcase-Paket erreicht den Finsbury Park Majestic im Norden Londons.

25. APRIL
Ein weiterer PR-Auftritt, dieses Mal in der Fairfield Hall, Croydon.

26. APRIL
„From Me To You" erreicht die Nr. 1 in dem UK-Charts.

Die Beatles treten in der Shrewsbury Music Hall auf.

27. APRIL
In der Northwich Memorial Hall steigt das letzte Konzert für zwei Wochen.

28. APRIL
Der Rest der Beatles macht Urlaub auf Teneriffa, doch John Lennon fährt lieber mit Brian Epstein nach Spanien, anstatt zurück zu seiner Frau und seinem Baby nach Liverpool zu reisen. Die Reise vertieft die Beziehung zwischen dem Manager und der unbezweifelten kreativen Kraftquelle der Gruppe. Andererseits führt sie auch zu dem seit ihrer Rückkehr nach Liverpool kursierenden Gerücht, der Urlaub habe dem Paar ermöglicht, eine homosexuelle Beziehung zu beginnen.

Bis zu seinem Todestag dementierte Lennon immer wieder dieses Gerücht, auch wenn er sich sonst zu jeder Überschreitung von Tabugrenzen immer freimütig bekannte. Allenfalls, räumte er ein, gab es einen kleinen Flirt zwischen ihm und dem bekennenden Schwulen Epstein – aber keinesfalls sei da mehr gewesen. Verschiedene Beatles-Insider behaupten inzwischen, Epstein selbst habe nach der Rückkehr die Details ihrer Affäre ausgeplaudert, obwohl sie sich eigentlich vorgenommen hatten, notfalls zuzugeben, daß ihr Stelldichein – zumindest was Epstein betrifft – unglücklich ausging. Immerhin: Lennon lernte, daß er von Grund auf heterosexuell eingestellt ist.

9. MAI
Lennon und Epstein kehren aus Spanien zurück.

11. MAI
Zurück in die Live-Maschinerie: die Beatles spielen im Nelson Imperial Ballroom.

12. MAI
Thank Your Lucky Stars verlangt ein erneutes Playback von „From Me To You".

14. MAI
Zurück nach Norden zum Sunderland Rink.

15. MAI
Konzert im Chester Royalty.

16. MAI
Ein Live-Auftritt bei der populären BBC-Kinder-TV- Show *Pops And Lenny* erlaubt eine weitere Aufführung von „From Me To You".

17. MAI
Konzert in den Grosvenor Rooms in Norwich.

18. MAI
Die Beatles beginnen ihre dritte nationale Tour durch England, es ist ihre erste als Co-Haupt-Act. Das Muster der vorigen Tour wiederholt sich: Roy Orbison ist offiziell als Headliner angekündigt, macht jedoch nach den ersten Publikums-Reaktionen großzügig Platz für die Pilzköpfe. Die Tour beginnt in der Slough Adelphi, das Doppel-Show-Format wiederholt sich fast jede Nacht.

19. MAI
Der Orbison/ Beatles-Treck fährt nach Hanley Gaumont weiter.

20. MAI
Und dann zum Southampton Gaumont.

21. MAI
Die Gruppe nimmt Sessions für die BBC Radio-Shows *Saturday Club* und *Steppin' Out* auf.

BBC-Aufnahmen:
„I Saw Her Standing There", „Do You Want To Know A Secret", „Boys", „Long Tall Sally", „From Me To You", „Money", „Please Please Me", „I Saw Her Standing There" (erneut), „Roll Over Beethoven", „Thank You Girl", „From Me To You".

22. MAI
Nächster Halt: Ipswich Gaumont.

23. MAI
Wieder ein Kino-Gig: Odeon in Nottingham.

24. MAI
Der BBC-Rundfunk reagiert auf die enormen Einschaltquoten der vorangegangenen Beatles-Sendungen und gibt ihnen ihre eigene wöchentliche Show – *Pop Go The Beatles*. Die erste Folge des Programms, das eigens dafür aufgenommene Musik plus ein wenig Klatsch rings um die Band präsentiert, wird heute aufgezeichnet.

BBC-Aufnahmen:
„Pop Go The Beatles", „From Me To You", „Everybody's Trying To Be My Baby", „Do You Want To Know A Secret", „You Really Got A Hold On Me", „Misery", „Hippy Hippy Shake".

Am Abend treten die Beatles im Walthamstow Granada auf. Nachdem das Tour-Programm neu gedruckt wurde, sind sie ab jetzt auch als Hauptgruppe angekündigt.

25. MAI
Nach Norden zur Sheffield City Hall.

26. MAI
Konzert im Liverpool Empire.

Ringo, John und George mit Brian Epstein.

27. MAI
Beatles/ Orbison im Cardiff Capitol.

Vee Jay veröffentlicht „From Me To You“ als die zweite Beatles-Single.

28. MAI
Live im Worcester Gaumont.

29. MAI
Die Tour erreicht das York Rialto.

30. MAI
The Manchester Odeon ist das größte Theater auf der Tour.

31. MAI
Hinunter nach Süden ins Southend Odeon.

1. JUNI
Die zweite und dritte Folge von *Pop Go The Beatles* wird aufgezeichnet.

BBC-Aufnahmen:
„Too Much Monkey Business“, „I Got To Find My Baby“, „Young Blood“, „Baby It's You“, „Till There Was You“, „Love Me Do“, „A Shot Of Rhythm And Blues“, „Memphis, Tennessee“, „A Taste Of Honey“, „Sure To Fall“, „Money“, „From Me To You“.

Nach einem kompletten Tag in der BBC spielen die Beatles im Tooting Granada.

2. JUNI
Brighton Hippodrome.

3. JUNI
Zurück nach London, ins Woolwich Granada.

4. JUNI
Birmingham Town Hall.

5. JUNI
Leeds Odeon.

7. JUNI
Glasgow Odeon.

8. JUNI
Newcastle City Hall.

9. JUNI
Die Tour endet nach drei turbulenten Wochen in der King Georges Hall in Blackburn.

10. JUNI
Ohne einen Tag Pause sind die Beatles wieder auf Tour; sie fahren zum Pavilion nach Bath.

12. JUNI
Zurück nach Liverpool: Benefiz-Konzert in den Grafton Rooms.

13. JUNI
Ein Doppelkonzert, zuerst im Stockport Palace und anschließend im Southern Sporting Club in Manchester, erinnert an die Tage vor dem großen Ruhm.

14. JUNI
Das *Mersey Beat* Showcase wird im Tower Ballroom in New Brighton wiederbelebt.

15. JUNI
Salisbury City Hall ruft die Beatles zurück nach Süden.

16. JUNI
Ein weiterer PR-Auftritt: Romford Odeon.

17. JUNI
Zurück zur BBC, um die vierte *Pop Go The Beatles*-Show aufzunehmen.

BBC-Aufnahmen:
„Anna“, „I Saw Her Standing There“, „Boys“, „Chains“, „P.S. I Love You“, „Twist And Shout“.

18. JUNI
Paul McCartney feiert seinen 21. Geburtstag mit einer Party im Haus seiner Tante in Liverpool. Der Abend geht in die Pop-Geschichte ein, weil John Lennon den Cavern-DJ und langjährigen Freund Bob Wooler zusammenschlägt, nachdem Wooler auf die angebliche homosexuelle Affaire zwischen Lennon und Brian Epstein angespielt hatte.

19. JUNI
Zurück aus Liverpool nach London. Die Beatles nehmen eine Session für eine weitere BBC-Rundfunk-Show auf: *Easy Beat.*

BBC-Aufnahmen:
„Some Other Guy“, „A Taste Of Honey“, „Thank You Girl“, „From Me To You“.

20. JUNI
Bemüht, den PR-Schaden zu verkleinern, diktiert Brian Epstein Lennon ein Entschuldigungs-Telegramm an Bob Wooler: „Tut mir echt leid, Bob. Bin verdammt verwirrt wegen der Sache. Was soll ich sonst noch sagen. John Lennon.“

21. JUNI
Das Guildford Odeon präsentiert die Beatles.

Der *Daily Mirror* klatscht den Lennon/ Wooler-Vorfall auf seine Rückseite.

22. JUNI
John macht seinen ersten Solo-Ausflug von der Gruppe, als er sich seine typisch bissigen und ehrlichen Anmerkungen während der Aufzeichnung einer Folge von *Juke Box Jury*, einer Plattenkritik-Show auf BBC-TV, erstmals nicht verkneifen kann.

Er wird mit einem Hubschrauber zum Konzert in der Town Hall von Abergavenny geflogen.

23. JUNI
Playbacks zu „From Me To You" und „I Saw Her Standing There" für *Lucky Star*.

24. JUNI
Die Tretmühle mahlt unaufhörlich weiter: Die Beatles nehmen noch eine BBC-Session auf, dieses Mal für *Saturday Club*.

BBC-Aufnahmen:
„I Got To Find My Baby", „Memphis, Tennessee", „Money", „Till There Was You", „From Me To You", „Roll Over Beethoven".

25. JUNI
Zurück auf Tour mit einer Show im Middlesbrough Astoria.

26. JUNI
Konzert im Newcastle Majestic.

28. JUNI
Die Queens Hall in Leeds.

30. JUNI
Der Sommer beginnt offiziell (leicht verspätet) für die Band, als die Beatles an die Küste fahren und im Great Yarmouth ABC auftreten.

1. JULI
Das ultimative Kunstwerk der Beatlemania, „She Loves You", wird während einer sechsstündigen Session im Abbey Road-Studio aufgezeichnet. Zwischendrin ist etwas Zeit für Foto-Aufnahmen.

Studio-Aufnahmen:
„She Loves You", „I' ll Get You".

2. JULI
Die Gruppe nimmt eine weitere Folge von *Pop Go The Beatles* auf. Lennons mühelos-souveräne Darbietung von Arthur Alexanders R&B-Hit „Soldier Of Love" setzt neue Maßstäbe aller nachfolgenden Cover-Versionen der Band.

BBC-Aufnahmen:
„That's All Right (Mama)", „There's A Place", „Carol", „Soldier Of Love", „Lend Me Your Comb", „Clarabella", „Ask Me Why", „Sweet Little Sixteen", „Three Cool Cats".

3. JULI
Nach zwei Tagen Plattenaufnahmen in London reisen die Beatles zu den BBC Studios nach Manchester, um eine Session für die Sendereihe *The Beat Show* aufzunehmen.

BBC-Aufnahmen:
„From Me To You", „A Taste Of Honey", „Twist And Shout".

5. JULI
Wieder auf der Bühne, heute mit einer Show im Old Hill Plaza.

6. JULI
Ein weiteres Konzert in der Nähe der Heimat: Northwich Memorial Hall.

7. JULI
Der erste einer Serie von Sonntags-Auftritten im ABC in Blackpool.

8.-13. JULI
Die Beatles werden an der Küste zu einer britischen Institution, indem sie ihre einwöchige Sommer-Spielzeit mit zwei Shows pro Abend in den Margate Winter Gardens beginnen.

10. JULI
Zwei weitere Folgen von *Pop Go The Beatles* sind im Kasten. Noch einmal beherrscht Lennon das Geschehen, indem er durch Chuck Berrys „Sweet Little Sixteen" kurvt und eine eindrucksvolle Version des Johnny Burnette Trio-Klassikers „Lonesome Tears" abliefert.

BBC-Aufnahmen:
„Sweet Little Sixteen", „A Taste Of Honey", „Nothin' Shakin", „Love Me Do", „Lonesome Tears In My Eyes", „So How Come No-One Loves Me", „Memphis, Tennessee", „Do You Want To Know A Secret", „Till There

Was You", „Matchbox", „Please Mr Postman", „The Hippy Hippy Shake".

12. JULI
Lennons sengend heiße Interpretation von „Twist And Shout" wird die erste Beatles-Single mit erweiterter Laufzeit. Am selben Tag erscheint „My Bonnie", eine Vier-Song-EP ihrer Hamburg-Sessions mit Tony Sheridan.

14. JULI
Direkt von einer Küstenstadt in die andere: Konzert im Blackpool ABC.

16. JULI
Zurück in der BBC für drei Folgen von *Pop Go The Beatles*. Am Ende der Marathon-Aufnahmesession, begeht Lennon eine seltene Gesangssünde – mit einer ausnahmsweise völlig verhauenen Version von Ann-Margrets „I Just Do not Understand".

BBC-Aufnahmen:
„I'm Gonna Sit Right Down And Cry Over You", „Crying, Waiting, Hoping", „Kansas City", „To Know Her Is To Love Her", „The Honeymoon Song", „Twist And Shout", „Long Tall Sally", „Please Please Me", „She Loves You", „You Really Got A Hold On Me","I'll Get You", „I Got A Woman", „She Loves You", „Words Of Love", „Glad All Over", „I Just Do not Understand", „Devil In Her Heart", „Slow Down".

17. JULI
Ein zweiter Tag mit BBC-Aufnahmen wirft vier Songs für die nächste Ausgabe der wöchentlichen Show *Easy Beat* ab.

BBC-Aufnahmen:
„I Saw Her Standing There", „A Shot Of Rhythm And Blues", „Therés A Place", „Twist And Shout".

18. JULI
Die Gruppe beginnt im Abbey Road mit der Arbeit für das zweite Album. Lennon zeigt ein meisterhaftes Verständnis für „You Really Got A Hold On Me" von den Miracles und jagt vergleichbar kraftvoll durch einen weiteren Motown-Klassiker, „Money". Er gewinnt dem Song ungeahnte Seiten ab und zeigt ungebändigte Emotionen in seiner Stimme.

Studio-Aufnahmen:
„You Really Got A Hold On Me", „Money", „Devil In Her Heart", „Till There Was You".

19. JULI
Der Küstenspaß setzt sich im Ritz Ballroom in Rhyl fort.

20. JULI
Eine zweite Nacht in Rhyl.

21. JULI
Blackpool an einem Sommer-Sonntag, dieses Mal im Queen's Theatre. Der Rummel der Fans außerhalb des Theaters ist so intensiv, daß die Beatles die Bühne über eine geheimen Hühnerleiter-Eingang erklimmen müssen.

22.-27. JULI
Eine zweite Sommer-Spielzeit, dieses Mal im Weston-super-Mare Odeon.

22. JULI
Vee Jay Records in Chicago veröffentlicht die erste US-Beatles LP, „Introducing The Beatles", eine geringfügig bearbeitete Version des „Please Please Me"- Albums.

26. JULI
Lennons Song „Bad To Me" wird von Billy J. Kramer & The Dakotas veröffentlicht. Auf der Rückseite ist ein weiterer Lennon-Song, „I Call Your Name".

28. JULI
Ein weiterer Auftritt: Great Yarmouth ABC.

30. JULI
Während einer morgendlichen Session bei der EMI führt Lennon die Gruppe durch „Please Mr. Postman"; wieder eine meisterhafte Aufführung eines Songs aus dem Motown Records Katalog.

Die Gruppe widersteht kurz darauf in einer Session für den *Saturday Club* der Versuchung, diesen seltenen Moment zu wiederholen. Stattdessen toben sie durch Carl Perkins „Glad All Over". Sie nehmen ebenfalls ein Interview für die Show *Non Stop Pop* auf.

Zurück im Abbey Road nimmt die Gruppe weitere Songs für ihr kommendes Album auf.

Studio-Aufnahmen:
„Please Mr Postman", „It Wo not Be Long", „Money", „Till There Was You", „Roll Over Beethoven", „All My Loving".

BBC-Aufnahmen:
„Long Tall Sally", „She Loves You", „Glad All Over", „Twist And Shout", „You Really Got A Hold On Me", „I' ll Get You".

31. JULI
Sie fahren am Morgen zurück nach Liverpool und treten noch einmal im Imperial Ballroom auf.

1. AUGUST
Beat Monthly- Verleger Sean O'-Mahony veröffentlicht die Originalausgabe von „The Beatles Book", ein authorisiertes monatliches Fanzine, das regelmäßig bis Dezember 1969 erscheint. Während der frühen Erscheinungsjahre zeigt die Gruppe ein reges Interesse an der Entwicklung des Magazines, bis ihnen irgendwann die unendlich fröhliche und unkritische Berichterstattung dann doch zum Halse heraus hing.

Zwei Folgen von *Pop Go The Beatles*. Lennon übernimmt den Leadgesang auf Carl Perkins' „Honey Do not", einen Song, den er im kommenden Jahr Ringo singen läßt.

BBC-Aufnahmen:
„Ooh! My Soul", „Do not Ever Change", „Twist And Shout", „She Loves You", „Anna", „A Shot Of Rhythm And Blues", „From Me To You", „I' ll Get You", „Money", „There's A Place", „Honey Do not", „Roll Over Beethoven", „Baby It's You", „Lucille", „She Loves You".

2. AUGUST
Die Beatles verabschieden sich von den Grafton Rooms in Liverpool, einem ihrer Lieblingssäle der vergangenen 12 Monate.

3. AUGUST
Zum letzten Mal spielen die Beatles vor kleinem Publikum: 250 bis 300 Fans sind im Cavern und sehen als eine der fünf Vorgruppen Johnny Ringo and The Colts.

4. AUGUST
Nach einem Sonntag im Great Yarmouth kehren die Beatles zu ihren regelmäßigen Blackpool-Auftritten ins Queen's Theatre zurück.

5. AUGUST
Vielleicht das einzige Beatles-Konzert vor einer Filmleinwand: lustlos spielen sie im Urmston in Manchester.

6. AUGUST
Zum ersten Mal darf die Gruppe (statt im Bus zu tingeln) mit dem Flugzeug zum nächsten Gig fliegen. Sie spielen zwei Shows im Springfield Ballroom auf der Kanalinsel Jersey.

7. AUGUST
Eine zweite Nacht in Jersey. Nach der Show wird Lennon zu einer „Privatparty" auf der Insel eingeladen, eine sehr vorsichtige Beschreibung einer wilden Orgie, die Lennon fünf Jahre später in dem Song „Polythene Pam" verarbeiten wird.

8. AUGUST
Flug nach Guernsey ins Candie Auditorium.

Kyoko Cox, die Tochter von Anthony Cox und Yoko Ono, wird in Tokio geboren.

9. AUGUST
Zurück zum Springfield Ballroom in Jersey.

10. AUGUST
Das Konzert im Springfield beendet die Tour auf den Kanalinseln.

11. AUGUST
Wenn heute Sonntag ist, muß es wohl das Blackpool ABC sein... Vorher wird die Gruppe am Flughafen in Manchester von ihrem neuen Tour-Manager Malcolm (' Mal') Evans begrüßt, der in der Band-Mannschaft Neil Aspinall entlasten soll.

12.-17. AUGUST
Eine weitere einwöchige Sommerspielzeit beginnt im Llandudno Odeon.

13. AUGUST
„Twist And Shout" qualifiziert sich für eine Silberne Platte. Mit ihren 250.000 UK-Verkäufen wird sie die erfolgreichste Lang-Single der Rockgeschichte.

14. AUGUST
Vor der Nachtshow in Llandudno schauen die Beatles bei Granada TV's *Scene At 6,30* rein.

18. AUGUST
PR-Auftritt für die nächste Single „She Loves You" bei *Lucky Star*s in Birmingham. Abends Konzert im Princess Theatre in Torquay.

19.-24. AUGUST
Sommer-Spielzeit die Vierte: im Bournemouth Gaumont.

23. AUGUST
„She Loves You" kommt in die Läden und verkauft sich innerhalb von zwei Wochen 500.000 mal.

25. AUGUST
Noch eine Reise zum Blackpool ABC für eine Sonntag-Abendshow.

26.-31. AUGUST
Die letzte wöchentliche Spielzeit des Sommers beginnt im Southport Odeon.

27. AUGUST
Die Beatles treten vor BBC-Kameras, aber ohne Publikum, in einem anderen Southport-Theater auf. Der Sender braucht die Ausschnitte für einen Dokumentarfilm, „Mersey Sound". In den kommenden Tagen erforscht ein Kamerateam den unaufhaltsamen Aufstieg der Beatles in und um Liverpool.

30. AUGUST
Eine weitere Gruppe aus dem Brian Epstein-Stall, The Fourmost, darf den Lennon-Song „Hello Little Girl" zuerst veröffentlichen.

1. SEPTEMBER
Nach dem Ende der BBC-Verpflichtungen wechseln die Beatles auf die andere Seite – und nehmen einen Auftritt für ITV's *Big Night Out* auf.

3. SEPTEMBER
Die Gruppe taucht wieder in der BBC auf, um die letzten drei Shows von *Pop Go The Beatles* zu produzieren.

BBC-Aufnahmen:
„Too Much Monkey Business", „Till There Was You", „Love Me Do", „She Loves You", „I' ll Get You", „The Hippy Hippy Shake","Chains", „You Really Got A Hold On Me", „Misery", „Lucille", „From Me To You", „Boys", „She Loves You", „Ask Me Why", „Devil In Her Heart", „I Saw Her Standing There", „Sure To Fall", „Twist And Shout", „A Taste Of Honey".

4. SEPTEMBER
Eine Serie von Ein-Abendshows beginnt im Worcester Gaumont.

5. SEPTEMBER
Taunton Gaumont.

Unten: **EMI-Chef Sir Joseph Lockwood überreicht den Beatles Goldene Schallplatten.**

6. SEPTEMBER
Luton Odeon.

Im Zuge des Erfolges von „Twist And Shout" veröffentlicht Parlophone die EP „The Beatles Hits".

BBC-Aufnahmen:
„I Saw Her Standing There", „Memphis, Tennessee", „Happy Birthday", „I' ll Get You „, „She Loves You", „Lucille".

Die aktuelle Konzertreihe endet in der Fairfield Hall in Croydon.

7. SEPTEMBER
Wie immer munter vor sich hin arbeitend, zeichnen die Beatles eine Session für die Sondersendung zum fünften Geburtstag von BBCs *Saturday Club* auf, die jedoch erst in einem Monat ausgestrahlt wird. Lennon spielt einen seiner Cavern Club-Lieblinge, Chuck Berrys „Memphis".

8. SEPTEMBER
Wieder geht ein Sommer zu Ende: Die Beatles spielen ihre letzte Sonntags-Show im Blackpool ABC.

10. SEPTEMBER
Der ehemalige Beatles-Publizist und inzwischen zum Manager der Rolling Stones konvertierte Andrew Oldham trifft die Beatles im West End und lädt sie ein, eine Stones-Probe zu besuchen. Lennon und McCartney bieten der Band einen neuen Song, „I Wanna Be Your Man", an und ziehen sich kurz in einen anderen Raum zurück, um den noch fehlenden Mittelteil des Songs festzuklopfen.

11. SEPTEMBER
Im Abbey Road werden die Album-Sessions fortgeführt. Lennon stellt die Soul-Ballade „All I've Got To Do" vor und versucht sich an der fesselnden, bedrohlichen Melodie von „Not A Second Time".

Studio-Aufnahmen:
„I Wanna Be Your Man", „Little Child", „All I've Got To Do", „Not A Second Time", „Do not Bother Me".

12. SEPTEMBER
Ein zweiter harter Arbeitstag mit Abbey Road-Sessions.

Studio-Aufnahmen:
„Hold Me Tight", „Do not Bother Me", „Little Child", „I Wanna Be Your Man"

13. SEPTEMBER
Zurück im Lancashire Festsaal-Umkreis: Konzert in der Preston Public Hall.

14. SEPTEMBER
Ein Gegenbesuch in der Northwich Memorial Hall.

15. SEPTEMBER
Zum zweiten Mal treten die Beatles in der Royal Albert Hall in London auf, heute als Headliner des „Great Pop Prom".

16. SEPTEMBER
Die Beatles fahren in einen hochverdienten Urlaub – dieses Mal entscheidet sich Lennon nicht für Epstein, sondern für zwei Wochen Paris mit seiner Frau Cynthia. Dennoch: Epstein begleitet das Paar.

„She Loves You" ist die erste US-Single auf dem Swan Label. Mehr als fünf Monate später wird sie die Nr. 1 sein.

2. OKTOBER
John und Cynthia kehren nach England zurück.

3. OKTOBER
Die Gruppe fügt bei der EMI den Album-Spuren einige Last-Minute-Overdubs bei.

Studio-Aufnahmen:
„I Wanna Be Your Man", „Little Child".

4. OKTOBER
Die Gruppe spielt für *Ready Steady Go!* im Playback" Twist And Shout" plus beide Seiten ihrer letzten Single

5. OKTOBER
Die zweite kurze Tour durch Schottland in diesem Jahr beginnt in der Glasgow Concert Hall.

6. OKTOBER
Konzert im Kirkcaldy Carlton.

7. OKTOBER
Die kurze Tour endet in der Caird Hall in Dundee.

9. OKTOBER
An John Lennons 23. Geburtstag kehren die Beatles nach einem kurzen Halt in Liverpool nach London zurück, um einen Song für die später ausgestrahlte Rundfunksendung *The Ken Dodd Show* aufzunehmen.

BBC-Aufnahmen:
„She Loves You".

11. OKTOBER
Zwischenspiel im Trentham Ballroom.

12. OKTOBER
Die Beatles proben für ihren ersten Palladium-Auftritt beim Londoner Fan-Club HQ.

13. OKTOBER
Mehr als 15.000.000 Menschen schalten ATV's *Sunday Night At The London Palladium* ein, eine der populärsten TV-Shows für leichte Unterhaltungskost. Mit im Programm sind Brook Benton und Des O'Connor. Einige Hundertschaften von Fans verursachen ein Höllenchaos vor der Halle.

14. OKTOBER
Die Geburtsstunde der „Beatlemania": Die Londoner Presse bauscht die Vorfälle der letzten Nacht zum „Krawall" auf und behauptet, der ganze Londoner Stadtkern sei von hysterischen Fans belagert worden. Danach wird die Hysterie zum Selbstläufer. Der *Daily Herald*: „Als die Beatles mit ihren seltsamen Frisuren ihren 12minütigen Auftritt beendet hatten, fing der Ärger erst richtig an. Kreischende Mädchen warfen sich der Polizei entgegen, Helme flogen, Schutzmänner taumelten. Polizeibusse riegelten die Vorderseite der Halle ab, damit die Beatles herausgeschmuggelt werden konnten. Der Wächter am Bühneneingang, George Cooper, sagte dazu: „Seitdem der amerikanische Sänger Johnnie Ray 1955 hier war, habe ich so etwas nicht mehr erlebt."

15. OKTOBER
Die Beatlemania entspannt sich, zumindest theoretisch, für eine Nacht, weil die Beatles in ihr gewohntes Territorium der Floral Hall in Southport zurückkehren. Die Show fällt mit der Ankündigung zusammen, daß die Gruppe eingeladen worden ist, auf der Royal Command Performance im November zu spielen. Die nationale Presse verfolgt die Beatles bis an die Küste Lancashires.

16. OKTOBER
Die Gruppe absolviert routiniert ihr Bühnenrepertoire für die Radiosendung *Easy Beat.*

BBC-Aufnahmen:
„I Saw Her Standing There", „Love Me Do", „Please Please Me", „From Me To You", „She Loves You".

17. OKTOBER
Zum ersten Mal benutzen die Beatles ein Vier-Spur-Mischpult, um die nächste Single, „I Want To Hold Your Hand", aufzunehmen. Den Singles, die an die Mitglieder ihres offiziellen Fan-Clubs verschickt werden, liegt ein spezielles Info bei. Lennon benutzt die Gelegenheit, die Worte von „Good King Wenceslas" zu veralbern. Außer der mit-komponierten A-Seite der Single trägt Lennon auch die gefühlsbetonte B-Seiten-Ballade „This Boy" bei.

Studio-Aufnahmen:
„The Beatles Christmas Record", „You Really Got A Hold On Me", „I Want To Hold Your Hand", „This Boy".

19. OKTOBER
Die Beatles spielen im Buxton Pavilion, begleitet von „schreienden Mädchen, hilflosen Polizisten und einem Polizei-Helm, der über den Boden rollt."

20. OKTOBER
Noch eine *Thank Your Lucky Stars*-Folge wird aufgenommen.

23. OKTOBER
Die Gruppe fliegt über Nacht nach Stockholm zu ihrer ersten Übersee-Tour.

24. OKTOBER
Die schwedische Rundfunk-Show *Pop '63* wird von einem Auftritt der Beatles geziert.

25. OKTOBER
Die Beatlemania hat sich endgültig auch jenseits britischer Ufer ausgebreitet. Das zeigen zwei Shows in einer Schule in Karlstad, im Westen von Stockholm.

26. OKTOBER
Weiter in die schwedische Hauptstadt – Auftritte in der Kungliga Hall.

27. OKTOBER
Ein seltener Drei-Show-Tag im Gothenberg Circus an der schwedischen Westküste.

28. OKTOBER
Nach Osten in die Boras Hall.

29. OKTOBER
Die Sports Hall in Eskilstuna (in der Nähe von Stockholm) beherbergt die Beatles. In London beendet zur gleichen Zeit Brian Epstein die Verhandlungen, um mit United Artists 1964 einen Dokumentarfilm über die Gruppe drehen zu können.

Lennon: „Nach diesem Film werden sie herausgefunden haben, daß wir keine Schauspieler sind – und nie welche sein werden! Wir werden das durchziehen, und wenn es endlich fertig ist, werde ich jedes Selbstvertrauen verloren haben. Ich meine, daß keiner von uns unsere eigenen Texte auswendig lernen will. Dafür bin ich viel zu unkonzentriert. Keiner von uns kann lippensynchron sprechen."

30. OKTOBER
Ein Konzert wird für die schwedische TV-Show *Drop In* aufgenommen.

31. OKTOBER
Zurück nach London zum ersten Massenempfang von Hunderten schreiender Fans am Heathrow Airport – ordentlich dokumentiert von Presse und TV-Kameras.

1. NOVEMBER
Zu guter Letzt führen die Beatles eine England-Tour unter eigenem Namen als Headliner an. Sie beginnt mit zwei Shows im Cheltenham Odeon. Das Plakat nennt nicht gerade ein Star-Aufgebot von Vorgruppen: Peter Jay & The Jaywalkers, The Brook Brothers, The Kestrels und die befreundeten Liverpudlians – The Vernons Girls. Die Beatles selbst spielen an den Abenden nur je zehn Songs in 25 Minuten. Das Programm gipfelt in

Lennons gewohnt heiserer Interpretation von „Twist And Shout“.

Parlophone extrahiert aus ihrem Debüt-Album „The Beatles (Nr. 1)“ eine EP mit „I Saw Her Standing There“ als Titelsong. Am gleichen Tag veröffentlicht Billy J. Kramer einen weiteren Lennon/McCartney-Song, „I' ll Keep You Satisfied“, und auch die Rolling Stones-Single „I Wanna Be Your Man“, von John und Paul für die Gruppe im September fertig komponiert, kommt in die Läden.

2. NOVEMBER
Nächster Halt: Sheffield City Hall. Der *Daily Telegraph* vergleicht inzwischen in einem ängstlichen Leitartikel die Hysterie der Beatles-Fans mit dem Reichsparteitag der Nazis in Nürnberg.

3. NOVEMBER
Gig im Leeds Odeon.

4. NOVEMBER
Einer der denkwürdigsten Auftritte in der Beatles-Geschichte: Die Pilzköpfe spielen im Rahmen der „Royal Command Performance“ (auch bekannt als die „Royal Variety Show“) vor der Königin-Mutter im Prince Of Wales Theatre in London. Die Gruppe steht auf der Ankündigungsliste ganz unten, irgendwo zwischen Buddy Greco, Marlene Dietrich und Tommy Steele. Sie spielen vier Songs: „She Loves You“, „Till There Was You“, „From Me To You“ und „Twist And Shout“. Der bezeichnendste Moment des Abends ist Lennons Ansage des Abschlußsongs: „Wir möchten Sie für das folgende Stück um ihre Mithilfe bitten. Die Leute auf den billigen Sitzen sollen in die Hände klatschen, den Rest bitten wir, einfach mit den Juwelen zu klappern.“ Seine Stichelei („Ich werde sie einfach bitten, mit ihren Scheiß-Juwelen zu klappern“, hatte er vor der Show versprochen) wird als ein charmantes Stückchen Arbeiterklasse-Frechheit gewertet und trägt viel dazu bei,den Stand der Beatles im Showgeschäft-Establishment und bei der erwachsenen Bevölkerung zu untermauern – vor allem durch die TV-Austrahlung der Show in der darauffolgenden Woche.

Lennon: „Wir waren Mittelpunkt aller Nachrichten in diesen Tagen. Wir haben allein damit mindestens 14 Chefredakteure geknackt. Und dann kommt dieser Fotograf ein oder zwei Wochen später daher und behauptet: 'Natürlich haben wir sie zu dem gemacht, was sie sind'. Ich würde ihn gerne treffen und mir das direkt ins Gesicht sagen lassen.“

5. NOVEMBER
Zurück auf Tour im Slough Adelphi.

Nur ein Tag nach Beginn der Order-Frist treffen 500.000 Bestellungen für die neue Single „I Want To Hold Your Hand“ bei der EMI ein.

Der *Daily Mirror* begrüßt die Eskapaden bei der Variety Show mit einem Leitartikel unter der Überschrift „Yeah! Yeah! Yeah!“. „Sie sind jung, neu“ keucht der Leitartikel des Blattes, „Sie sind aufgekratzt und fröhlich. Was für eine Veränderung von jenen selbstbemitleidenden Jammerlappen, die sich unerfüllte Liebes-Schmachtfetzen aus ihren gepeinigten lauwarmen Herzen herausschnulzen. Die Beatles sind Draufgänger. Sie tragen ihr Haar wie ein Mop, aber es ist GEWASCHEN, es ist porentief rein. Genauso frisch und jung agieren sie auch. Sie haben es nicht nötig, sich mit Stammtischwitzen über Schwule zu profilieren.“

6. NOVEMBER
Konzert im Northampton ABC.

7. NOVEMBER
Auch Irland bleibt nicht von der England-Tour ausgeschlossen: sie spielen im Adelphi in Dublin.

8. NOVEMBER
Nach Norden ins Belfast Ritz.

9. NOVEMBER
Zurück nach London: eine Show in der East Ham Granada.

10. NOVEMBER
Das Birmingham Hippodrome beherbergt die Beatles.

11. NOVEMBER
Brian Epstein überredet in New York den einflußreichen TV-Moderator Ed Sullivan, die Beatles für seine Show im Februar zu buchen.

13. NOVEMBER
Konzert im Plymouth ABC.

14. NOVEMBER
Exeter ABC.

15. NOVEMBER
Colston Hall , Bristol.

The Fourmost bringen einen weiteren bislang unveröffentlichten Lennon/McCartney-Song heraus, „I'm In Love“. Lennon hatte diese unbeschreibliche Beat- Ballade vier Monate zuvor ausdrücklich als eine frei anzubietende Komposition geschrieben.

16. NOVEMBER
Den Auftritt in den Bournemouth Winter Gardens nutzen mehrere US-TV-Teams, um diese heißeste Sensation des englischen Showgeschäfts abzuklopfen.

17. NOVEMBER
Amerika trinkt aus und geht nach Hause; Die Beatles spielen im Coventry Theatre.

18. NOVEMBER
EMI schmückt die Beatles mit einer Handvoll Gold- und Silberplatten im Rahmen einer Feierlichkeit im firmeneigenen Londoner HQ-Laden. Nach der Überreichnung trifft Brian Epstein einen südafrikanischen Tourveranstalter, erteilt jedoch dessen Angebot für eine lukrative Serie von Konzerten vor einem rassisch vorsortierten Publikum eine Absage.

19. NOVEMBER
Wieder auf der Bühne – im Wolverhampton Gaumont.

20. NOVEMBER
Beobachtet von etlichen TV-Kameras (für den geplanten Wochenschau-Film „The Beatles Come To Town“), tritt die Gruppe im Manchester ABC auf.

21. NOVEMBER
Noch ein ABC Kino, dieses Mal in Carlisle.

22. NOVEMBER
Konzert im Stockton Globe.

Parlophone veröffentlicht das Album „With The Beatles“. Das hart-schattige Cover-Foto von Robert Freeman erregt die Gemüter genau so wie der vibrierende Beat-Sound der Platte. Fast eine halbe Million LPs werden am Ende des Jahres verkauft sein.

23. NOVEMBER
Konzert in der Newcastle City Hall.

24. NOVEMBER
Hull ABC.

26. NOVEMBER
Nach Süden ins Cambridge Regal. „ Wie lange, denken Sie, wird die Gruppe noch halten?“ fragt ein Schreiberling Lennon hinter der Bühne. Seine lakonische Antwort: „ Ungefähr fünf Jahre.“

27. NOVEMBER
Nach einer weiteren Aufzeichnung für *Scene At 6.30*, tritt die Gruppe im York Rialto auf. Backstage diskutieren sie über Dick Rowe, jenen Decca-Manager, der die Gruppe 1962 abgelehnt hatte. McCartney: „Er wird sich in den Arsch beißen.“ Lennon: „Ich hoffe, daß er sich zu Tode beißt.“

28. NOVEMBER
Das Lincoln ABC präsentiert die Beatles.

29. NOVEMBER
Konzert im Huddersfield ABC. „I Want To Hold Your Hand“ wird veröffentlicht. Die Vorbestellungen haben allein in England die Millionengrenze überschritten.

30. NOVEMBER
Gig im Empire Theatre in Sunderland.

1. DEZEMBER
De Montfort Hall in Leicester.

2. DEZEMBER
Die Beatles sind zu Gast in den ATV Studios im Norden von London für eine Folge der *The Morecambe And Wise Show*. Lennon ist ungewohnt freundlich zu Morecambe: „Schon mein Vater hat mir von Ihnen erzählt.“

Am Abend spielen sie bei einer Wohltätigkeits-Veranstaltung im Grosvenor House Hotel in Londons Park Lane. „Wir waren schrecklich,“ bemerkt Lennon nach der Show, „und falls jemand behauptet, wir hätten heute abend gut gespielt, werde ich ihm ins Gesicht spucken.“

3. DEZEMBER
Sie treten in der Portsmouth Guildhall auf.

7. DEZEMBER
Drei vollständige Konzertshows und ein TV-Auftritt an einem Tag: Am Morgen wird im Liverpool Empire eine Folge von BBCs *Juke Box Jury* (zur Ausstrahlung am Abend) aufgezeichnet. Die Beatles belegen alle vier Teilnehmerplätze, an denen sonst die neuen Platten von unterschiedlichen Künstlern wie Elvis Presley oder Billy Fury kritisch beleuchtet werden. Unter

dem Titel „It's The Beatles" strahlt die BBC am selben Abend das aufgezeichnete Nachmittagskonzert im Empire (vor 2.500 Mitgliedern ihres offiziellen Fan-Clubs) aus. Abends fahren die Beatles schließlich vom Empire ins Odeon und spielen die zwei regulären Konzerte ihrer laufenden UK-Tour.

8. DEZEMBER
Ohne Ruhepause geht es weiter ins Lewisham Odeon im Süden Londons.

9. DEZEMBER
Nächster Halt: Southend Odeon.

10. DEZEMBER
Konzert im Doncaster Gaumont. Bei einem Rundfunk-Interview am Abend trägt Lennon eines seiner Gedichte, „Neville Club", vor, und enthüllt, daß er gerade dabei ist, seine Schriften für ein geplantes Buch zusammenzustellen.

11. DEZEMBER
Scarborough Futurist Theatre.

12. DEZEMBER
Ihre vierte UK-Tour des Jahres 1963 endet in der Southampton Gaumont.

14. DEZEMBER
Eine Woche nach dem Liverpooler Fan-Clubkonzert treten die Beatles vor ihren Fans im Süden auf. Die Club Convention steigt im Wimbledon Palais.

Vor dem Auftritt sitzt die Band in der Bar des Clubs, läßt die 3.000 Konzertbesucher an sich vorbei defilieren und schüttelt dabei jedem einzelnen die Hand. Anschließend treten sie in einem Käfig auf, der vom Palais-Management aufgebaut wurde, um die teure Bühnenkonstruktion vor den Beatlemaniacs zu schützen.

15. DEZEMBER
Eine weitere Aufzeichnung von *Thank Your Lucky Stars* wird zur Promotion für die neue Single „I Want To Hold Your Hand" benutzt.

17. DEZEMBER
In ihrer ersten BBC-Rundfunk-Session seit zwei Monaten spielt die Gruppe ein Programm für den *Saturday Club* ein.

BBC-Aufnahmen:
„All My Loving", „This Boy", „I Want To Hold Your Hand", „Till There Was You", „Roll Over Beethoven", „She Loves You".

18. DEZEMBER
In der BBC wird die Rundfunk-Sondersendung für den zweiten Weihnachtsfeiertag unter dem Titel *From Us To You* (inklusive einer Neu-Einspielung des Songs „From Me To You" mit verändertem Text) aufgezeichnet. Ansonsten stehen bekannte Songs von ihren LPs auf dem Programm.

BBC-Aufnahmen:
„From Us To You", „She Loves You", „All My Loving", „Roll Over Beethoven", „Till There Was You", „Boys", „Money", „I Saw Her Standing There", „I Want To Hold Your Hand".

Im Prince Charles Theatre in London beginnt die einmonatige Spielzeit eines Ballettprogrammes der Western Theatre Company unter dem Titel „Mods And Rockers". Die Musik dazu stammt von Lennon und McCartney.

20. DEZEMBER
Besuch bei der Sendung *Scene At6.30* auf Granada TV.

21. DEZEMBER
Brian Epstein, kein Gegner der Showbiz- und Theatertraditionen, fügt sich den Konventionen des britischen Pop der frühen Sechziger und bucht die Beatles für eine Weihnachts-Spielzeit. Ein Großteil der UK-Stars mußten zu dieser Zeit mehr oder weniger alberne Weihnachts-Pantomimen und Sketche auf die Bühne bringen. Die Beatles entgingen diesem Schicksal haarscharf, indem sie zustimmten, die Hauptrollen in einer eigenen Show zu übernehmen.

Am Abend proben die Beatles im Bradford Gaumont für die anstehende Londoner Konzertreihe. Mit dabei sind Billy J. Kramer & The Dakotas, Cilla Black, The Fourmost, The Barron Knights, Tommy Quickly und der Moderator Rolf Harris. Letzterer wird bei seinem Auftrag, auf der Bühnen zehn Minuten lang die Stellung zu halten, während hinter ihm die Beatles-Anlage aufgebaut wird, von durchgedrehten Mädchen niedergeschrien.

22. DEZEMBER
Ein weiterer Aufwärm-Gig für die Weihnachts-Spielzeit, dieses Mal im Liverpool Empire.

24., 26.-28., 30.-31. DEZEMBER
Die Beatles-Christmas-Show, moderiert von Rolf Harris (erdacht und produziert von Peter Yolland) feiert im Finsbury Park Astoria im Norden Londons Premiere und wird dort bis zum 11. Januar fast täglich aufgeführt.

Die Beatles beenden den Abend mit einer Neun-Song-Show, die auch Platz für einige unverfängliche Weihnachtssketche hat. Der feine Humor dieser (zum Großteil als Aufzeichnungen eingeblendeter) Wortbeiträge geht jedoch in der allgemeinen Hysterie unter, die jeden ihrer Bühnenauftritte begleitet.

Nach der ersten Aufführung wird die Gruppe heim nach Liverpool zum Weihnachtsfest mit ihren Familien geflogen.

26. DEZEMBER
Ein früher Abflug zurück nach London, um die berufliche Seite der weihnachtlichen Festlichkeiten fortzuführen.

In den USA wird „I Want To Hold Your Hand" als erste Capitol Records-Single der Beatles veröffentlicht.

27. DEZEMBER
Die „Times" bezeichnet Lennon und McCartney als die „herausragenden englischen Komponisten des Jahres 1963".

29. DEZEMBER
Die *Sunday Times* geht einen Schritt weiter als ihre Schwester-Zeitung: „Die zwei Beatles sind die größten Komponisten seit Beethoven".

1964

1.-4, 6.-11. JANUAR
Die Beatles spielen im Finsbury Park Astoria ihre Weihnachtsproduktion vor ausverkauftem Saal.

7. JANUAR
Sie nehmen eine *Saturday Club*-Session für die BBC auf. Sie wird ausgestrahlt, während die Band im Februar in den Staaten ist.

BBC-Aufnahmen:
„All My Loving", „Money", „The Hippy Hippy Shake", „I Want To Hold Your Hand", „Roll Over Beethoven", „Johnny B. Goode", „I Wanna Be Your Man".

12. JANUAR
Zum zweiten und letzten Mal treten die Beatles in der ITV-Live-Show *Sunday Night At The London Palladium* auf. Diesmal gemeinsam mit ihrer Freundin, der Sängerin Alma Cogan.

14. JANUAR
Die Gruppe fliegt nach Paris, um eine ausgedehnte Serie von Konzerten in Frankreich zu beginnen.

15. JANUAR
Die Beatles spielen ein Aufwärm-Konzert im Cinema Cyrano in Versailles, das Vorprogramm bestreiten Jonglierkünstler. Zuvor schlenderten sie durch die Straßen von Paris – völlig ignoriert von der örtlichen Bevölkerung.

Daily Mail: „Entweder war die Champs-Elysées heute nicht in Ausflipp-Stimmung, oder die Beatlemania ist – wie auch Englands Beitritt zum Gemeinsamen Markt – ein Problem, das die Franzosen noch ein Weilchen vor sich her schieben wollen. Exakt drei Mädchen fragten sie nach Autogrammen. Eines davon kam aus England."

Bei der Rückkehr in ihr Pariser Hotel werden sie darüber informiert, daß „I Want To Hold Your Hand" nach nur drei Wochen in den Hot 100 die Nr. 1 in den US-Verkaufs-Charts erreicht hat. Das muß gefeiert werden.

16. JANUAR – 4. FEBRUAR
Fast drei Wochen lang spielt die Gruppe eine ausgedehnte Serie von Konzerten (in der Regel mindestens zwei Shows pro Tag) im Olympia Theatre, eine der angesehensten Pariser Konzert- und Kabaretthallen. Sie werden als Co-Stars an der Seite von Trini Lopez („If I Had A Hammer") und der französischen Sängerin Sylvie Vartan angekündigt. Vor einem vorwiegend männlichen Publikum – ein völliger Gegensatz zu dem, woran sie in England gewöhnt sind – kämpfen die Beatles, um ihren Vorschußlorbeeren gerecht zu werden. Weil sie zudem große

Die Beatles versuchen sich bei ihrer Weihnachts-TV- Show als Schauspieler.

Probleme mit ihrer Verstärkeranlage haben, leckt die britische und französische Presse schnell Blut und schreibt generell von „Fehlern“ während der ersten Show. Lennon rezitiert den einzigen Satz, den er auf Französisch kann: „Je me lève a sept heures“ („Ich stehe um sieben Uhr auf“). „Wie barbarisch!“, antwortet ein Fan in der ersten Reihe

John entflieht dem After-Show-Auftrieb von Journalisten und Fotografen mit der *Daily Mail*-Reporterin Maureen Cleave.

20. JANUAR
„Meet The Beatles!“ schreit der Titel ihrer zweiten US-LP (die erste bei ihrer neuen Plattenfirma Capitol). Innerhalb von drei Wochen wird sie die Nr. 1 in den Charts. Es ist die erste von erstaunlichen 33 Beatles-Platten, die im Jahre 1964 in den Staaten veröffentlicht werden.

23. JANUAR
Nach der letzten Nachtshow hecken Lennon und McCartney einen schrecklich albernen Song für Billy J Kramer, „One And One Is Two“, aus. Lennon stichelt: „Billy J. ist fertig, wenn er diesen Song bekommt.“ Kramer reagiert dementsprechend und weigert sich, den Titel aufzunehmen.

27. JANUAR
Als MGM in den Staaten die Tony Sheridan & The Beatles-Single „My Bonnie“ neu herausgibt, klingeln die Kassen. Nachdem es 1962 schiefgegangen war, erreicht sie beim zweiten Anlauf Platz 26. Am gleichen Tag veröffentlicht Vee Jay eine zweite Ausgabe des „Introducing The Beatles“ -Albums, das ruck, zuck zur Nr. 2 hinter „Meet The Beatles“ avanciert.

29. JANUAR
Zum ersten und letzten Mal veranstalten die Beatles eine Aufnahmesession außerhalb Londons. Unter extremen Bedingungen nehmen sie die deutschsprachigen Versionen von „She Loves You“ und „I Want To Hold Your Hand“ in den EMI Studios in Paris auf. Ihnen war eingeredet worden, daß der deutsche Markt den Gesang in ihrer Muttersprache nicht annehmen würde.

Sie nutzen die Session, um auch gleich ihre nächste Single aufzunehmen: „Can't Buy Me Love“.

Studio-Aufnahmen:
„Komm, Gib Mir Deine Hand“, „Sie Liebt Dich“, „Can't Buy Me Love“.

30. JANUAR
Vee Jay-Records gibt „Please Please Me“ in den Staaten erneut heraus. Im März erreicht die Single Nr. 3 in den Charts.

31. JANUAR
Eine weitere Beatles Single kommt in die Geschäfte, dieses Mal in England: Tony Sheridan verändert seinen Gesang auf ihrer Version von „Sweet Georgia Brown“ – mit einem Seitenhieb auf den Haarschnitt der Gruppe.

FEBRUAR
Die Band besucht die US-Botschaft in Paris, um Visa für ihre erste US-Tour zu beantragen. In den Staaten veröffentlicht MGM inzwischen die sich gut verkaufende LP „The Beatles With Tony Sheridan And Their Guests“, die auf Nr. 68 in den Album-Charts einsteigt.

5. FEBRUAR
Nach ihrer Olympia-Spielzeit kehrt die Gruppe nach London zurück.

7. FEBRUAR
Die Beatles und ihre Entourage – Plattenproduzent Phil Spector, ein ansehnliches Kontingent an Presse und (zum erstenmal in der Öffentlichkeit) Cynthia Lennon – fliegen von Heathrow zum Kennedy Airport nach New York. Sie kommen zur Mittagszeit an und werden von 3.000 offensichtlich hysterischen Fans begrüßt (hastig zusammengesammelt von Capitol-Mitarbeitern, aber dennoch echt in ihrer Zuneigung für die aktuellen US-Chart-Stürmer). Die Gruppe wird vom Zoll rasch zu einer chaotischen Pressekonferenz gekarrt. Ihre Flapsigkeit ist zwar noch nicht so ausgeprägt wie bei späteren Besuchen, verblüfft aber dennoch die betont sachlich wirkenden Medienvertreter, die eher artige Antworten von interviewten Showgrößen gewohnt sind. Frage: „Werden Sie etwas für uns singen?“ Lennon: „Wenn wir zuvor das Geld bekommen.“ Frage: „Wie erklären Sie sich Ihren Erfolg?“ Lennon: „Wir haben einen guten Presseagenten.“

Daheim in England wird „All My Loving“ als die vierte Beatles-EP veröffentlicht.

8. FEBRUAR
Die Gruppe probt für ihren Auftritt in der *Ed Sullivan Show* und gibt Telefoninterviews nach England.

9. FEBRUAR
Roadie Neil Aspinall ersetzt bei einer weiteren *Ed Sullivan* Probe am Morgen den an Mandelentzündung erkrankten George Harrison.

Er bekommt gerade noch rechtzeitig für die Live-Sendung aus den CBS-Studios im Herzen von Manhattan seine Stimme wieder in den Griff. Schätzungsweise 72 Millionen Menschen sehen die Beatles mit fünf Songs im Fernsehen – ein neuer Einschaltrekord für leichte TV-Unterhaltung. Bei Lennons erster Nahaufnahme wird der Satz „Sorry, Mädchen, er ist verheiratet“ eingeblendet.

10. FEBRUAR
Pressekonferenz im Plaza-Hotel. Frage: „Wann proben Sie?“ LENNON: „Wir proben nie.“ McCARTNEY: „Ja, natürlich proben wir.“ LENNON: „Paul probt, wir nicht.“

11. FEBRUAR
Die Beatles fahren von New York mit dem Zug nach Washington DC für ihr erstes echtes Konzert im Washington Coliseum. Bizarr: Die Gruppe muß beim Auftritt in der Mitte der kreisförmigen Halle ihr Programm nach jedem dritten Song unterbrechen und ihre Anlage ein Stück weiter drehen, damit der nächste Teil des Publikum sie von vorne sehen kann. CBS filmt das Konzert für spätere Kinovorführungen mit.

Nach der Show besucht die Gruppe einen Empfang in der britischen Botschaft.
Botschafter Sir David Ormsby Gore: „Guten Tag, John.“ Lennon: „Ich bin nicht John, ich bin Charlie. Das ist John.“ Sir David (zu George): „Guten Tag, John.“ Harrison: „Ich bin nicht John, ich bin Frank. (zeigt auf Paul) Das ist John.“ Sir David: „Oh weh! Ich werde mir diese Namen nie richtig merken. Meine Frau hat ein viel besseres Namensgedächnis als ich.“

Der Empfang artet aus, als Lennon sich anfänglich weigert, bei der Benefizverlosung („Ich will erst aust[illegible]ken“) zu ziehen, und

ein anderer Gast Ringos Haar mit einer Nagelschere angreift.

12. FEBRUAR
Zurück in New York spielt die Gruppe zweimal in der Carnegie Hall – exakt drei Tage vor dem US-Debüt eines weiteren britischen Stars, Shirley Bassey. Ihr Konzert wird aufgezeichnet und soll von der EMI veröffentlicht werden, aber die mächtige Musikergewerkschaft entscheidet, die Live-Show der Beatles ebenfalls mitzuschneiden.

13. FEBRUAR
Die Beatles fliegen für einige Tage nach Miami Beach. Zeit für eine Pause und die Proben für eine weitere *Sullivan*-Show.

14. – 15. FEBRUAR
Die Gruppe verbringt zwei Tage in ihrem Hotel, dem Deauville, mit Proben für die *Sullivan* Show-Kameras.

16. FEBRUAR
Der zweite Beatles-Auftritt in der *Ed Sullivan Show* wird landesweit live ausgestrahlt.

21. – 22. FEBRUAR
Die Gruppe fliegt nach einem kurzen Zwischenstop in New York wieder nach Hause.

23. FEBRUAR
Die Beatles werden für die ATV Show *Big Night Out* aufgezeichnet.

25. FEBRUAR
Seit Oktober erstmals wieder im

Abbey Road vollenden die Beatles die B-Seite für ihre nächste Single, „You Can't Do That". Eine stimmungsvolle Lennon-Komposition, die ihn das erste Mal auf Schallplatte als Leadgitarrist zeigt. Sein rauher, bluesiger Stil steht in angenehmen Gegensatz zu der üblicherweise eher klinisch-reinen Leadgitarren-Arbeit George Harrisons. Aufgenommen werden auch die ersten Songs für einen geplanten Kinofilm der Band.

Studio-Aufnahmen:
„You Can't Do That", „And I Love Her", „I Should Have Known Better".

26. FEBRUAR
Ein weiterer Tag, an dem Filmsongs im Abbey Road aufgenommen werden.

Studio-Aufnahmen:
„I Should Have Known Better", „And I Love Her".

In Amerika wirft Vee Jay noch eine Beatles-LP auf den Markt: „Jolly What! The Beatles And Frank Ifield On Stage". Sogar eine Ungeheuerlichkeit wie diese findet noch den Weg in die Charts, kommt aber nicht höher als Nr. 104.

27. FEBRUAR
Zwei unveröffentlichte Lennon-Gedichte, „The Tales Of Hermit Fred" und „The Land Of Lunapots", werden im *Mersey Beat*-Fanzine gedruckt. Beide zeigen schon frühe Zeichen jener surrealistischen Wortspiele, die drei Jahre später in „I Am The Walrus" kulminieren werden. Lennons ertaunliche Ballade „If I Fell" ist das Hauptprodukt der heutigen Abbey Road-Sessions.

Studio-Aufnahmen:
„And I Love Her", „Tell Me Why", „If I Fell"

28. FEBRUAR
Einen Tag Pause im Abbey Road, der für das Oster-Special von BBCs *From Us To You* benutzt wird.

BBC-Aufnahmen:
„You Can't Do That", „Roll Over Beethoven", „Till There Was You", „Please Mr Postman", „All My Loving", „This Boy", „Can't Buy Me Love".

Eine weitere Single von Tony Sheridan & The Beatles: „Why". Auf der Rückseite ist das Lennon/Harrison-Instrumental, „Cry For A Shadow".

1. MÄRZ
Paul McCartney hängt die Meßlatte für künftige Beatles-Sessions mit der Aufnahme ihres bislang wildesten Rock-Stückes ,"Long Tall Sally", ein Stückchen höher. Lennon kontert, indem er einen Ska- Rhythmus in „I Call Your Name" einschleichen läßt.

Studio-Aufnahmen:
„I'm Happy Just To Dance With You", „Long Tall Sally", „I Call Your Name".

2.-6. MÄRZ
Die Dreharbeiten zum ersten Beatles-Film fangen am Paddington Bahnhof an. Die nächsten fünf Tage arbeitet die Gruppe an den Szenen im Zug, mit denen der Film beginnt. Tollie Records, eine Abteilung des US-Labels Swan, wird die letzte Firma sein, die an Urheberrechten einiger Beatles-Platten mitverdient. „Twist And Shout" wird als Single veröffentlicht und kommt auf Platz 2.

9.-13. MÄRZ
Nach dem letzten Drehtag auf britischen Eisenbahnschienen wird der Beatles- Film in den Twickenham Filmstudios und ihrer direkten Umgebung weitergedreht.

16. MÄRZ
Eine bewegte Zeit: Amerikanische Importe von „Can't Buy Me Love", der offiziellen neuen Single, laufen den britischen Pressungen innerhalb von vier Tagen den Rang in den Läden ab. Zwei Wochen später steht die Single auf Nr. 1.

Eine weitere Drehwoche in Twickenham beginnt.

18. MÄRZ
John redet im BBC-Radio *Today* über die bevorstehende Veröffentlichung seines ersten Buches.

19. MÄRZ
Premierminister Harold Wilson lobt die Beatles bei der Verleihung der Variety Club- Preise als „Die Persönlichkeiten des Showgeschäftes von 1963". „Danke für die Verwundetenabzeichen, Harold," stichelt Lennon.

20. MÄRZ
Nach einer Million Vorbestellungen kommt „Can't Buy Me Love" in die britischen Läden. Die Gruppe spielt den Song plus Lennons „It Won't Be Long" und „You Can't Do That" Playback in *Ready, Steady, Go!*.

21. MÄRZ
Eine Auswahl von Lennons Versen und Prosa wird in der New Yorker Zeitung *Saturday Evening Post* abgedruckt. Überschrift: „Beatalic Graphospasms" (Beateleske Kritzeleien).

23. MÄRZ
„In His Own Write", Lennons erste Sammlung von Geschichten, Gedichten und Zeichnungen wird vom Jonathan Cape-Verlag in London veröffentlicht. Das Buch wird sofort ein Bestseller.

John war von dem Beatles-Mitarbeiter Derek Taylor überredet worden, ein Buch mit seinen Schriftstücken, die er seit der Teenagerzeit verfaßt hat, zusammenzustellen. Taylor hatte sich auf eigene Faust mit Jonathan Cape in Verbindung gesetzt. Lennon bat den *Mersey Beat*- Herausgeber Bill Harry, ihm Kopien der Gedichte und Geschichten zu liefern, die er ihm seit 1961 immer wieder geschickt hatte, und füllte den Rest des Buches mit aktuelleren Notizen, die zumeist auf den Busfahrten zwischen den Auftritten entstanden waren.

Das Buch ist ein Streifzug durch die spontane Sprach-Metaphorik Lennons, der jeglicher Versuchung widerstand, sie in irgendeine strukturierte Form zu bringen. Es enthüllt auch die beiden zentralen Traumata in Johns eigenem Leben: Gewaltsamer Tod und der Zusammenbruch der Familie. Andere Sprachbilder haben ihre Wurzeln in Träumen und Alpträumen, in diesem Fall jedoch eher die normalen Träume ohne Mithilfe halluzinogener Drogen.

Am Veröffentlichungstag wird John von Kenneth Allsop für die Sendung *Line-Up* (BBC 2) interviewt. Jenseits der Kameras fragt Allsop Lennon, warum er das Sprachtalent und die Phantasie seiner Geschichten nicht auch für seine Songs einsetze. Damit ließ er in John eine Idee aufkeimen, die ab 1965 Früchte tragen wird.

Nächste Woche, nächste US-Single: „Do You Want To Know A Secret" erscheint auf Vee Jay und erklimmt langsam aber sicher die Nr. 2. Die gleiche Plattenfirma bringt auch noch die Vier-Song-EP „Beatles" mit „Misery" als erstes Stück heraus.

Die Filmaufnahmen werden jetzt inzwischen im Scala Theatre in Londons West End fortgesetzt.

24. MÄRZ
John und die anderen Beatles werden in Madame Tussaud's Wachsfigurenkabinett in London verewigt.

27. MÄRZ
Die Lennons machen Urlaub in Dromolan Castle, Irland. Begleitet werden sie von George Harrison und seiner Filmfreundin Pattie Boyd. Um der skandalwitternden britischen Presse zu entfliehen, sehen sich Cynthia und Pattie gezwungen, ihr irisches Hotel versteckt in Körben mit dreckiger Wäsche zu verlassen.

Weiterhin kommen US-Importe ins Land: Sogar „Why"/" Cry For A Shadow" kommt, obwohl von Tony Sheridan (und nicht von den Beatles) gesungen, noch auf Nr. 88.

31. MÄRZ
Die Beatles beherrschen die US-Single Charts in einer Art und Weise, die nie vorher dagewesen ist. Sie belagern die fünf Spitzenplätze in den Hitparaden und haben noch zusätzlich sieben Platten weiter unten in den Top 100 plaziert.

Die Gruppe filmt ihren „Live"-Auftritt in der Scala für ihr Kinodebüt. Danach wird noch eine Saturday-Club-Session aufgenommen, in der Lennon ein letztes Mal mit Ray Charles' „I Got A Woman" auftritt.

BBC-Aufnahmen:
„Everybody's Trying To Be My Baby", „I Call Your Name", „I Got A Woman", „You Can't Do That", „Can't Buy Me Love", „Sure To Fall", „Long Tall Sally".

3. APRIL
Die Beatles haben jetzt endgültig die ganze Welt erobert – sie belagern die oberen sechs Plätze der australischen Top 10.

5. APRIL
Die Drehwoche beginnt an einem Sonntag in der Marylebone Station.

7. APRIL
Jetzt stehen 15 Beatles-Singles in den amerikanischen Charts.

10. APRIL
Capitol schreibt die Geschichte um und betitelt die dritte US-LP der Gruppe unverschämterweise als „The Beatles Second Album". Es erreicht nicht mal zwei Wochen später die Nr. 1.

12. APRIL
Wieder ein Sonntag als Drehbeginn. Die Arbeiten setzen sich bis zum folgenden Samstag fort und werden am 20. April für eine letzte Woche wiederaufgenommen.

13. APRIL
United Artists enthüllt, daß der Beatles Film „A Hard Day's Night" heißen wird – eine Redewendung, die von Ringo erfunden wurde, ursprüngling aber auf einem Wortspiel aus einer von Lennons Kurzgeschichten basiert. Die Entscheidung der Filmfirma veranlaßt Lennon und McCartney – jeder für sich – einen Titelsong um die Wette zu schreiben

Noch ein anderes Projekt, das einen Titel braucht, ist Brian Epsteins gerade in Auftrag gegebene Autobiographie. Einer grausigen Legende zu Folge schlägt Lennon „Queer Jew" („Schwuler Jude") vor. Die gleiche Legende besagt, daß Epstein dem Ghostwriter des Buches zugestand, die Affäre mit Lennon zu erwähnen. Wie auch immer – in der endgültigen Fassung ist darüber keine einzige Zeile zu lesen.

16. APRIL
John Lennon gewinnt das Wettrennen um den Titelsong für „A Hard Day's Night". Seine Komposition wird im Abbey Road aufgezeichnet.

Studio-Aufnahme:
„A Hard Day's Night".

19. APRIL
In Vorbereitung auf ihr erstes TV-Special, *Around The Beatles*, nimmt die Gruppe ein paar Spuren mit TV-Produzenten Jack Good auf. Dazu gehört das Rohmaterial für ein Medley ihrer bisherigen Hit-Singles – Stück für Stück aufgenommen und anschließend von Good zusammengeschnitten. Auch dabei: Der einzige bekannte TV-Mitschnitt von „Shout".

TV-Aufnahmen:
„Shout", „Medley", „Can't Buy Me Love", „Roll Over Beethoven", „Long Tall Sally", „I Wanna Be Your Man", „Boys".

23. APRIL
John ist zu einem literarischen Mittagsdiner eingeladen, das von dem Eigentümer der Foyle's-Buchhandlung in London organisiert wird. Es ist üblich, daß die solchermaßen präsentierten Autoren den Dank für ihre Einladung in einer kleinen netten Rede zum Ausdruck bringen, nachdem sie von Sir Osbert Lancaster vorgestellt wurden. Lennon, völlig verkatert, bringt nur ein läppisches „Danke schön, Gott segne Sie" über die Lippen. Das literarische London zeigt sich nur wenig beeindruckt.

26. APRIL
Für ihren ersten Live-Auftritt in England seit mehr als drei Monaten beim „NME Pollwinner's Concert" (wie immer im Empire Pool, Wembley) sind sie als Hauptgruppe angekündigt. Sie werden von Murray The K angesagt, einem amerikanischen DJ und selbsternannten „fünften Beatle" (der erste in einer langen Reihe zweifelhafter Anwärter auf diesen Titel).

ITV schneidet das Konzert in voller Länge mit (inklusive Lennons heiserer Versionen von „You Can't Do That" und „Twist And Shout") und strahlt es vierzehn Tage später aus.

27. APRIL
Johns „In His Own Write" wird in Amerika von Simon& Schuster veröffentlicht.

Tollie Records veröffentlichen ihre zweite und letzte US-Beatles Single, „Love Me Do", die ein weiterer Nr. 1.- Hit wird.

27., 28. APRIL
In den Wembley TV Studios wird das einstündige TV-Special *Around The Beatles* aufgezeichnet. Es enthält eine sehr eigenwillige Interpretation von Shakespeares „Mittsommernachtstraum" (mit Lennon als völlig verkitschter Thisbe), Auftritte von Cilla Black und Long John Baldry sowie P.J. Proby in einer Nebenrolle.

Musikalisch werden zwei kurze Beatles-Auftritte, ein studio-bearbeitetes Medley ihrer bisherigen Hits und eine vibrierende Version des Isley Brothers-Songs „Shout" geboten.

29. APRIL
Zwei Konzerte füllen die Pause zwischen Dreharbeiten und Urlaub. Heute spielen sie im Edinburgh ABC.

30. APRIL
Das zweite Konzert im Glasgow Odeon.

John und Paul werden zu den Geschäftsführern ihres neugegründeten Musikverlages LenMac Ltd ernannt.

1. MAI
Aufzeichnung eines Urlaubs-Special, für *From Us To You* .

BBC-Aufnahmen:
„I Saw Her Standing There", „Kansas City", „I Forgot To Remember To Forget", „You Can't Do That", „Sure To Fall", „Can't Buy Me Love", „Matchbox", „Honey Don't".

2. MAI
Die Beatles beginnen ihren einmonatigen Urlaub – ihre längste Zeit ohne Bandverpflichtungen seit der Auflösung von The Quarry Men am Anfang des Jahrzehnts. John und Cynthia Lennon reisen mit George Harrison und seiner Freundin Pattie Boyd nach Papeete/Tahiti. Ihr ursprünglicher Bestimmungsort war Honolulu gewesen, aber trotz Buchung ihrer Arrangements unter Pseudonymen, waren sie von Fans überfallen worden, als sie auf Hawaii ankamen.

6. MAI
Das TV-Special *Around The Beatles* wird gesendet.

8. MAI
Tommy Quickly hat kein Glück mit dem Lennon/ McCartney-Song „One And One Is Two". Die Single fällt genau so durch wie die dubiose US-Beatles LP, „Let's Do The Twist , Hully Gully, Slop, Surf, Locomotion, Monkey", die gerade mal vier Songs der Gruppe enthält, drei davon mit Tony Sheridan.

11. MAI
Capitol veröffentlicht seine erste US-Beatles EP, „Four By The Beatles", mit „Roll Over Beethoven" als ersten Song.

21. MAI
Die seltsamste US-Beatles Single aller Zeiten geht über den Ladentisch: die deutschsprachige Version von „She Loves You", „Sie Liebt Dich", herausgebracht von Swan. Unglaublich, aber auch dieser Song kommt kurz in die Charts, auf Nr. 97.

24. MAI
Die *Ed Sullivan Show* sendet eine Aufzeichnung der Beatles, die Johns Song „You Can't Do That" spielen.

26. MAI
Die Lennons, Harrison und Boyd kehren von Tahiti nach London zurück.

29. MAI
Drei Jahre nach der Aufnahme wird Lennons Version von „Ain't She Sweet" als die A-Seite einer britischen Single herausgebracht.

31. MAI
Brian Epstein präsentiert die Beatles auf einem seiner Pops Alive! Sonntagskonzerte im Prince Of Wales Theatre in London.

1. JUNI
Im Abbey Road setzen die Beatles ihre Arbeit an dem „A Hard Day's Night"- Album fort und vollenden auch einige Rock-Coverversionen für ihre „Long Tall Sally"- EP. Die Aufnahmen werden von einem ihrer Rock'n'Roll-Helden überwacht: Carl Perkins. Lennons „Slow Down" paßt sich stark dem McCartney-EP-Titel-Stück an. Dessen country-beeinflußtes „I'll Cry Instead" stellt einen neuen musikalischen Einfluß im Beatles-Sound dar und gilt als ein frühes Zeichen lyrischer Selbstzweifel.

Studio-Aufnahmen:
„Matchbox", „I'll Cry Instead", „Slow Down", „I'll Be Back".

In den Staaten gibt es schon wieder eine Tony Sheridan & The Beatles Single, „Sweet Georgia Brown". Sie kommt nicht in die Charts, die Beatlemania scheint abzuebben.

2. JUNI
Die Gruppe kehrt ins Abbey Road zurück, um drei weitere Songs für ihr nächstes Album einzuspielen. Lennon nimmt auch ein Demo eines neuen Songs auf, „No Reply", der für den Brian Epstein-Künstler Tommy Quickly gedacht ist. Gott sei dank ist dessen Version dieser

langsamen Ballade nie veröffentlicht worden, was den Beatles später erlaubte, den Song selbst aufzunehmen.

Studio-Aufnahmen:
„Any Time At All", „Things We Said Today", „When I Get Home".

3. JUNI
Ringo Starr bricht mit aktuter Mandelentzündung während einer Photo-Session zusammen. Am nächsten Tag beginnt eine wichtige Tour, so daß ein Ersatzschlagzeuger gefunden werden mußte – der Session-Musiker Jimmy Nicol. Die Gruppe nimmt sich eine volle Stunde Zeit, um ihn in die Geheimnisse ihres Live-Programmes einzuweihen.

4. JUNI
Mit Ersatzschlagzeuger Jimmy Nicol starten die Beatles ihre einmonatige Weltreise in den K.B. Hallen in Kopenhagen, Dänemark.

5. JUNI
Die Gruppe fliegt von Dänemark nach Holland. Am Abend nehmen sie ein paar Songs für das holländische Fernsehen auf.

6. JUNI
Die Beatles spielen ihre ersten holländischen Live-Shows in der Veilinghal in Blokker.

7. JUNI
Sie verlassen Amsterdam mit einem Flugzeug in Richtung Fernost. Nach Zwischenlandungen in der Schweiz, dem Libanon, Pakistan und Indien kommen die Beatles schließlich in Hongkong an.

9. JUNI
Zwei Konzerte im Princess Theatre in Kowloon, Hongkong. In den USA bringt die Beatlemania ihr bislang merkwürdigstes Produkt hervor: Das Album „The Beatles American Tour With Ed Rudy", das fast völlig aus seiner Reportage ihres Besuches im Februar besteht, unterbrochen durch kurzes Einblenden von Pressekonferenz-Sticheleien.

11. JUNI
Die Gruppe betritt australischen Boden und muß zunächst eine Fahrt über die Landebahn auf der Ladefläche eines Lastwagens mitten durch ein Gewitter aushalten, so daß die versammelten Fans

statt Pilzköpfen vier begossene Pudel zu sehen bekommen. Im Laufe der Australien-Tour müssen sich die Beatles immer wieder auf den Balkonen ihrer Hotels blicken lassen, weil Tausende von Fans die umliegenden Straßen belagern.

12.-13. JUNI
Die Beatles eröffnen ihre Australien-Tour mit vier Shows in der Centennial Hall in Adelaide.

15.-17. JUNI
Ringo Starr stößt wieder rechtzeitig zur Gruppe, um eine Reihe von Konzerten in der Melbourne Festival Hall zu geben.

18.-20. JUNI
Eine weitere dreitägige Serie von Auftritten im Sydney Stadium. Die Gruppe wird regelmäßig mit Geleebohnen bombardiert, offenbar ein Zeichen der Zuneigung ihrer Fans.

Lennon: „Es ist lächerlich. Sie werfen sogar kleine Koalabärfiguren und in Geschenkpapier eingewickelte Pakete, während wir auf der drehbaren Bühne umhergehen. Wir haben keine Möglichkeit, ihnen aus dem Weg zu gehen."

19. JUNI
Die „Long Tall Sally" EP mit drei Rock'n'Roll-Coverversionen und Lennons „I Call Your Name" (mit dem Beatles-spielen-Ska-Instrumente-Teil) wird veröffentlicht.

Während einer Bildungsdebatte im Unterhaus trägt der Tory-Abgeordnete Charles Curran einige Verse aus einem Lennon-Gedicht vor und bemerkt anschließend: „Er hat ein Gefühl für Worte und dafür, Geschichten zu erzählen. Er ist so pathetisch – das ist fast schon Literatur. Lennon wird später von einem weiteren Tory verteidigt – Norman Miscampbell.

21. JUNI
Die Beatles fliegen von Sydney nach Wellington, der Hauptstadt Neuseelands.

22./ 23. JUNI
Vier Konzerte in der Wellington Town Hall.

24./ 25. JUNI
Noch ein Quartett von Konzerten – in der Auckland Town Hall.

26. JUNI
Ein abendlicher Auftritt in der Dunedin Town Hall.

In den Staaten veröffentlichen United Artists das Soundtrack-Album zum „A Hard Day's Night" – Film, eine Mischung aus Beatles-Songs und George Martins Instrumentals. Es steigt zur Nr. 1 in den Charts auf.

27. JUNI
Die letzten Beatles-Auftritte in Neuseeland – im Majestic Theatre in Christchurch.

29./ 30. JUNI
Nach Australien zurückgekehrt, spielen die Beatles ihr allerletztes australisches Konzert in der Brisbane Festival Hall. Während der späteren Termine der Tour war John mehrfach in Begleitung eines japanischen Mädchens gesehen worden, mit der er eine kurze, aber sehr intensive Beziehung hatte.

1. JULI
Sie fliegen von Brisbane über Sydney, Singapur und Frankfurt nach London zurück.

6. JULI
Die „A Hard Day's Night"- Premiere verursacht chaotische Zustände vor den Toren des Londoner Pavilion Kinos.
„Ain't She Sweet" wird zur US-Single und erreicht Nr. 19.

7. JULI
Die Gruppe nimmt drei Songs (einschließlich Lennons „A Hard Day's Night") für *Top Of The Pops* (BBC-TV) auf. Zwischendurch wird Lennon für den BBC-Rundfunk interviewt, und die ganze Gruppe beantwortet Fragen für Granadas *Scene At 6.30*.

10. JULI
Die Beatles besuchen eine weitere „A Hard Day's Night"-Premiere, dieses Mal im Liverpool Odeon. Hunderttausende Menschen säumen ihren Weg vom Flughafen zum Stadtzentrum. Bei der Begrüßung der Menge vor der Town Hall macht Lennon den Hitler-Gruß – was prompt in den örtlichen TV-Nachrichten gesendet wird.

„A Hard Day's Night" wird als die siebte offizielle UK-Single der Beatles veröffentlicht. Am gleichen Tag beginnt auch der Verkauf der „A Hard Day's Night" LP – Lennon hat zehn der dreizehn Songs des Albums geschrieben.

11. JULI
Die Gruppe tritt live in ABCs Fernsehsendung *Lucky Stars* (*Summer Spin)* auf.

12. JULI
Wie schon 1963 spielen die Beatles am Tag danach im Brighton Hippodrome.

13. JULI
Amerika folgt mit der „A Hard Day's Night"-Single, die natürlich Platz 1 erreicht.

14. JULI
Die Gruppe rührt in der BBC-Rundfunksendung *Top Gear* die Werbetrommel für das neue Album.

BBC-Aufnahmen:
„Long Tall Sally", „Things We Said Today", „A Hard Day's Night", „And I Love Her", „I Should Have Known Better", „If I Fell", „You Can't Do That".

15. JULI
John, Cynthia und Julian ziehen in die Villa „Kenwood" in den exklusiven St. George's Hill Estate in Weybridge, Surrey. Sie hatten vorher eine Wohnung im obersten Stockwerk in Emperor's Gate in Kensington bewohnt, wo Cynthia praktisch wie eine Gefangene lebte, während John immer auswärtig auf Tour war.

17. JULI
Das letzte BBC-Programm der *From Us To You* – Serie wird aufgenommen.

BBC-Aufnahmen:
„Long Tall Sally", „If I Fell", „I'm Happy Just To Dance With You", „Things We Said Today", „I Should Have Known Better", „Boys", „A Hard Day's Night".

19. JULI
Noch eine sonntägliche Show an der Küste, dieses Mal im Blackpool ABC, live gesendet in der *Blackpool Night Out*.

20. JULI
Eine Woche nach ihrer letzten Veröffentlichung bringt Capitol zwei weitere US-Beatles Singles heraus, Lennons „I'll Cry Instead" (No. 25) und McCartneys „And I Love Her" (No. 12). Die Plattenfirma veröffentlicht auch das „Something New"- Album, ein bunter Reigen von Songs aus früheren UK-Veröffentlichungen, die in den Staaten bislang noch nicht erhältlich waren. Es landet auf Nr. 2 – hinter „A Hard Day's Night".

23. JULI
Die Beatles erscheinen im Rahmen der Benefizveranstaltung *The Night Of A Hundred Stars* zum letzten Mal im Londoner Palladium.

26. JULI
Zurück nach Blackpool für ein Konzert im dortigen Opera House.

28./ 29. JULI
Zwei Tage mit Auftritten im Johanneshovs Isstadion in Stockholm, Schweden – ihre letzten Konzerte in Skandinavien. Die Gruppe erscheint auch im schwedischen Fernsehen, wo Lennon sein Gedicht „Good Dog Nigel" den verblüfften Zuschauern vortragen kann.

2. AUGUST
Die Sommer-Spielsaison geht mit einer Show im Bournemouth Gaumont weiter.

9. AUGUST
Sonntag im Scarborough Futurist Theatre.

10. AUGUST
Capitol gibt vier Beatles-Singles in den Staaten neu heraus: „Do You Want To Know A Secret", „Please Please Me", „Love Me Do" und „Twist And Shout".

11. AUGUST
Die Beatles kehren ins Abbey Road zurück, um eine – zumindest für 1964 – seltene Lennon/ McCartney-Zusammenarbeit aufzunehmen: „Baby's In Black".

Studio – Aufnahme:
„Baby's In Black".

14. AUGUST
Eine weitere Abbey Road Session: „I'm A Loser" dokumentiert Lennons bemerkenswerte Spannbreite. Der Song reflektiert Johns Faszination für Bob Dylans Musik, während der Songtext das Thema einer früheren Komposition von 1964, „I'll Cry Instead", ausweitet. Die Version von Johnny Prestons Hit „Leave My Kitten Alone" ist vielleicht die wildeste aller Beatles Rock'n'Roll-Coverversionen, sie wurde aber trotzdem nicht veröffentlicht.

Studio-Aufnahmen:
„I'm A Loser", „Mr Moonlight", „Leave My Kitten Alone".

16. AUGUST
Das letzte UK-Konzert der Beatles in diesem Sommers steigt im Blackpool Opera House.

17. AUGUST
Lennon läßt Designer Ken Partridge freie Hand, um das Innere seines Heimes in Weybridge zu gestalten – allerdings gegen den Wunsch seiner Frau Cynthia. Die Arbeit dauert monatelang an, so daß die Lennons während dieser Zeit in einer kleinen Ecke des Herrenhauses praktisch eingesperrt leben müssen.

18. AUGUST
Die Gruppe fliegt von London über Winnipeg nach Kalifornien. Bei der Ankunft in San Francisco werden sie inmitten der hysterischen Szenen auf dem Flughafen beinahe verletzt. In der Nacht besuchen Lennon, Ringo Starr und ihr Pressesprecher Derek Taylor ein Nachtlokal, das von dem Orgelspieler Billy Preston betrieben wird.

19. AUGUST
Ihre erste umfassende US-Tour beginnt im Cow Palace in San Francisco. Als Vorgruppen sind die

Bill Black Combo, The Exciters und The Righteous Brothers mit dabei.

20. AUGUST
Zwei Shows im Las Vegas Convention Center – die zweite wird von einer telefonischen Bombendrohung überschattet.

21. AUGUST
Nächster Halt: das Seattle Coliseum.

22. AUGUST
Das erste Konzert der Beatles in Kanada – im Empire Stadium in Vancouver.

23. AUGUST
Techniker der Plattenfirma Capitol nehmen die Show der Beatles in der Hollywood Bowl auf.

24. AUGUST
Um die Nichtveröffentlichung der EP „Long Tall Sally" in den Staaten zu kompensieren, koppelt Capitol zwei Stücke von der Platte als Single aus, „Matchbox/Slow Down". Sie erreicht Nr. 17.

26. AUGUST
20 Jahre vor U2 treten die Beatles im Red Rocks Amphitheater nahe Denver auf.

27. AUGUST
Bei einem Konzert in den Cincinnati Gardens fragt ein Journalist aus Cincinnati: „Was werden Sie tun, wenn die Beatlemania vorüber ist?" Lennon: „Unser Geld zählen"
Journalist: „Brauchen Sie wirklich keinen Polizeischutz? Können Sie mit ihren Fans alleine klarkommen?" Lennon: „Vielleicht könnten Sie das ja machen. Sie sind dicker als wir."

28./ 29. AUGUST
Zwei Konzerte im Forest Hills Stadium in New York. Nach dem ersten Konzert treffen die Beatles Bob Dylan im Delmonico Hotel, der sie in den Rauchzauber von Mariuana- Zigaretten einführt.

30. AUGUST
Die Beatles fahren weiter zu der Atlantic City Convention Hall.

2. SEPTEMBER
Konzert in der Philadelphia Convention Hall.

3. SEPTEMBER
Die Beatles wagen sich in die State Fair-Umgebung und spielen ihr Indiana-Konzert in Indianapolis.

4. SEPTEMBER
Milwaukee Arena.

5. SEPTEMBER
International Amphitheater in Chicago.

6. SEPTEMBER
Olympia Stadium in Detroit.

7. SEPTEMBER
Zurück nach Kanada zu Konzerten in den Maple Leaf Gardens in Toronto.

> ***Journalist aus Cincinnati*: „Was werden Sie tun, wenn die Beatlemania vorüber ist?"**
> ***Lennon*: „Unser Geld zählen"**
> ***Journalist*: „Brauchen Sie wirklich keinen Polizeischutz? Können Sie mit ihren Fans alleine klarkommen?"**
> ***Lennon*: „Vielleicht könnten Sie das ja machen. Sie sind dicker als wir."**

8. SEPTEMBER
Montreal Forum.

9.-10. SEPTEMBER
Zwei Tage zum Entspannen nach Key West, Florida.

11. SEPTEMBER
Die Gruppe trotzt einem nahenden Wirbelsturm und tritt in der größten Halle ihrer '64 Tour, The Gator Bowl in Jacksonville, auf

12. SEPTEMBER
Raus aus der Reichweite des Hurricane Dora und auf zum Boston Garden.

13. SEPTEMBER
Zwei Konzerte im Baltimore Civic Center.

14. SEPTEMBER
Nächster Halt: Pittsburgh Civic Arena.

15. SEPTEMBER
Die Show im Cleveland Public Auditorium wird von der Polizei verzögert, nachdem Fans die Bühne gestürmt hatten.

16. SEPTEMBER
Auftritt im City Park Stadium in New Orleans.

17. SEPTEMBER
Die Beatles feiern ihren Besuch des Municipal Stadium in Kansas City, indem sie das Programm mit ihrem R& B Song, der nach der Stadt benannt wurde, eröffnen.

18. SEPTEMBER
Konzert im Memorial Auditorium in Dallas.

19. SEPTEMBER
Die Wohltätigkeitsorganisation Oxfam druckt Hunderttausende von Weihnachtskarten mit einer Auftragszeichnung von John Lennon.

20. SEPTEMBER
Ein ewig langer Monat von fast pausenloser Fliegerei endet für die Beatles mit einer Wohltätigkeitsveranstaltung in New Yorks Paramount Theater. Danach entspannt sich die Gruppe mit Bob Dylan in ihrem Hotel, und Lennon tut sein Bestes, um einem Interview mit der Journalistin Gloria Steinem aus dem Weg zu gehen.

21. SEPTEMBER
Zurück nach London.

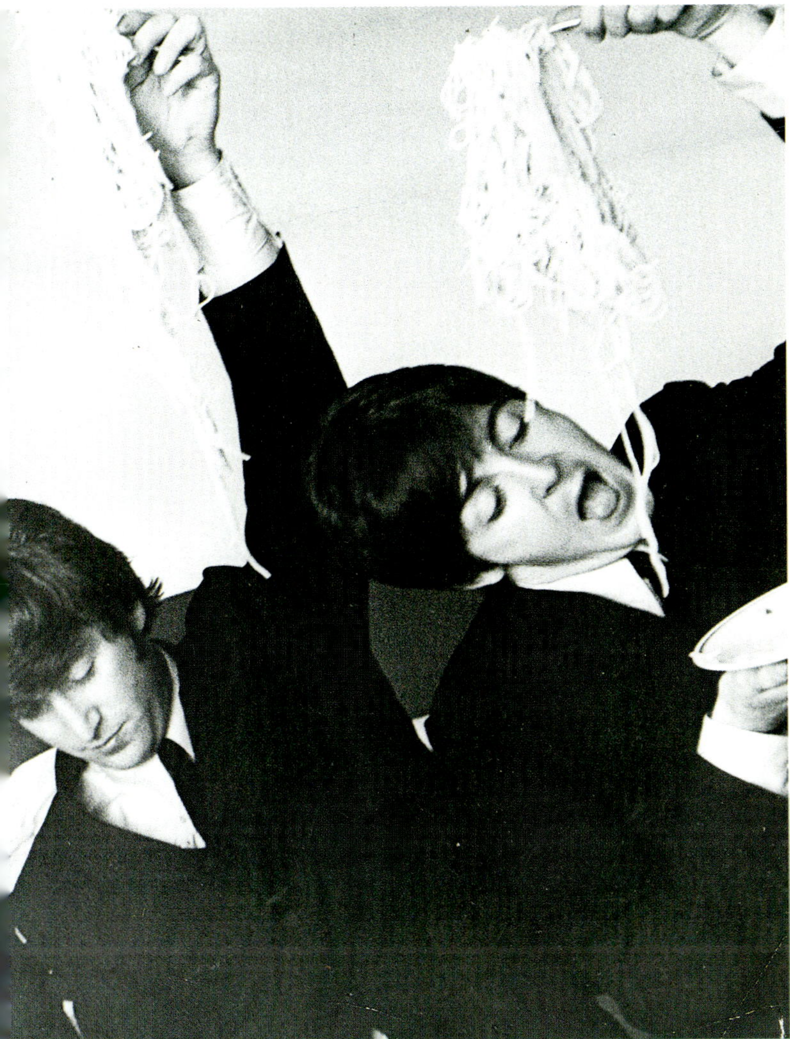

29.-30. SEPTEMBER
Lennon hält seine Vorherrschaft in den 1964er-Sessions der Gruppe aufrecht und stellt im Abbey Road drei unglaublich starke Songs vor: „Every Little Thing“, „No Reply“ und „I Don't Want To Spoil The Party“. Sie enthüllen die Meisterschaft seines Handwerks, obwohl Handwerkskunst allein ihn schon lange nicht mehr befriedigt.

Studio-Aufnahmen:
„Every Little Thing“, „I Don't Want To Spoil The Party“, „What You're Doing“, „No Reply“.

1. OKTOBER
Vee Jay erreicht in den Staaten neue Höhen des phantasievollen Marketingdenkens: Die „Introducing The Beatles“- LP wird im Rahmen eines Doppel-Album-Sets, „The Beatles Vs. The Four Seasons“ wiederveröffentlicht. Aber die Öffentlichkeit geht der Geldschneiderei nicht auf dem Leim – das Produkt erreicht gerade mal Nr. 142.

2./ 3. OKTOBER
Die Beatles nehmen drei Songs für die US TV-Show *Shindig* auf. Unter ihnen ist Lennons Song „I'm A Loser“, der zum ersten Mal vor Publikum gespielt wird.

5. OKTOBER
Schon wieder erreicht eine Beatles-LP amerikanische Läden: „Ain't She Sweet“.

6. OKTOBER
Während Lennon zwischen den Aufnahmen mit dem Bobby Parker-inspirierten Riff für seinen neuen Song, „I Feel Fine“, herumspielt, nimmt die Gruppe noch einen Song für ihr bevorstehendes Album auf.

Studio-Aufnahmen:
„Eight Days A Week“.

8. OKTOBER
Eine weitere Abbey Road Session, um die B-Seite ihrer nächsten Single aufzunehmen.

Studio-Aufnahmen:
„She's A Woman“.

9. OKTOBER
Die Beatles eröffnen an Lennons 24. Geburtstag im Bradford Gaumont ihre erste England-Tour seit fast einem Jahr. Die Gruppe wird unterstützt von Mary Wells, Sounds Incorporated, Tommy Quickly, Michael Haslam und The Rustiks.

10. OKTOBER
Konzert in der Leicester De Montfort Hall.

11. OKTOBER
Birmingham Odeon.

12. OKTOBER
Noch mehr US-Verpackungskunst: Vee Jay wirft die LP „Songs, Pictures And Stories Of The Fabulous Beatles“ auf den Markt.

Ungeachtet der Tatsache, daß uch hier wieder nur die Handvoll Songs verwendet werden, an denen Vee Jay die US-Rechte hat, erreicht die LP dennoch Nr. 63.

3. OKTOBER
Konzert im Wigan ABC.

4. OKTOBER
Auftritt bei *Scene At 6.30*, danach ein Konzert im Manchester ABC.

5. OKTOBER
Stockton Globe.

6. OKTOBER
Hull ABC.

8. OKTOBER
Eine Mini-Revolution im Abbey Road: Lennon führt mit seinem Intro von „I Feel Fine" die erste vorsichtige Verstärker-Rückkoppelung in die Aufnahmetechnik moderner Popmusik ein. Danach stürmt er durch eine schlichtweg majestätische Aufnahme von Chuck Berry's „Rock And Roll Music".

Studio-Aufnahmen:
„Eight Days A Week", „Kansas City", „Mr Moonlight", „I Feel Fine", „I'll Follow The Sun", „Everybody's Trying To Be My Baby", „Rock And Roll Music", „Words Of Love".

9. OKTOBER
Wieder unterwegs, im Edinburgh ABC.

20. OKTOBER
The Caird Hall, Dundee.

21. OKTOBER
Glasgow Odeon.

22. OKTOBER
Leeds Odeon.

23. OKTOBER
The Kilburn Gaumont.

24. OKTOBER
London, Walthamstow Granada.

25. OKTOBER
Die Beatles heimsen fünf Ivor Novello Awards auf der Party ein, bei der sich die britische Musikindustrie jährlich selbst feiert. Unter ihren Preisen: „Wichtigster Beitrag zur Musik im Jahre 1963".

26. OKTOBER
Das „Beatles For Sale"- Album vollendet, anschließend nimmt die Gruppe auch noch ihre zweite alljährliche Mitteilung für ihre Fan-Club-Mitglieder auf.

Studio-Aufnahmen:
„Honey Don't", „What You're Doing", „Another Beatles Christmas Record".

29. OKTOBER
Die Tour geht weiter – im Plymouth ABC.

30. OKTOBER
Bournemouth Gaumont.

31. OKTOBER
Ipswich Gaumont.

1. NOVEMBER
Zurück nach London, Finsbury Park Astoria.

2. NOVEMBER
Die Beatles geben ihr zweites (und letztes) Konzert in Nordirland – in der Belfast King's Hall.

4. NOVEMBER
Luton Ritz.

5. NOVEMBER
Nottingham Odeon.

6. NOVEMBER
Southampton Gaumont. Parlophone veröffentlicht in England zwei Beatles-EPs, „Extracts From The Film A Hard Day's Night", und „Extracts From The Album A Hard Day's Night".

7. NOVEMBER
Cardiff Capitol.

8. NOVEMBER
Die Gruppe kehrt ins Liverpool Empire heim, wo ihr Konzert von den bedeutenden Leuten der Stadt verfolgt wird. Nach der Show besucht Lennon Stuart Sutcliffes Eltern, die ihm erlauben, eins von Stuarts Gemälden als Andenken auszuwählen.

9. NOVEMBER
Sheffield City Hall.

10. NOVEMBER
Die vorletzte UK-Tour der Beatles endet in der Bristol Colston Hall.

14 NOVEMBER
Eine weiterer Auftritt für *Thank Your Lucky Stars*.

16. NOVEMBER
Das Playback zu „I Feel Fine" und „She's A Woman", gedacht als Clips für *Top Of The Pops* im kommenden Monat, wird aufgezeichnet.

17. NOVEMBER
Die Beatles nehmen ihren letzten Auftritt für *Top Gear* (BBC-Radio) auf.

BBC-Aufnahmen:
„I'm A Loser", „Honey Don't", „She's A Woman", „Everybody's Trying To Be My Baby", „I'll Follow The Sun", „I Feel Fine".

20. NOVEMBER
Lennon ist zu Gast bei der Aufzeichnung einer Folge von Peter Cooks und Dudley Moores Comedy-Serie *Not Only... But Also* (BBC 2). Er spielt in ein paar Sketchen an der Seite der beiden Komödianten.

23. NOVEMBER
Der letzte Auftritt bei *Ready, Steady, Go!*: Playback zu beiden Songs ihrer neuen Single und zwei LP-Songs, „Kansas City" und „Baby's In Black".

„I Feel Fine" wird Capitols sechste US-Beatles-Single in diesem Jahr. Man ist schockiert, daß sie fast einen Monat braucht, um Nr. 1. zu werden. Die Plattenfirma bringt auch „The Beatles Story" heraus, eine 48-minütige Dokumentation auf zwei LPs mit Interviews, Erklärungen und einigen Sekunden Mitschnitt vom Auftritt in der Hollywood Bowl im August. So unverschämt teuer es auch ist, lockt es dennoch genug Fans das Geld aus der Tasche und erreicht Nr. 7.

25. NOVEMBER
Eine weiteres Lebewohl, diesmal für den *Saturday Club*.

BBC-Aufnahmen:

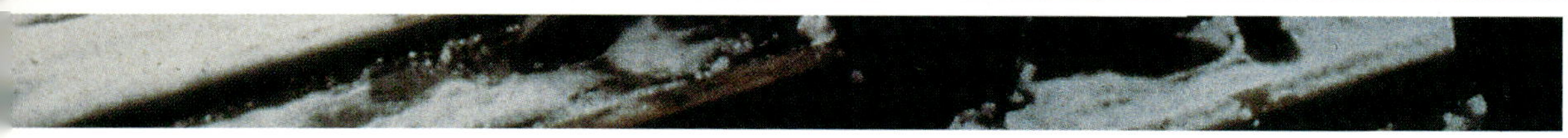

„Everybody's Trying To Be My Baby", „I Feel Fine", „Kansas City", „She's A Woman".

27. NOVEMBER
„I Feel Fine" wird als die letzte Beatles-UK-Single des Jahres 1964 veröffentlicht.

28. NOVEMBER
John wird zu Hause vom BBC-Rundfunk interviewt. Ein Privileg, das mit der Promotion für das „Beatles For Sale"-Album bezahlt wird.

29. NOVEMBER
Wieder bei Cooks und Moores *Not Only. . .But Also*: Lennon trägt mehrere seiner Gedichte mit Hilfe der Komödianten und ihren Kumpanen vor.

4. DEZEMBER
„Beatles For Sale", dessen Titel, Cover-Photo und Inhalte einen gewissen Überdruß an ihrer Welt verraten, erscheint in England.

15. DEZEMBER
Capitol hackt in den USA mehrere Songs aus dem „Beatles For Sale"- Album heraus, fügt sie der letzten Single hinzu und veröffentlicht das Ergebnis als „Beatles '65". Es schafft die Nr. 1 innerhalb von drei Wochen.

22. DEZEMBER
Die Beatles werden bei den Proben für ihre Weihnachtsshow für *Top Of The Pops* interviewt.

24., 26., 28.-31. DEZEMBER
Die Gruppe spielt eine weitere Beatles Christmas Show im Hammersmith Odeon im Westen Londons. Das „Spektakel" ist so bo-

denständig wie sein Titel: Die Band muß einige erschreckend krasse „Comedy"- Sketche über sich ergehen lassen, bevor sie ein volles Konzertprogramm in der zweiten Hälfte der Show spielen darf. Der Abend wird von DJ Jimmy Savile moderiert, mit dabei sind auch Freddie & The Dreamers, The Yardbirds, Ray Fell, Sounds Incorporated, Michael Haslam, Elkie Brooks und The Mike Cotton Sound.

1965

1.-2., 4.-9., 11.-16. JANUAR
Die Beatles-Weihnachts-Show geht zwei Wochen in das neue Jahr hinein. Nach Ende der Spielzeit geloben die Beatles, nie wieder an so einer Übung teilzunehmen.

9. JANUAR
Die Folge von *Not Only. . .But Also* mit John Lennon als Gast wird auf BBC 2 ausgestrahlt.

27. JANUAR
Lennon und McCartney gründen einen weiteren Musikverlag, Maclen Music Ltd und setzen sich auch hier als Geschäftsführer ein.

1. FEBRUAR
Die letzte US-Beatles-EP, „4 By The Beatles", wird veröffentlicht.

11. FEBRUAR
John besucht die Hochzeit von Ringo Starr und Maureen Cox im Londoner Standesamt Caxton Hall Register Office.

15.-20. FEBRUAR
Während einer Session-Woche bei der EMI nimmt die Gruppe die Songs für den „Help!"- Film sowie ihre nächste Single auf. Der dichte Rhythmus-Gitarren-Klang von Lennons „Ticket To Ride" ist ein klarer Wink in Richtung Rolling Stones, während „You've Got To Hide Your Love Away" als ein selbstbewußter Versuch gilt, Bob Dylans Prediger-Stil nachzuäffen. Ansonsten zeigen Lennon und McCartney die ersten Ermüdungserscheinungen in ihrer Songschmiede: langsam werden sie des ewig gleichen Drei-Minuten-Beat-Ballade-auf-Bestellung-Schreibens überdrüssig.

Studio-Aufnahmen:
„Ticket To Ride", „Another Girl", „I Need You", „Yes It Is", „The Night Before", „You Like Me Too Much", „You've Got To Hide Your Love Away", „If You've Got Trouble", „Tell Me What You See", „You're Gonna Lose That Girl", „That Means A Lot"

15. FEBRUAR
Lennon besteht die Führerscheinprüfung, obwohl er bestenfalls als unbeständiger Fahrer durchgeht – er neigt zu gefährlichen Konzentrations-Lücken.

„Eight Days A Week" wird von dem UK-"Beatles For Sale"-Album als US Single ausgekoppelt. Natürlich schafft auch sie die Nr. 1.

22. FEBRUAR
Die Beatles fliegen von England auf die Bahamas, um einige Vor-Ort-Szenen für ihren zweiten Film zu drehen, der im Moment noch unter dem Arbeitstitel „Eight Arms To Hold You" läuft. Lennon zeigt sich von der stillen Kraft und geistigen Beweglichkeit der zweiten Hauptdarstellerin Eleanor Bron tief beeindruckt. In der Zwischenzeit hat sich die Gruppe eine strikte Routine angewöhnt: Immer wenn die Kameras abgeschaltet werden, fangen sofort die Haschisch-Pfeifchen das Dampfen an.

10./ 11. MÄRZ
Die Beatles fliegen zurück von Nassau nach London.

14. MÄRZ
Aktuelle Film-Location: Österreich.

18. MÄRZ
Die Ladenkette Hayling Supermarkets Ltd eröffnet einen Laden in Hayling Island, Hampshire. Johns Schulfreund Pete Shotton ist der Boss, das Geld stammt aus Lennons Brieftasche.

20. MÄRZ
Die zweite Dreh-Serie wird beendet und erlaubt den Beatles, den Rest der Dreharbeiten in England fortzusetzen.

22. MÄRZ
Capitol setzt sein regelmäßiges Muster von Beatles-Veröffentlichungen mit „The Early Beatles", einer 11-Song-Ausschlachtung des „Please Please Me"-Albums fort. Das nunmehr sechste US-Album mit praktisch den selben Songs erreicht daher gerade mal Nr. 43.

24. MÄRZ
„Eight Arms To Hold You" wird bis Mitte April in den Twickenham Film Studios fertig gedreht.

ENDE MÄRZ
John und Cynthia werden von dem Beatles- Zahnarzt mit LSD vertraut gemacht, der beträufelte Zuckerwürfel in ihren Nachtisch-Kaffee fallen läßt. Ihre Horizonte erweitern sich, sie schlingern kreisförmig bis in den Pickwick Club, wo ihnen ein kleines rotes Licht als ein rasendes Inferno vorkommt. Sie überleben diese panische Vision und finden sich schließlich in Georges Haus wieder, wo John Karikaturen von den Beatles zeichnet – eine Hydra, deren Köpfe einhellig die Worte „Wir sind alle völlig Ihrer Meinung" aussprechen. Lennons Phantasie wird sich von der Extra-Dimension seiner ersten psychedelischen Erfahrung nie wieder erholen.

28. MÄRZ
Zum letzten Mal bei *Thank Your Lucky Stars.*

30. MÄRZ
Die Gruppe arbeitet im Abbey Road an „That Means A Lot", einem der Durchhänger ihrer Februar-Sessions, weiter. Erneut fällt der Song durch.

Studio-Aufnahme:
„That Means A Lot".

1. APRIL
John trifft seinen Vater Freddie Lennon zum ersten Mal seit Mitte der Vierziger Jahre wieder – Freddie erscheint ohne Ankündigung auf der Kenwood-Türschwelle. John ist argwöhnisch über die Motive seines Vaters und gibt sich während des gesamten Treffens höchst unfreundlich, fast schon feindselig: „Wo bist du in den letzten 20 Jahren gewesen?" ist sein Eröffnungs-Schachzug.
Er hört, daß sein Vater als Tellerwäscher in einem Hampton Court Hotel gearbeitet hat. „Sein Hauptantrieb war es, John etwas Bargeld herauszuleiern," erinnert sich Cynthia. Freddie bleibt drei Tage im Kenwood – bis ihn John hinauswirft.

6. APRIL
„Beatles For Sale" ist die letzte UK-EP der Band.

9. APRIL
Lennons „Ticket To Ride", die zehnte UK-Single, kommt in die Läden.

10. APRIL
Wie immer wird ein Playback zur aktuellen Single für *Top Of The Pops* aufgezeichnet.

11. APRIL
Zum zweiten Mal führen die Beatles das „*NME* Pollwinners Concert" (wieder im Empire Pool, Wembley) an. Danach sieht man sie live auf ITV in der *Eamonn Andrews Show.*

13. APRIL
Oberflächlich betrachtet ist Lennons heute im Abbey Road aufgenommene „Help!" nur ein weiteres Artefakt seiner überlegenen Handwerkskunst. Der Impuls kam, als der Film von „Eight Arms To Hold You" in „Help" umgetauft wurde. In Wahrheit konterkariert der Titel-Song des Films mit seinem selbstreflektierendem Text jedoch das vorwitzige und selbstsichere Bild, das die Öffentlichkeit bis dahin von Lennon hatte.

14. APRIL
Lennon und Harrison werden live für *Ready, Steady, Go!* interviewt.

Der amerikanische TV-Star Ed Sullivan mit John, Ringo und Paul.

19. APRIL
„Ticket To Ride" erscheint als US-Single, hält sich jedoch nur eine Woche lang auf Nr. 1.

Die Beatles gewinnen in den USA zwei „Grammys" in den Kategorien „Best Group Performance" (für „A Hard Day's Night") und „Best New Artists".

30. APRIL
Die ausgedehnten Studio-Dreharbeiten für „Help!" werden in den Twickenham Studios beendet.

3. MAI
In Salisbury Plain beginnen einige mehrtägige Location-Aufnahmen für den Film.

9. MAI
Der Tag geht in dem Wirbel der Londoner Vor-Ort-Dreharbeiten vorüber. Am Abend besucht Lennon mit den anderen Beatles Bob Dylans Akkustik-Konzert in der Royal Albert Hall in London. Danach treffen sie sich mit Dylan, gegenseitig ihre hohe Reputation achtend.

10. MAI
Lennon produziert zum letzten Mal mit den Beatles Rock'n'Roll-Coverversionen. Trotz einiger technischer Fehler besticht Johns hochklassig-rasplelnde Gesangs-Arbeit für die Larry Williams-Titel „Dizzy Miß Lizzy" und „Bad Boy".

Studio-Aufnahmen:
„Dizzy Miß Lizzy", „Bad Boy".

10./ 11. MAI
Die „Buckingham Palace"-Szenen für „Help!" werden am Cliveden gefilmt.

18. MAI
Der letzte Tag mit Dreharbeiten und Ton-Aufnahmen.

21. MAI
John und Cynthia fliegen zum Film-Festival nach Cannes .

25. MAI
John wird in Cannes für die amerikanische TV-Sendung *The Merv Griffin Show* interviewt. Am späten Nachmittag fliegen die Lennons nach London zurück

26. MAI
Das Ende einer Ära: Die Beatles nehmen ihre letzte BBC-Rundfunk-Session auf. Sie wird zwei Wochen später unter dem Titel *The Beatles Invite You To Take A Ticket To Ride* ausgestrahlt.

BBC-Aufnahmen:
„Ticket To Ride", „Everybody's Trying To Be My Baby", „I'm A Loser", „The Night Before", „Honey Don't", „Dizzy Miß Lizzy", „She's A Woman", „Ticket To Ride"

4. JUNI
Die EP „Beatles For Sale (Nr. 2)" wird in England veröffentlicht.

12. JUNI
Die Morgenzeitungen melden, daß die Beatles für ihre „Leistungen als Exportgut" mit dem Orden „Members of the British Empire" (MBE) ausgezeichnet werden sollen. Mehrere Kriegshelden geben daraufhin angeekelt ihre Medaillen zurück.

14. JUNI
In Abwesenheit Lennons nimmt Paul McCartney bei einer Aufnahmesession die Band-Zügel in die Hand. Der Evergreen „Yesterday" entsteht.

Studio-Aufnahmen:
„I've Just Seen A Face", „I'm Down", „Yesterday".

„Beatles VI" ist die letzte LP, die speziell für den amerikanischen Markt ausgeheckt wird. Sie enthält erstmals auch Lennons brausende Version von Larry Williams „Bad Boy". Die Fans kaufen wie immer das Album zur Nr. 1 hinauf.

15. JUNI
Lennon kontert McCartneys mächtigen Drei-Song-Erguß der letzten Session mit einem Stück, das er später als seine schwächste Komposition, die er jemals im Studio aufgenommen hat, bezeichnete: „It's Only Love".

16. JUNI
John nutzt zwei BBC-Rundfunk-Interviews, um Werbung für sein bevorstehendes Buch zu machen. Er rezitiert seine Gedichte, „The National Health Cow" und „The Fat Budgie".

John Lennon: „Beim Schreiben bin ich selbstsüchtig und dickköpfig. Wenn ich etwas fertig habe, will ich es so belassen, wie es ist. Ich schreibe immer das, was mir gerade in den Sinn kommt. Vielleicht füge ich vor der Veröffentlichung noch ein paar Kleinigkeiten hinzu, aber ich streiche selten et-

John Lennon: „Beim Schreiben bin ich selbstsüchtig und dickköpfig. Wenn ich etwas fertig habe, will ich es so belassen, wie es ist. Ich schreibe immer das, was mir gerade in den Sinn kommt. Vielleicht füge ich vor der Veröffentlichung noch ein paar Kleinigkeiten hinzu, aber ich streiche selten etwas raus. Insofern ist alles sehr spontan."

was raus. Insofern ist alles sehr spontan."

17. JUNI
Der letzte Aufnahmetag für das „Help!"-Album.

Studio-Aufnahmen:
„Act Naturally", „Wait".

18. JUNI
Weitere Vorab-Werbung für Johns Buch „A Spaniard In The Works": Er wird für die BBC- TV-Show *Tonight* erneut von Kenneth Allsop interviewt und rezitiert „The Wumberlog" and „We Must Not Forget The General Erection".

20. JUNI
Die Beatles fliegen von London nach Paris, um ihre letzte umfassende europäische Tour mit zwei Shows im Palais des Sports zu eröffnen. Während der gesamten Tour sind Konzerthallen oftmals weniger als zur Hälfte gefüllt – sogar in Ländern, in denen die Beatles vorher nie aufgetreten sind.

22. JUNI
Zwei weitere Shows, dieses Mal im Winter Palace in Lyons.

24. JUNI
Das erste Konzert der Beatles in Italien – im Velodrome in Mailand.

Daheim in England wird Lennons zweiter Band mit Gedichten, Geschichten und Zeichnungen, „A Spaniard In The Works", im Jonathan Cape-Verlag veröffentlicht. „Ich schrieb es mit einer Flasche Johnnie Walker", sagt er viele Jahre später. Das Buch ist voll von politischem Zynismus und Sarkasmus, wirft einige verschleierte Verbal-Attacken in die Richtung seines nie anwesenden Vaters und beschränkt sich ansonsten auf Nonsens am Rande der Unverständlichkeit. Bezeichnenderweise läßt Lennon das lukrative Angebot, ein drittes Buch für Cape zu schreiben, unmittelbar vor dem vereinbarten Termin zur Manuskript-Abgabe sausen und wirft in Zukunft seine gesamte lyrische Abenteuerlust in seine Songs.

25. JUNI
Zwei Shows im Sports Palace in Genua. Die erste Show füllt kaum 20 Prozent der Sitze.

27./ 28. JUNI
Vier Shows im Adriano Theatre in Rom.

30. JUNI
Zurück nach Frankreich: Konzert im Palais des Fêtes in Nizza.

1. JULI
US-Veröffentlichung von „A Spaniard In The Works".

2. JULI
Im Plaza de Toros de Madrid spielen sie ihr erstes Spanien-Konzert.

3. JULI
Ein letztes Winken beendet die Tour nach einer Show im Plaza de Toros Monumental in Barcelona.

4. JULI
Die Beatles kehren nach London zurück.

5. JULI
P. J. Proby bringt den Lennon / McCartney-Song „That Means A Lot" heraus.

13. JULI
Lennon und McCartney werden mit fünf Ivor Novello Awards in London feierlich geehrt. Lennon glänzt jedoch mit Abwesenheit

19. JULI
Lennons „Help!" wird US-Single, und ein Nr.1-Hit für drei Wochen.

23. JULI
Der Titel-Song des „Help!"- Films wird in England als Single veröffentlicht.

29. JULI
Der „Help!" Film feiert in Anwesenheit der Beatles und Johns Tante Mimi in London Premiere. Lennon beschreibt den Film später als „bullshit", und beklagt: „Wir waren nur die Lückenbüßer in unserem eigenen Film".

1. AUGUST
Noch ein Besuch bei ITVs *Blackpool Night Out*, der diesmal eine einmalige improvisierte Version von „I Do Like To Be Beside The Seaside" beinhaltet.

3. AUGUST
John geht mit seiner Tante Mimi auf Haussuche in Bournemouth und Poole und findet schließlich ein Heim für sie mit Blick auf den Hafen von Poole.

6. AUGUST
Das Flickwerk-Album „Help!" erscheint in England.

13. AUGUST
Capitol folgt dem Beispiel von „A Hard Day's Night" und veröffentlicht das Soundtrack-Album von „Help!", das neben Beatles-Songs auch etwas Musik vom George Martin Orchestra enthält. Trotz des Mangels an authentischen Beatles-Material hält es sich mehr als zwei Monate an der Spitze der Charts.

Die Gruppe fliegt von London nach New York, um eine weitere US-Tour zu starten.

14. AUGUST
Ein Live-Programm wird für die *Ed Sullivan Show* aufgenommen. Paul McCartney singt „Yesterday", Lennon stichelt danach lakonisch: „Danke, Paul. Das paßte super zu dir."

15. AUGUST
Die US-Tour beginnt mit dem größten Konzert ihrer Karriere: Sie spielen vor fast 56.000 Fans in Shea Stadium in New York. Das ist die größte Menschenmenge, die sich bis dato jemals für ein Pop-Konzert versammelt hatte.

Der gesamte Tag, einschließlich einiger Backstage-Szenen, wird für einen TV-Film aufgenommen. Produzenten sind die Ed Sullivan-Organisation, Brian Epstein und The Beatles' Subafilms Ltd.

Während ihres Aufenthaltes in New York besucht Bob Dylan wieder einmal die Beatles. Zwischen ihm und Lennon entwickelt sich langsam eine engere Beziehung.

17. AUGUST
Mit zwei Shows in den Maple Leaf Gardens, Toronto, kehren die Beatles nach Kanada zurück.

18. AUGUST
Die Beatles spielen im Atlanta Stadium .

19. AUGUST
Zwei turbulente Shows im Sam Houston Coliseum in Houston.

20. AUGUST
Zwei weitere Shows, dieses Mal im White Sox Park in Chicago.

21. AUGUST
Twin Cities Stadium in Minneapolis.

22. AUGUST
Auf dem Weg zum Memorial Coliseum in Portland fängt ein Motor des Beatles-Flugzeuges für kurze Zeit Feuer. Lennon schreibt seinen eigenen Nachruf und steckt ihn in eine Filmrolle – als eine „wichtige Mitteilung" für die Nachwelt.

23. AUGUST
Die Gruppe fliegt nach Los Angeles und ruht sich für ein paar Tage in einem Herrenhaus in Bel Air aus. Sie bekommen Besuche von Musikern wie Bob Dylan und den Byrds – die diese Gelegenheit nutzten, sich mit den Beatles ausgiebig Drogen zu teilen und sie zur der Musik von Ravi Shankar und John Coltrane zu bekehren.

Mitten in dem Wahnsinn findet Lennon Zeit, Cynthia einen Brief nach Hause zu schreiben: „Ich verbringe Stunden in Umkleidekabinen und so weiter und denke an die Zeit, die ich damit verschwende, anstatt bei Julian zu sein und mit ihm zu spielen. Du weißt, ich denke gern an diese verdammte Zeit zurück, als ich herumsitzen und eine beschissene Tageszeitung lesen konnte, während er mit uns in dem Zimmer ist. Und ich denke, daß ALLES FALSCH GELAUFEN IST! So wie es jetzt läuft, sieht er mich nicht oft genug, und ich will doch, daß er mich kennt und liebt und mich so sehr vermißt, wie ich euch beide jetzt vermisse."

„Ich höre jetzt auf, weil ich mich nur selbst herunterziehe, wenn ich darüber nachdenke, was für ein gedankenloser Scheißkerl ich doch bin. Ich könnte heulen; ich bin so ein Idiot – das zu schreiben, schnürt mir die Luft ab. Ich weiß nicht, was mit mir los ist. Ich habe so viel zu lachen, aber zwischen den Lachern zieht es mich herunter. Ich liebe Dich über alles..."

27. AUGUST
Das hochgehypte Treffen zwischen Elvis Presley und den Beatles findet in Presleys Haus in Beverly Hills statt. Lennon nutzt die Gelegenheit, den „King" für die miserable Qualität seiner musikalischen Arbeit seit dessen Rückkehr von der US-Armee zu beschimpfen. Presley hetzt später hinter vorgehaltener Hand, die Beatles hätten einen schlechten Einfluß auf die amerikanische Jugend.

Am selben Tag hängen die Beatles mit den Byrds ab; in der Nacht nehmen Lennon und Harrison bei einer exklusiven Party in den Hollywood Hills zum zweiten Mal LSD. Mit auf Trip gehen die Byrds und der Nachwuchs-Schauspieler Peter Fonda. Fonda nervt Lennon, indem er sich ganz nah an dessen Ohr lehnt und immer wieder flüstert: „Ich weiß, wie es ist, tot zu sein." Der Vorfall, untermauert von Fondas Erfahrungen während einer schwerwiegenden Operation, inspiriert Lennon später zu dem Song „She Said She Said".

Roger McGuinn (Byrds): „Er hat John immer wieder von seiner Narbe erzählt und davon, wie er für einige Zeit tot gewesen war. Er hatte so eine Operation gehabt, war dabei klinisch tot und anschließend zum Leben zurückgekehrt. Wir waren alle auf LSD und John war nicht besonders aufnahmefähig. Es war krankhaft und bizarr."

28. AUGUST
Die Beatles spielen im Balboa Stadium in San Diego . Nach der Show besuchen mehrere Mitglieder von Presleys Entourage die Gruppe und entdecken, daß auch die Folksängerin Joan Baez (offensichtlich von John betört) bei der Party aufgekreuzt war.

29.-30. AUGUST
Zwei Shows in der Hollywood Bowl werden noch einmal für eine eventuelle Plattenveröffentlichung aufgenommen. 1977 erscheint ein Album mit einer Auswahl der besten Darbietungen der 64er und 65er Bowl-Konzerte.

31. AUGUST
Die Tour endet im Cow Palace in San Francisco.

SEPTEMBER
Ein ganzer Monat ohne Beatles-Verpflichtungen ermöglicht es Lennon, im „Kenwood" abzuhängen und zu erkennen, daß das Leben mehr zu bieten hat als dies. Ihn bedrückt, daß McCartney ein aktives Leben in der Londoner Gesellschaft führt und seine Zeit mit Theater-Leuten und Künstlern verbringt, während Lennon in die Glotze starrt und auf den Musenkuß wartet.

10. SEPTEMBER
Die einzige Platte mit einem „produziert von John Lennon und Paul McCartney"-Credit wird veröffentlicht: Die Silkies-Version von Johns „You've Got To Hide Your Love Away".

13. SEPTEMBER
McCartney „Yesterday" erscheint als US- Single und wird in den meisten Charts als eine Solo-Platte von Paul aufgeführt – was prompt Gerüchte aufkochen läßt, daß sich die Gruppe aufgelöst habe. Nr. 1? Natürlich!

25. SEPTEMBER
Der Ruhm und seine Folgen: Die Beatles werden in verwandelter Form unsterblich – als Stars in der US-Comic-Serie „The Beatles". Schauspieler Paul Frees synchronisiert die Stimmen von John und George.

8. OKTOBER
John und Paul veröffentlichen die Single „People Say". Sie handelt aber nicht, wie die Öffentlichkeit fälschlicherweise annimmt, von John und Paul persönlich.

11. OKTOBER
Nach einem ruhigeren Jahr entdeckt Capitol die Recycling-Kunst wieder und bringt sechs alte Singles gleichzeitig auf den Markt: „Twist And Shout", „Love Me Do", „Please Please Me", „Do You Want To Know A Secret", „Roll Over Beethoven" und „Boys" (letztere schafft es gerade mal auf Platz 102).

12.-13. OKTOBER
Lennons Kreativität ist von seinen amerikanischen Drogen-Erfahrungen endgültig unter Starkstrom gesetzt worden: er bringt das rätselhafte „Norwegian Wood" zur ersten „Rubber Soul" Session mit. Diese überraschende Version des Songs bleibt jedoch unveröffentlicht. Hinter der verqueren lyrischen Metaphorik steckt das nackte Geständnis eines Seitensprungs.

Studio-Aufnahmen:
„Run For Your Life", „Norwegian Wood", „Drive My Car".

16. OKTOBER
Lennons „Day Tripper", ein metallischer R&B- Song beinhaltet die denkwürdige Zeile „She's a prick teaser" („Sie ist ein Schwanz-Verwöhner"). Wer dem offiziellen Textheft glaubt, hört „big teaser" („schlimmer Plagegeist") „Es geht um einen Wochenend-Hippie", erklärt er Jahre später.

Studio-Aufnahmen:
„Day Tripper", „If I Needed Someone".

18. OKTOBER
„In My Life" bereichert das Beatles- Repertoire um eine nostalgische, bittersüße Erinnerung an Lennons Liverpooler Jugend. Den ursprünglichen Straßenjargon aus der Gegend, in der er aufgewachsen war, ersetzte Lennon durch einen allgemeingültigeren – und dadurch unendlich aufrüttelnderen – Lobgesang auf die Freundschaft und ihren allgegenwärtigen Verlust.

Studio-Aufnahmen:
„If I Needed Someone", „In My Life".

20., 21., 22., 24., 29. OKTOBER
„Norwegian Wood" wird bei diesen Abbey Road-Sessions umgearbeitet, während Lennon erneut unter die Oberfläche der Mainstream-Pop-Lyrik taucht. Er produziert „Nowhere Man", das mit seinem dichten, dreikehligen Harmonie-Gesang typisch für viele Songs auf „Rubber Soul" ist. Im Text macht Lennon Andeutungen über die Leere seines Lebens im „Kenwood". Zugleich ist es Beweis der Wirkung, die das erste The Byrds-Album auf die Beatles hatte.

Studio-Aufnahmen:
„We Can Work It Out", „Norwegian Wood", „Nowhere Man", „In My Life", „I'm Looking Through You".

26. OKTOBER
Die Gruppe unterbricht die „Rubber Soul"-Sessions, um ihre MBE-Preise von der Königin im Buckingham Palace zu empfangen. Lennon raucht Haschisch in den Palast-Toiletten.

John Lennon: „Alles, was wir taten, als wir in dem Palast warteten, war Kichern. Wir kollabierten – das ganze Ding war so komisch. Wir wußten natürlich, daß die Königin auch nur eine Frau war und dennoch zogen wir die Sache durch."

1./ 2. NOVEMBER
Die Beatles erscheinen zu den Aufzeichnungen des Granada TV-Specials *The Music Of Lennon And McCartney*. Außer den Playbacks für ihre aktuelle Single, sind in der Show auch Interpretationen einiger Beatles-Songs von mehreren anderen Künstler zu sehen.

3., 4., 6., 8. NOVEMBER
„Rubber Soul"-Session mit Lennons Arbeit an der zweiten Lead-Gitarre für das rumpelnde, unveröffentlichte Blues-Instrumental, „12-Bar Original".

Studio-Aufnahmen:
„Michelle", „What Goes On", „12-Bar Original", „I'm Looking Through You", „Think For Yourself", „The Beatles Third Christmas Record".

10., 11. NOVEMBER
Letzter Tag der „Rubber Soul"-Sessions. „The word is love" behauptet eine neue Lennon- Komposition und führt zugleich ein Thema ein, das in seiner Arbeit bis zum Ende überleben wird. Gleichermaßen typisch (und weit eindrucksvoller) ist die ironische, romantische Reportage seines Songs „Girl" – vielleicht der erste Pop-Song, der die katholische Sünde „Sex" und das protestantische Arbeitsethos zugleich thematisiert.

Studio-Aufnahmen:
„The Word", „I'm Looking Through You", „You Won't See Me", „Girl", „Wait".

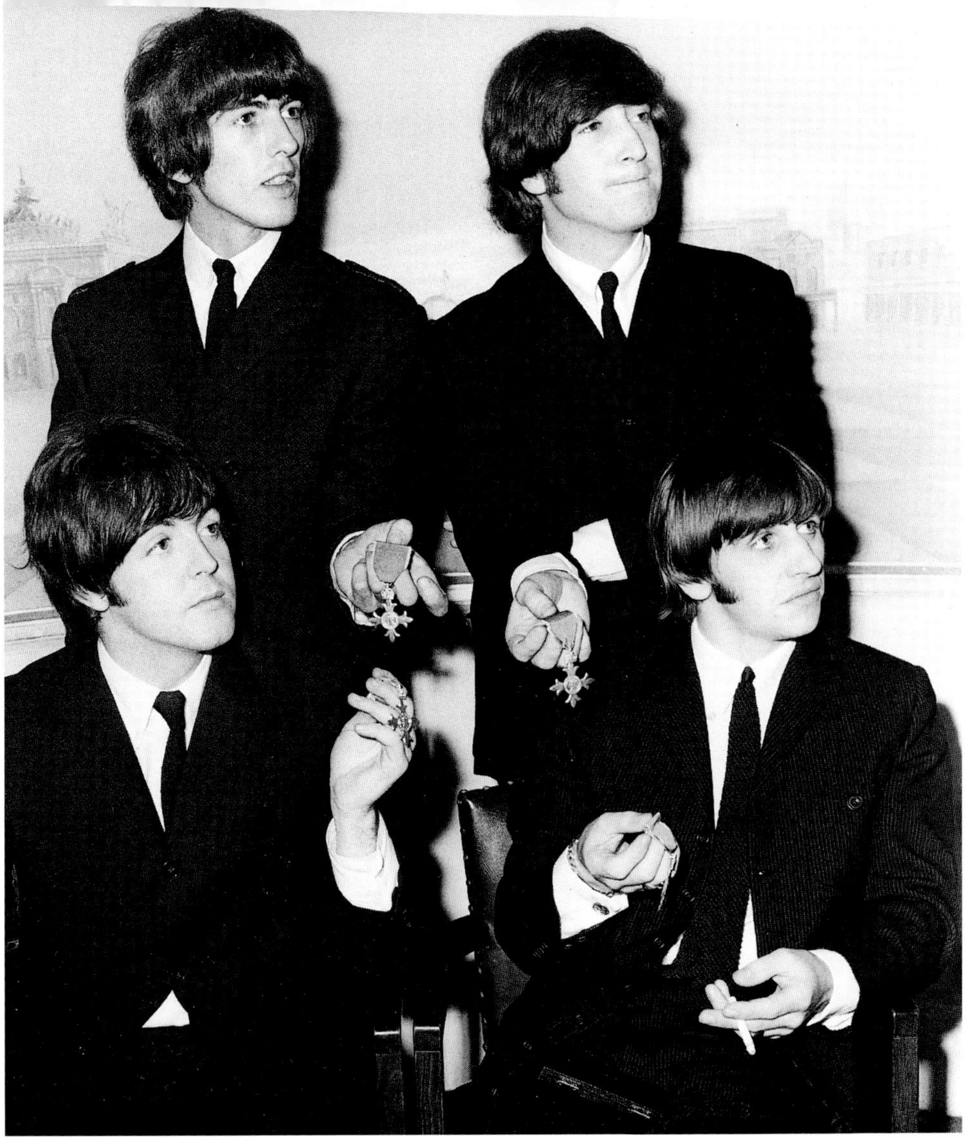

Die Beatles mit ihren MBE-Orden.

23. NOVEMBER
Die Beatles drehen in den Twickenham Film Studios einen Promo-Clip für ihre neue Single, sowie verspätete Promos für „Help!", „Ticket To Ride" und „I Feel Fine". Diese Clips tauchen später bei TV-Stationen rings um die Welt wieder auf. Es ist ein wohlüberlegter Trick, damit die Beatles nicht live in weit entfernten Ecken des Globusses auftreten müssen.

30. NOVEMBER
DJ Brian Matthew interviewt Lennon für die international ausgestrahlten BBC-Wellen über die aktuellen Aufnahmen.

DEZEMBER
Eine ansonsten unveröffentlichte Kurzgeschichte von Lennon, „The Toy Boy", erscheint in dem amerikanischen Magazin *McCall's*. Der Text, einziges Überbleibsel von Johns drittem Buch-Versuch, endet mit einem verschlagenen Selbstbezug: „Er war ein Künstler, das weiß die ganze Welt, er trat nicht gern auf ohne Geld!"

3. DEZEMBER
Lennon besteht darauf, daß die neue UK-Single, „Day Tripper'/' We Can Work It Out", als doppelte A-Seite promotet wird.

Am gleichen Tag steht die Veröffentlichung von „Rubber Soul" an, einem Album, das eine eindeutige künstlerische Steigerung gegenüber der früheren Beatles-Arbeit zeigt.

Schließlich bringt der Tag auch noch den Start der definitiv letzen UK-Tour der Beatles – im Glasgow Odeon.

4. DEZEMBER
Konzert in der Newcastle City Hall.

5. DEZEMBER
Zum letzten Mal treten die Beatles live in Liverpool auf und spielen im Empire Theatre.

6. DEZEMBER
„The Beatles Million Sellers" ist die neue UK-EP.

In den USA wird die „Day Tripper'/' We Can Work It Out" -Single veröffentlicht, ebenso „Rubber Soul" mit zehn Songs der UK-Ausgabe plus zwei Reststücken von der britischen „Help!"-LP. Beide Veröffentlichungen erobern die Spitze der amerikanischen Charts.

7. DEZEMBER
Die Gruppe tritt im Manchester ABC auf.

8. DEZEMBER
Sheffield Gaumont.

9. DEZEMBER
Birmingham Odeon.

10. DEZEMBER
Hammersmith Odeon.

11. DEZEMBER
Finsbury Park Astoria, London.

12. DEZEMBER
Der letzte Auftritt der finalen UK-Tour findet im Capitol Cinema in Wales statt.

31. DEZEMBER
Johns Vater Freddie Lennon veröffentlicht eine Single, auf der er sich durch zwei weinerlich-selbstreflektierende Songs („That's My Live" und „The Next Time You Feel Important") schnulzt.

1966

JANUAR – MÄRZ
Lennon installiert sich im „Kenwood" ein Heim-Studio und beginnt, mit avantgardistischen Klangbildern herumzuexperimentieren. Er versucht dabei, die Gewalttätigkeit seiner geschriebenen Prosa auf die Musikinstrumente zu übertragen. John benutzt die Anlage auch, um ein-Mann-Band-Demos seiner neuen Songs einzuspielen.

5. JANUAR
Die Beatles schreiben auf subtile Weise ihre eigene Geschichte um, indem sie den Mittschnitt ihres eher mittelmäßigen Konzertes im Shea-Stadion aus dem letzten Jahr für den Soundtrack eines Dokumentarfilmes im Studio komplett überarbeiten.

MITTE JANUAR
Freddie Lennon erscheint erneut auf der Türschwelle seines Sohnes – und macht dann kehrt. „Es war das zweite Mal in meinem Leben, daß ich ihn gesehen habe," sagt John einige Wochen später. „Ich wollte ihn nicht im Haus haben."

FEBRUAR
Der Jonathan Cape-Verlag erwartet das Manuskript von Lennons drittem Buch. Stattdessen gibt John den Vorschuß zurück und sagt, daß sie den Handel vergessen können.

21. FEBRUAR
Lennons „Nowhere Man" wird die aktuelle US-Single der Beatles, erreicht aber nur Platz 3, obwohl dieser Songs erstmalig in Amerika erscheint.

MÄRZ
Lennon schreibt einen Song mit dem Arbeitstitel „He Said He Said" und nimmt ihn als Demo auf. Das Stück basiert auf den LSD-inspirierten Aussagen von Peter Fonda während der acht Monate zurückliegenden Hollywood-Party.

4. MÄRZ
„Yesterday" wird als Titel-Song der neuen UK-EP ausgesucht.

Die Londoner Zeitung *Evening Standard* veröffentlicht ein Interview mit Lennon, das die Journalistin Maureen Cleave bei einem Besuch in Lennons Haus im Börsenmakler-Viertel Weybridge führte: „Das Christentum wird aussterben, es wird schrumpfen und verschwinden. Daran gibt es nichts zu deuteln; ich habe Recht und die Geschichte wird mir Recht geben. Wir sind jetzt schon populärer als Jesus. Ich weiß nicht, was zuerst verschwinden wird, der Rock'n'Roll oder das Christentum. Jesus war eigentlich in Ordnung, aber seine Anhänger sind fett und dumm. Sie haben alles verdreht und für mich die ganze Sache in den Dreck gezogen."

Diese Aussagen werden im Laufe des Jahres für viel Aufragung sorgen. Einige andere Bemerkungen in dem Interview deuten dagegen auf Lennons zukünftige Entwicklung hin: „Weybridge wird es auf Dauer nicht sein. Ich mache hier Halt, so wie ich an einer Bushaltestelle warte. Ich werde mein endgültiges Heim erst dann finden, wenn ich weiß, was ich will. Es gibt einige andere Dinge, mit denen ich mich beschäftige, beschäftigen muß – ich weiß nur nicht genau, was es ist. Deshalb hänge ich hier herum und male, nehme Musik auf, zeichne und schreibe, denn ich weiß, daß eines davon das Richtige sein wird. Alles was ich weiß, ist: DAS kann noch nicht alles gewesen sein."

25. MÄRZ
Die Beatles nehmen in einem Studio in West-London Interviews mit DJ Tom Lodge von Radio Caroline auf und stimmen einer wie immer recht zahmen Foto-Session für ihr offizielles Fanzine, The Beatles Book, zu. Dazwischen posieren sie für die bemerkenswertesten Fotos ihrer Karriere – bekleidet mit Schlachter-Arbeitshosen halten sie Fetzen rohen Fleisches und zerbrochene Spielzeugpuppen in den Händen. Der surrealistisch angehauchte Fotograf Robert Freeman leitet die Session. Lennon ist sein willigster Anhänger, scharf darauf, die Gelegenheit zu nutzen, um das Beatles Publikum in seiner verehrenden Erstarrung zu schockieren. Lennons will das brutalste Foto dieser Session als das Cover für ihre nächste US-LP benutzten.

6. APRIL
Die Beatles kehren für ihre erste Session seit November in die Abbey Road-Studios zurück. Sie beginnen die Arbeit an ihrem nächsten Album mit einem Song, der jeden Millimeter ihrer künstlerischen Entwicklung seit „Rubber Soul" markiert – Lennons „Tomorrow Never Knows". Zunächst „Mark 1" und dann „The Void" genannt, beschwört der Song düster die geistige Verrwirrung und spirituelle Sehnsucht, die von einem LSD-TRIP verursacht wird. Den Songtext borgt man sich aus dem Tibetanischen Totenbuch.

Während der Session sagt Lennon dem Produzenten George Martin, daß er den Klang von 4.000 Mönchen, die von einer Berg-spitze herab singen, in den Song einbauen will. Das Problem wird auf den nächsten Tag verschoben.

Studio-Aufnahmen:
„Tomorrow Never Knows".

7., 8. APRIL
George Martin ist nicht in der Lage, 4.000 Mönche für die Nachmittags-Session zu besorgen, punktet aber mit der Idee, Lennons Stimme durch den rotierenden Lesley-Lautsprecher einer Hammond-Orgel zu jagen. „Tomorrow Never Knows" bekommt seine verwirrendsten Studio-Effekte jedoch durch den Gebrauch von Band-Schleifen, der von den Beatles (vor allem: Paul McCartney) vorgeschlagen wurde. Die fertige Platte zeigt die bei weitem fortgeschrittensten elektronischen und musikalischen Experimente, die jemals zuvor von Pop-Musikern gewagt wurden.

Studio-Aufnahmen:
„Tomorrow Never Knows",“Got To Get You Into My Life".

11., 13., 14., 16. APRIL
Die Sessions werden im Abbey Road fortgesetzt, darunter die Produktion von Lennons bemerkenswertem „Rain". Die Wetter-Metaphorik des Songtextes würde ohne den grimmigen Fatalismus in Lennons Gesang und dem glänzenden instrumentalen Arrangement eher abgehangen klingen. Immerhin – Ringo Starr hält seine Arbeit für das beste Trommeln, das er je auf Platte gebannt hat. In der letzten Abmischung wird Lennons Stimme merklich verlangsamt, was die Aura der psychedelischen Unwirklichkeit drastisch unterstützt. Die Krönung jedoch sind die kurzen Einspielungen von rückwärts laufenden Bandschnipseln. Sowohl Lennon als auch George Martin beanspruchen diese Idee für sich. Lennon behauptet, er habe die Rohmischung des Songs am 14. April mit nach Hause genommen und sie unter dem Einfluß von Haschisch versehentlich rückwärts abgespielt.

Studio-Aufnahmen:
„Got To Get You Into My Life", „Love You To",
„Paperback Writer", „Rain".

17., 19. APRIL
Lennon spielt mit den Beatles die leichtfüßige Komposition „Doctor Robert", in der ein Mediziner gefeiert wird, der leidenschaftlich gerne halluzinogene Drogen verschreibt.

Studio-Aufnahme:
„Doctor Robert".

20.-22. APRIL
„And Your Bird Can Sing", ein freundlich schwebendes und zugleich herrlich heiseres Stück Pop-Kunst, ist Lennons Hauptbeitrag zu den heutigen Sessions.

Studio-Aufnahmen:
„And Your Bird Can Sing", „Taxman", „Tomorrow Never Knows"

25.-29. APRIL
„And Your Bird Can Sing" wird während dieser Session-Woche erneut aufgenommen worden, aber es verblaßt an der Seite von „I'm Only Sleeping". Diese Lennon Komposition ist das drogenbeeinflußte verträumte Gegenstück zu dem alptraumhaften „Tomorrow Never Knows". John hilft auch Paul McCartney, den Songtext von „Eleanor Rigby" zu vollenden, obwohl Lennon auf der Platte nicht als Co-Autor erwähnt wird.

Studio-Aufnahmen:
„And Your Bird Can Sing", „I'm Only Sleeping", „Eleanor Rigby"

1. MAI
Die Beatles erscheinen zum letzten Mal auf einer britischen Konzert-Bühne, als sie das dritte Mal die „NME Pollwinners' Show" im Empire Pool, Wembley, anführen. Lennon spielt „I Feel Fine", „Nowhere Man" und „Day Tripper", bevor er sich mit „If I Needed Someone" und „I'm Down" verabschiedet.

Am gleichen Tag strahlt die BBC (unverständlich für die Fans im Empire Pool) „The Beatles At Shea Stadium" aus, einen 50-minütigen Dokumentarfilm ihres New Yorker Konzertes im vorigen August.

5., 6. MAI
Rückwärts laufende Gitarren-Effekte und Trance-ähnlicher Gesang werden dem Song „I'm Only Sleeping" hinzugefügt.

Studio-Aufnahme:
„I'm Only Sleeping".

9., 16., 18., 19. MAI
McCartney Songs stehen im Mittelpunkt dieser Beatles-Session.

Studio-Aufnahmen:
„For No One", „Taxman", „Got To Get You Into My Life".

19./ 20. MAI
Promotion-Filme für „Paperback Writer" und „Rain" werden im Chiswick House in London und in der EMI-Zentrale aufgenommen. Beide Clips verbinden nahtlos die Traditionen früherer Beatles TV-Auftritte mit Anspielungen auf ihren neuen psychedelischen Hintergrund.

26. MAI
Lennon legt sich voll ins Zeug und nimmt eine Pilotspur für Ringo auf.

Studio-Aufnahme:
„Yellow Submarine".

27. MAI
John Lennon und George Harrison tauchen in der V.I.P.-Loge der Royal Albert Hall auf und sehen, wie Bob Dylan & The Hawks dafür niedergebrüllt und ausgebuht werden, daß sie ein brillantes Stromgitarren-Programm hinlegen, anstatt den Dylan-üblichen akkustischen Folk zu spielen.

Vor der Show teilen sich Dylan und Lennon eine Taxifahrt, die von D.A. Pennebaker gefilmt wird, der einen Dokumentarfilm über Dylans Tour macht. Die beiden sind völlig zugekifft. Die Fahrt endet damit, daß Dylan sich im Taxi übergeben muß.

30. MAI
Ihre neue US-Single, „Paperback Writer"/ „Rain" zeigt, wie weit die Beatles mit den Traditionen der ausgelutschten britischen Beat-

Szene gebrochen haben. Eine lange Serie von Lennon-komponierten A-Seiten endet. Die Single erreicht die Nr. 1 in den Charts

1.-3. JUNI
Nach der Vollendung von „Yellow Submarine" raucht Lennon Haschisch aus einem Eimer.

Studio-Aufnahmen:
„Yellow Submarine", „I Want To Tell You".

8., 9., 14., 16., 17. JUNI
McCartney beherrscht die weiteren Plattenaufnahmen.

Studio-Aufnahmen:
„Good Day Sunshine", „Here, There& Everywhere", „Got To Get You Into My Life".

10. JUNI
„Paperback Writer" wird in England veröffentlicht.

15. JUNI
Die neue US-Beatles LP, „Yesterday. . . And Today", kommt heraus und wird als die „Schlachter-Plattenhülle" berühmt. Die Beatles sind auf dem Foto mit blutverschmierten Schlachter-Arbeitskitteln bekleidet und wühlen mit teuflischer Fröhlichkeit in zerstückelten Puppen und rohem Fleisch. Die Öffentlichkeit schreit sofort auf, das Cover wird zurückgezogen.

16. JUNI
Die Gruppe macht einen seltenen „Live" Auftritt in *Top Of The Pops* – natürlich Playback.

20. JUNI
„Yesterday. . . And Today" wird in Amerika mit einer neuen Plattenhülle wiederveröffentlicht, die die Beatles geistesabwesend an der Seite eines großen Reisekoffers zeigt. Zensiert oder nicht – die LP schafft es wieder auf Platz 1.

21., 22. JUNI
Die Beatles beenden die Arbeit an dem „Revolver"- Album, beaufsichtigen die letzte Abmischung und nehmen einen weiteren Song auf: Lennons „She Said She Said", inspriert durch einen gemeinsamen LSD-Trip mit Schauspieler Peter Fonda im letzten Sommer.

Studio-Aufnahme:
„She Said She Said".

23. JUNI
Die Beatles beginnen ihre letzte Tour auf dem Kontinent. Sie fliegen von London nach München, wo sie von einer spärlichen Menge Fans begrüßt werden.

24. JUNI
Zwei Auftritte im Circus-Krone-Bau in München (einer wurde für das Fernsehen gefilmt) eröffnen die Tour. Wie so oft im Jahre 1966, schafft es die Gruppe nicht, die Genauigkeit ihrer Studio-Aufnahmen live zu reproduzieren. Gerade bei Songs wie „Paperback Writer" und " If I Needed Someone" geben sie sich viel zu wenig Mühe, die komplizierten Gesangs-Harmonien zu meistern.

25. JUNI
Zwei weitere Konzerte, dieses Mal in der Grugahalle bei Essen.

26. JUNI
Die Beatles spielen ihre letzten Konzerte in Deutschland – angemessenerweise in Hamburgs Ernst Merck Halle. Auf der Bühne scherzt Lennon: „Hört bloß der Musik nicht zu, wir spielen im Moment fürchterlich."

Sie nehmen die Gelegenheit wahr und besuchen Freunde aus der Star-Club-Ära. Lennon und McCartney schlendern ein letztes Mal über die Reeperbahn.

28. JUNI
Der Flug nach Tokio wird wegen schlechter Wetterverhältnisse in Alaska unterbrochen.

30. JUNI – 2. JULI
Drei Tage Konzerte in der Budokan Hall in Tokyo, darunter ein teilweise richtig chaotischer Auftritt, der vom japanischen TV übertragen wird. In Einklang mit der gesellschaftlichen Tradition in Japan geben sich die weiblichen Teenager-Fans redliche Mühe, ihre Selbstbeherrschung nicht zu verlieren. Trotz der üblichen Kreischerei enden die Konzerte gesittet: die Fans folgen brav den Anweisungen des Hallensprechers und gehen nach Hause.

3. JULI
Die Gruppe kommt auf den Philippinen an.

Zur gleichen Zeit spekuliert die *New York Times* darüber, welcher Beatle (erst spät kommt heraus, daß es Lennon war) den provokanten Satz „Das Show-Geschäft ist der verlängerte Arm der Jüdischen Religion" gesagt habe. Für den Moment wird Johns wohlüberlegte Ungeheuerlichkeit noch stillschweigend toleriert.

4. JULI
Die Beatles stoßen Imelda Marcos, die Frau des philippinischen Präsidenten vor den Kopf, indem sie bei einem Empfang im Präsidentenpalast nicht erscheinen – zu dem sie noch nicht einmal formell eingeladen waren. Diese „Beleidigung" wird zur landesweiten Schlagzeile in den Medien.

Die Beatles spielen zwei Konzerte im Rizal Memorial Stadium in Manila, das zweite vor 50.000 Leuten – nach dem New Yorker Shea Stadium das zweitgrößte Publikum ihrer Karriere.

5. JULI
Nachdem die „Beleidigungs"-Nachricht die Runde gemacht hat, bekommen die Beatles Morddrohungen. Die Veranstalter ihrer Shows weigern sich, der Gruppe die volle Gage zu bezahlen. Als die Band für den Rückflug am Flughafen von Manila ankommt, wird ihr Treck blockiert und beschimpft. 200 Demonstranten greifen die Beatles und ihre Mitarbeiter an, einige von ihnen erleiden dabei leichte Verletzungen. Schließlich erhalten sie die Erlaubnis, nach New Delhi/Indien auszufliegen. Hier haben sie einige Tage Pause eingeplant, um die musikalische und geistige Kultur des Landes kennenzulernen. Sie werden auf dem Flughafen von Hunderten hysterischer Fans begrüßt – für die Gruppe eine bedrückende Erinnerung daran, daß ihr Ruhm weltweite Ausmaße erreicht hat. Unter vier Augen geloben Lennon und Harrison, daß die Tourerei ein Ende haben muß.

8. JULI
Die Gruppe kehrt nach London zurück. Auf die Frage über ihre zukünftigen Pläne sagt George Harrison: „Wir haben vor, uns ein paar Wochen zu erholen, bevor wir losziehen und uns von den Amerikanern zusammenschlagen lassen".

„Nowhere Man" ist der Titelsong der aktuellen Beatles UK-EP.

MITTE. JULI
Lennon baut Filmkameras und einen Schneideplatz neben sein Heimstudio-Equipment in die Arbeitsräume des „Kenwood"-Hauses ein. Er experimentiert mit den Möglichkeiten des Mediums Film. Im Gegensatz zu der modischen schnellen und brutalen Schnitt-Technik der Avantgarde-Gemeinde bevorzugt Lennon langsame, fast stillstehende Szenen, die er mit Klängen im Stil der „musique concrète" unterlegt. Ohne es zu wissen, bringt ihn dies auf eine Linie mit der Künstlergruppe Fluxus. Einer ihrer Mitglieder, Yoko Ono, wird bald von New York nach London reisen.

29. JULI
Datebook, ein amerikanisches Teenie-Magazin, druckt Auszüge aus Lennons März-Interview mit Maureen Cleave nach. Sie werden so verdreht, daß es klingt, als hielte Lennon die Beatles für wichtiger als Jesus Christus. Anders als seine „New York Times" Kommentare am Anfang des Monats (Juden im Showgeschäft) werden diese Zitate als gotteslästerlich (oder schlimmer) bezeichnet. Der unausbleibliche Skandal droht, die Popularität der Beatles in Amerika nachhaltig zu beschädigen und läßt sogar die angekündigte US-Tour beinahe platzen.

In Birmingham, Alabama, organisiert DJ Tommy Charles eine „Beatle-burning"-Aktion, bei der Tausende von ihren Platten zerstört werden. Ähnliche Ereignisse werden aus dem gesamten amerikanischen Süden gemeldet.

5. AUGUST
„Eleanor Rigby'/' Yellow Submarine" ist seit „Love Me Do" die erste Beatles-Single, die ohne erwähnenswerte kompositorische Einflüsse Lennons auskommt.

Am gleichen Tag, wird die „Revolver"-LP veröffentlicht, eine bahnbrechende Synthese aus Klang-Experimenten und melodischem Pop. Die wachsende Kluft zwischen den musikalischen Stilen von Lennon und McCartney zeigt sich in dem Gegensatz von Lennons rauhen Gitarren-Riffs und McCartneys Vorliebe für hochklassige Melodien. Der Öffentlichkeit bleibt dennoch verborgen, daß die konzeptionelle Inspiration des seltsamsten Songs der Platte, Lennons „Tomorrow Never Knows", in Wahrheit von McCartney stammt.

6. AUGUST
Brian Epstein, der am Erscheinungstag der *Datebook*-

Geschichte in Wales ein Drüsenfieber auskurierte, hält eine Pressekonferenz in New York ab, und versucht, die Spannung zu entschärfen, die durch Lennons Bemerkung, „größer als Jesus“ zu sein, verursacht wurde. „John Lennons Sichtweise ist falsch interpretiert worden,“ erklärt er.

Inzwischen nehmen Lennon und McCartney an der Produktion einer BBC-Rundfunk-Show teil, die sich auf ihre Partnerschaft als Songschreiber konzentriert.

8. AUGUST
„Eleanor Rigby'/' Yellow Submarine“ wird in den Staaten als Single veröffentlicht. Ebenfalls erscheint eine gekürzte Ausgabe von „Revolver“- drei entscheidene Lennon-Songs der britischen Ausgabe werden herausgeschnitten. Dadurch stehen McCartney und Harrison auf dem Album im Vordergrund. Das zwischen den beiden Single-Songs aufgeteilte Airplay bewirkt, daß die Platte nur auf Platz 2 kommt, während es die LP an die Spitze schafft.

Alle Beatles-Platten werden von den Radiostationen in Südafrika wegen Lennons Jesus-Anmerkung auf die schwarze Liste gesetzt. Der Beatles-Bann weicht in den frühen Siebzigern etwas auf, aber das Sendeverbot für Lennon-Songs bleibt bis zu seinem Tod bestehen.

11. AUGUST
Zum Start ihrer letzten Tour kommen die Beatles in Chicago an.

Während einer hitzigen Pressekonferenz im Astor Towers Hotel wird Lennon wiederholt nach seinen Aussagen zum Thema „Jesus“ gefragt. Zunächst ist er sehr gefaßt, doch mit der Zeit wird er zu einer Blanko-Entschuldigung bei allen, die sich von ihm beleidigt fühlten, gedrängt. Er trägt dies mit einer Stimme vor, die klingt, als würde er an den Folgen dieser Kontroverse beinahe zerbrechen. Später wird bekannt, daß er vor der Konferenz in Tränen ausgebrochen war und sich wiederholt bei Epstein und den restlichen Beatles dafür entschuldigt hatte, die Gruppe in eine solche Situation gebracht zu haben.

John Lennon: „ Ich bin nicht gegen Gott, gegen Christus oder gegen Religion. Ich sage nicht, daß wir größer oder besser sind. Ich glaubte, daß jeder von uns etwas von dem in sich hat, was die Menschen Gott nennen. Ich glaube, daß es richtig war, was Jesus und Mohammed und Buddha und der ganze Rest gesagt hatten. Es ist nur so, daß die Überlieferungen eine falsche Richtung eingeschlagen haben.“

„Was immer ich angeblich gesagt haben soll – ich habe es nicht so gemeint. Es tut mir wirklich leid, was ich gesagt habe. Ich bitte um Entschuldigung, falls Sie das glücklich macht. Ich verstehe noch immer nicht ganz, was ich getan habe.“

12. AUGUST
Die Tour wird im Chicago International Amphitheater gestartet.

13. AUGUST
Zwei Konzerte im Olympia Stadium in Detroit.

14. AUGUST
Auftritt im Cleveland Stadium. Für die Beatles an diesem Abend ein „sichereres“ Territorium als das ursprünglich geplante Louisville/Kentucky.

15. AUGUST
Das DC Stadion in Washington DC ist der nächste Halt der Tour. Draußen demonstrieren Mitglieder des Ku Klux Klan gegen die Gruppe.

Inzwischen geht das Geschäft mit den Beatles weiter wie gehabt: Metro Records verpacken die Hamburg- Aufnahmen noch einmal neu. Die LP heißt „This Is Where It Started“.

16. AUGUST
Beatles-Fans füllen kaum ein Drittel der 60.000 Sitze des Philadelphia Stadion.

17. AUGUST
Die letzten kanadischen Konzerte im Maple Leaf Gardens in Toronto.

18. AUGUST
Auftritt der Gruppe im Suffolk Downs Racetrack in Boston.

19. AUGUST
Das Konzert im Mid-South Coliseum in Memphis, territoriales Zentrum der Beatles-Hatz, gerät zu einem Feuerwerk im wahrsten Sinne des Wortes: Bei der zweiten Show wirft ein „Fan“ Knallkörper auf die Bühne. Entsetzt blicken sich die Beatles gegenseitig an, um zu se-

hen, wer von ihnen gerade erschossen wurde. Der Öffentlichkeit war nicht bekannt, daß die Gruppe am Nachmittag Todesdrohungen erhalten hatte.

„Die Beatles sind nicht willkommen in Memphis", erklärt die Stadtverwaltung und erlaubt dem Prediger Jimmy Stroad, eine Großkundgebung gegen Lennons Auftritt im Coliseum zu organisieren. Vor dem Stadion veranstaltet eine kleine Gruppe von Ku Klux Klan-Mitgliedern eine Demonstration gegen die Beatles.

21. AUGUST
Nachdem heftige Regengüsse das gestrige Konzert in Cincinnati ausfielen ließen, tritt die Gruppe dort zur Mittagszeit auf, um hinterher für einen Abend-Gig nach St. Louis zu fliegen.

22. AUGUST
Bei einer Pressekonferenz in New York macht Lennon sich zum Sprecher der Beatles gegen Amerikas Verwicklung in den Vietnamkrieg. „Wir denken darüber jeden Tag nach" sagt er. „Wir mögen es nicht. Wir denken, daß es falsch ist."

23. AUGUST
Zuruck zum Shea Stadium in New York, wo das Publikum des vergangenen Jahres von 55.000 auf etwa 44.000 geschrumpft ist.

25. AUGUST
Die Beatles spielen im Seattle Coliseum.

28. AUGUST
Eine der ausgeflipptesten Fan-Scharen in der Karriere der Beatles sehen die Gruppe bei ihrem vorletzten Konzert im Dodger Stadium in Los Angeles.

Vor der Show veranstalten die Beatles eine Pressekonferenz. Fazit: Sie haben (a) die Tour unversehrt überlebt und bekommen (b) seit Chicago jeden Tag die selben dummen Fragen gestellt. Lennon ist bezüglich der „größer als Jesus"-Geschichte weit weniger kompromißbereit und wiederholt nun im Grunde das, was er damals Maureen Cleave erzählt hat

29. AUGUST
Eine Ära des britischen Pop geht zu Ende: Hinter einem mannshohen Eisenzaun spielen die Beatles im Candlestick Park in San Francisco ihr letztes Konzert. Auf dem Heimflug nach London sagt George Harrison zur Tour-Crew: „Das war's – ich bin kein Beatle mehr."

5. SEPTEMBER
Lennon fliegt nach Deutschland, um dort als Schauspieler in Dick Lester's „How I Won The War"-Film mitzuwirken. Der Film, der auf Patrick Ryans Roman basiert, zeigt ihn in der Rolle des Musketier Gripweed – ein hilfloser Soldat inmitten der unglaublichen Schlächterei moderner Kriegsführung im Zweiten Weltkrieg.

6. SEPTEMBER
Die Beatle-Locken werden Lennon für seine Rolle in Lesters Anti-Militarismus-Satire abgeschnitten. Lennon trägt für dem Film zum ersten Mal auch die berühmte Oma-Brille. Die Dreharbeiten in Deutschland dauern bis zum 14 September an.

15. SEPTEMBER
Lennon und Beatles-Assistent Neil Aspinall fahren mit dem Zug von Hamburg nach Paris, wo sie McCartney und Brian Epstein treffen, die dort übers Wochenende hingeflogen sind.

18. SEPTEMBER
Lennon und Aspinall fahren nach Carboneras in Spanien weiter. John bleibt dort, bis die Dreharbeiten am 6 November enden.

28. SEPTEMBER
Die japanisch/amerikanische Performance-Künstlerin Yoko Ono stellt sich der britischen Kunst-Szene auf dem Symposium „Destruction In Art" (Zerstörung in der Kunst") vor. Vor einem kleinen Publikum spielt sie ihre Performances „Line Piece", „Cut Piece", „Wall Piece" und „Bag Piece". An diesem und dem nächsten veranstaltet sie Konzerte im Londoner Afrika-Zentrum.

Yoko Ono: „Mal-Unterricht teilt das Malen in zwei grundverschiedene Vektoren: die Anweisungen und die Realisierung. Er macht es möglich, das Unsichtbare zu erforschen, die Welt jenseits unserer Konzepte von Zeit und Raum. Und dann, irgendwann später lösen sich die Anweisungen von selbst auf und werden völlig vergessen."

17. OKTOBER
Noch ein US-Recycling der Hamburger Aufnahmen: Lennons „Ain't She Sweet" steht am Anfang der Clarion-LP „The Amazing Beatles And Other Great English Group Sounds".

27. OKTOBER
The Penguin John Lennon, eine Zusammenstellung einiger Inhalte seiner zwei Bücher, erscheint als dünnes Taschenbuch.

7. NOVEMBER
Lennon kehrt aus Spanien zurück und beginnt sofort die Arbeit in seinem Heim-Studio, in dem inzwischen ein Mellotron (ein primitiver, mit Bandschleifen arbeitender Sampling-Synthesizer) eingebaut worden ist. Er nimmt vorläufige Demo-Fragmente eines Songs auf, den er auf dem Film-Set zu schreiben begonnen hatte: „Strawberry Fields Forever". Er feiert seine Ankunft auch mit einer harten Dosis von Halluzinogenen.

9. NOVEMBER
Erholt von einem dreitägigen LSD-Trip besucht Lennon die Vernissage einer Kunstausstellung in der Indica Gallery in London. Der Titel: „Unfinished Painting And Objects By Yoko Ono" („Unvollendete Gemälde und Objekte von Yoko Ono"). Galerie-Eigentümer John Dunbar stellt ihm die japanische Künstlerin vor.

John Lennon: „ Ich hatte gehört, daß diese erstaunliche Frau eine Show veranstaltete, und es ging irgendwie um Leute in Tüten, und es sollte so etwas wie ein Happening werden. Also ging ich einfach mal zu der Vorpremiere der Show. Es gab da einen Apfel für 200 britische Pfund zu kaufen. Es war phantastisch – ich habe sofort den Humor in ihrer Arbeit verstanden.

„Es gab noch eine Installation, die mich endgültig für oder gegen die Künstlerin einnehmen sollte: eine Leiter, die zu einem Gemälde an der Decke führte. Ich erklomm die Leiter, blickte durch einen Tür-Spion und sah in kleinen Buchstaben „Yes" geschrieben. Ich fühlte mich erleichtert.

„John Dunbar bestand darauf, daß sie dem Millionär Hallo sagen sollte. Sie kam daher und reichte mir eine Karte, auf der „Atem" stand. Also tat ich ihr den Gefallen und keuchte. Das war unser Treffen!"

Yoko Ono: „John fragte, ob er einen der Nägel der „Hammer-A-Nail-In"-Installation hämmern dürfe. Ich verlangte von jedem Besucher, der einen Nagel hineinschlagen wollte, fünf Schillinge. Als der Galerist John erzählte, daß er bezahlen müsse, hielt er einen Augenblick inne und fragte, ob er einfach einen imaginären Nagel hämmern könne! Es war phantastisch. Wir beide spielten das gleiche Spiel."

Yoko behauptet, sie hätte keine Ahnung gehabt, daß John die Eröffnung besuchen wolle. Andere Quellen besagen, sie habe darauf bestanden, daß ihm und Paul McCartney Einladungen geschickt werden – sie sei scharf darauf gewesen, daß die Beatles ihre Arbeit fördern.

24. NOVEMBER
Nachdem sie den Herbstbeginn getrennt voneinander verbracht hatten, kehren John Lennon und die Beatles ins Abbey Road zurück. Die Aufnahmesessions beginnen mit dem ersten Versuch von Lennons „Strawberry Fields Forever", ein atemberaubend üppiger und gefühlvoller Song, halb nostalgische Erinnerung, halb LSD-genährter Seelen-Trip.

Studio-Aufnahmen:
„Strawberry Fields Forever".

25. NOVEMBER
Die Gruppe spielt eine Weihnachtsrevue ein, die exklusiv an ihre Fans vertrieben wird.

Studio-Aufnahme:
„Everywhere It's Christmas".

27. NOVEMBER
Zum zweiten Mal bei der TV-Show *Not Only. . . But Also.* Lennon erscheint in der Rolle eines Supermarkt-Toilettenwärters.

28., 29. NOVEMBER
Die ersten Aufnahmen von „Strawberry Fields Forever" sind vollendet, allerdings in einem viel dichteren Arrangement, als Lennon es sich ursprünglich vorgestellt hatte

Studio-Aufnahme:
„Strawberry Fields Forever".

ANFANG DEZEMBER
John Lennon und Yoko Ono treffen sich bei einer Claes Oldenburg-Ausstellung wieder. Später sendet sie Lennon ein Exemplar ihres Buches mit „Anweisungen" – *Grapefruit.*

John Lennon: „ Ich hatte es irgendwann zuvor schon mal gelesen, und es hat mich ziemlich geärgert...und manchmal auch verdammt erhellt. Ich ging durch alle Wechselbäder, durch die man bei ihrer Arbeit gehen muß."

6. DEZEMBER
Die Gruppe nimmt weitere Weihnachtsgrüße für ihre Fans auf und beginnt mit der Arbeit an einem McCartney-Song.

Studio-Aufnahme:
„When I'm Sixty-Four".

8., 9. DEZEMBER
Lennon steuert die Beatles durch ein erneuten Aufnahmeversuch von „Strawberry Fields Forever", mit dem er näher zu seinem geistigen Bild von dem Song kommen will.

Studio-Aufnahmen:
„When I'm Sixty-Four", „Strawberry Fields Forever".

9. DEZEMBER
Der erste Beatles-Kompilation in England, „A Collection Of Beatles Oldies", wird veröffentlicht. Die britische Öffentlichkeit wird erstmals Lennons roher Version von „Bad Boy" ausgesetzt. Das Pop-Art-Styling des LP-Covers kaschiert halbwegs die retrospektive Natur der Platte.

15., 20., 21. DEZEMBER
George Martin überwacht die Overdubs von Blechbläsern und Streichern neue Version von „Strawberry Fields Forever". Danach folgt Lennons Gesang und beiseite gesprochene Worte für den Fade-Out. Als sich drei Jahre später Gerüchte ausbreiteten, daß Paul McCartney tot sei, glauben einige Fans, Lennon habe die Worte „Ich begrub Paul" („I buried Paul") gesprochen. In Wahrheit sagte er nichts finsteres als „Preiselbeer-Soße" („Cranberry sauce").

Studio-Aufnahmen:
„When I'm Sixty-Four", „Strawberry Fields Forever".

22. DEZEMBER
Lennon ist noch nicht glücklich mit dem Arrangement von" Strawberry Fields Forever" und gibt George Martin eine Aufgabe: Schneide mir

die Eröffnungsminute des ersten Arrangements in die Fortsetzung des zweiten. Martin folgt der Anweisung, ungeachtet der Tatsache, daß die zwei Aufnahmen in unterschiedlichen Geschwindigkeiten laufen und in anderen verschiedenen Tonarten eingespielt wurden.

29, 30. DEZEMBER
Lennons Forschungen inspirieren McCartney zum Schreiben eines Songs, mit dem er gleichermaßen vorzüglich seine Liverpooler Kindheit aufarbeitet.

Studio-Aufnahme:
„Penny Lane".

1967

4., 5., 6., 9., 10., 12., 17. JANUAR
Die Arbeit an McCartneys „Penny Lane" wird in den Abbey Road-Studios fortgesetzt. Am 5. Januar steht „Carnival Of Light" auf dem Programm, ein McCartney-inspirierter Avantgarde-Song, der im Laufe des Monats bei einem Underground- „Rave" ausgestrahlt werden soll.

Studio-Aufnahme:
„Penny Lane", „Carnival Of Light".

19., 20. JANUAR
Das kreative Wettrennen zwischen Lennon und McCartney geht in eine neue Runde: John stellt einen weiteren hervorragenden Song bei den Beatles-Sessions vor. Der Arbeitstitel lautet „In The Life Of. . .", später wird er „A Day In The Life" heißen. Zu Beginn umfaßt er drei typische ironische Lennon-Verse, die er mit bedrohlicher emotionaler Distanz singt. Der Text gipfelt in der unsterblichen Redewendung „I'd love to turn you on". McCartney fügt einen Mittelteil hinzu, zwei weitere 24-Takt-Teile werden für zukünftige Experimente reserviert.

Studio-Aufnahme:
„A Day In The Life".

26. JANUAR
Der Beatles-Vertrag mit EMI läuft ab.

27. JANUAR
Ein neuer Plattenvertrag mit EMI wird unterzeichnet und verpflichtet die Beatles – als Gruppe und als Einzelpersonen – für weitere neun Jahre.

30./ 31. JANUAR
Die Beatles drehen einen exotischen, unwirklichen Promotion-Film für „Strawberry Fields Forever" in Sevenoaks, Kent. Lennon stöbert ein Zirkusplakat aus dem 19. Jahrhundert in einem Antiquitätenladen auf.

FEBRUAR
Yoko Ono und ihr Mann Tony Cox beginnen mit dem Drehen des „Film Nr. 4 (Bottoms)", der aus aufeinanderfolgenden Einstellungen von 365 verschiedenen nackten Hinterteilen besteht.

1.-3. FEBRUAR
Während der aktuellen Session-Tage kommt Paul McCartney zufällig auf den Titel des bevorstehendes Albums.

Studio-Aufnahmen:
„Sgt. Pepper's Lonely Hearts Club Band", „A Day In The Life".

ANFANG FEBRUAR
Während er zu Hause im „Kenwood" von TV-Werbung berieselt wird, komponiert Lennon „Good Morning, Good Morning", und nimmt schnell das Demo eines Verses und eines Refrains unter tatkräftiger Mithilfe seines Mellotrons im Heimstudio auf.

5., 7. FEBRUAR
Noch ein Promotion-Film wird gedreht, dieses Mal für „Penny Lane".

8., 9. FEBRUAR
Lennons neuer Song, inspriert durch eine Kellogg's-TV-Werbung, fällt im Vergleich zu den letzten Innovationen, die er in die „Pepper"-Sessions eingebracht hat, stark ab.

Studio-Aufnahmen:
„Good Morning, Good Morning", „Fixing A Hole".

10. FEBRUAR
Verziert mit Abendkleidern, Masken und falschen Nasen spielen 40 Orchester-Musiker die Coda von „A Day In The Life" – für einen entsprechend chaotischen und LSD-genährten Kurzfilm, der als Werbe-Clip für den Song gedacht ist.

Studio-Aufnahme:
„A Day In The Life".

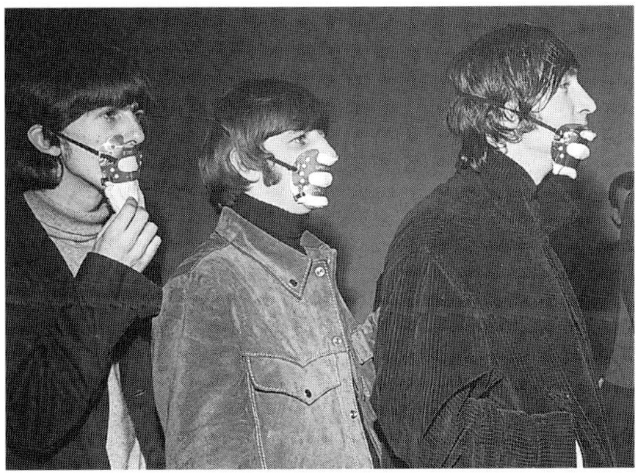

Links: **John und Ringo im Studio mit Peter Blakes Kulisse für das „*Sgt* Pepper"-Coverfoto.**
Unten: Paul, Ringo und George mit Johns Cartoonbild aus dem „Yellow Submarine"-Film.

13. FEBRUAR
Die vermutlich beste Beatles-Single ihrer Karriere, „Penny Lane"/"Strawberry Fields Forever", wird zuerst in Amerika veröffentlicht und erreicht Platz 1 innerhalb einer Woche. Die reich bebilderte Plattenhülle mit Kindheitsbildern der vier Beatles wird auch in England eingesetzt.

13., 14., 16. FEBRUAR
Weitere „Pepper"-Studio-Sessions.

Studio-Aufnahmen:
„Only A Northern Song", „Good Morning, Good Morning".

17. FEBRUAR
„Penny Lane"/"Strawberry Fields Forever" erscheint in England. Trotz ihrer Brillianz wird sie die erste Beatles-Single seit „Love Me Do", die nicht an die Spitze der Charts gelangt – sie bleibt auf Platz 2 hinter Engelbert Humperdincks „Release Me" stehen.
Im Abbey Road geleitet Lennon die Beatles durch die ersten Aufnahmen seines neuen Songs, „Being For The Benefit Of Mr Kite". Der Songtext wurde fast wörtlich von dem Zirkusplakat abgenommen, das er drei Wochen zuvor gekauft hatte.

Studio-Aufnahme:
„Being For The Benefit Of Mr Kite".

19. FEBRUAR
John besucht ein Chuck Berry-Konzert im Savile Theatre in London.

20., 21. FEBRUAR
Die Beatles und ihr Produktions-Team werfen zerschnittene vorproduzierte Tonband-Schnipsel in die Luft und setzen die Teile in zufälliger Reihenfolge wieder zu sammen. Zweck der Übung: eine authentische Zirkusatmosphäre für den neuen Song zu schaffen.

Studio-Aufnahme:
„Being For The Benefit Of Mr Kite", „Fixing A Hole".

22. FEBRUAR
John, Paul, Ringo und Mal Evans hauen einen ausklingenden E-Dur-Akkord gleichzeitig in drei Klaviere, um den Höhepunkt von „A Day In The Life" zu produzieren.

Studio-Aufnahme:
„A Day In The Life", „Anything".

23., 24. FEBRUAR
McCartney leitet dieses Sessions.

Studio-Aufnahme:
„Lovely Rita".

28. FEBRUAR, 1., 2. MÄRZ
„Lucy In The Sky With Diamonds" wird aufgenommen. Lennons Songtext ist bis an die Grenze zur Flickschusterei „psychedelisch". Lennon wird die Aufnahme später als „fürchterlich" bezeichnen. Der Song erhielt seinen Titel von einem lange unauffindbarem Bild, das sein Sohn Julian im Alter von vier Jahren gemalt hatte. Bis zu seinem Todestag, schwörte Lennon, daß die Anfangsbuchstaben „L S D" nur damit zu tun hätten. Synchronizität auf verschlungenen Pfaden...

Studio-Aufnahme:
„Lucy In The Sky With Diamonds".

3., 6., 7., 9., 10. MÄRZ
McCartney nimmt gerne Anregungen für seinen neuen Song, „Getting Better", an, den er ins Studio mitbringt. Es ist ist Pauls Song, aber John schreibt den zweiten Vers, ein Eingeständnis, in seiner Ehe versagt zu haben. Die 1967er Presse – noch im Glauben, die Beatles würden ideale Ehen führen – ignoriert diesen Hinweis.

Studio-Aufnahmen:
„Sgt. Pepper's Lonely Hearts Club Band", „Lovely Rita", „Getting Better".

7. MÄRZ
Yoko Ono führt in den Bluecoat Chambers in Liverpool ihr Stück „Concert Of Music For The Mind" auf. Am nächsten Tag hält sie einen Vortrag für die Studenten der lokalen Kunstakademie: „Es gibt nie irgendwelche Klänge in meinen Konzerten", erklärt sie „„denn die wirkliche Musik entsteht erst in den Köpfen der Menschen."

11. MÄRZ
Die Beatles gewinnen drei weitere Grammy-Awards: McCartney für seinen Gesang auf „Eleanor Rigby" und die Komposition von „Michelle" und Klaus Voorman für sein „Revolver"-Cover.

13. MÄRZ
Blechbläser-Overdubs für Johns „Good Morning, Good Morning".

Studio-Aufnahme:
„Good Morning, Good Morning".

15., 17., 20. MÄRZ
Lennon hat bei diesen „Pepper"-Sessions dienstfrei.

Studio-Aufnahmen:
„Within You, Without You", „She's Leaving Home".

20. MÄRZ
Brian Matthew interviewt Lennon und McCartney. Lennon schwört beinahe, daß die Beatles nie wieder touren werden.

21., 22., 23. MÄRZ
Während einer Abbey Road-Session am 21. März scheint Lennon „krank" zu sein. George Martin bringt ihn auf das Studiodach, damit er frische Luft bekommt. Harrison und McCartney holen ihn sofort zurück, damit Johns akuter LSD-Trip nicht zehn Meter tiefer ein jähes Ende finden kann.

Studio-Aufnahmen:
„Getting Better", „Lovely Rita", „Within You, Without You".

25. MÄRZ
Die Beatles gewinnen zwei Ivor Novello- Awards (ihre ersten seit 1964) für die meistverkaufte Single („Yellow Submarine") und den am häufigsten gespielten Song („Michelle") des Jahres.

28. MÄRZ
Lennon nimmt den Leadgesang für „Good Morning, Good Morning" auf und dirigiert die Kakophonie von Tiergeräuschen am Ende des Songs.

Studio-Aufnahmen:
„Good Morning, Good Morning", „Being For The Benefit Of Mr Kite".

29.-31. MÄRZ, 1. APRIL
Bei einem nachmittäglichen Kompositions-Treffen in Pauls Haus schreibt Lennon einen typisch sarkastischen Text zu McCartneys Melodie von „With A Little Help From My Friends".

Studio-Aufnahmen:
„Good Morning, Good Morning", „Being For The Benefit Of Mr Kite", „With A Little Help From My Friends", „Sgt. Pepper's Lonely Hearts Club Band".

30. MÄRZ
Das Cover „Sgt. Pepper" wird von Michael Cooper, einem guten Freund der Beatles, aufgenommen.

4., 6. APRIL
Die Beatles überwachen die Abmischung der vollendeten „Sgt. Pepper"-LP.

19. APRIL
Lennon, McCartney, Harrison und Starkey (Ringos bürgerlicher Name) unterschreiben eine Vereinbarung, die sie als „The Beatles And Company" für die nächsten 10 Jahre aneinander bindet.

20., 21. APRIL
Letzter Remix für „Pepper". Hinzugefügt werden noch ein paar Sekunden beiläufig gesprochenen Dialoges am Ende sowie – auf Lennons Betreiben – ein hochfrequenter Pfeifton, der nur von Hunden gehört werden kann.

25.-27. APRIL, 3., 4. MAI
Ein weiteres Beatles-Projekt beginnt mit den Musikaufnahmen für ihren geplanten Film „Magical Mystery Tour".

Studio-Aufnahme:
„Magical Mystery Tour".

29. APRIL
Der psychedelische Event „The 14-Hour Technicolour Dream" findet im Londoner Alexandra Palace statt. John Lennon beobachtet interessiert die Auftritte von Künstlern wie Pink Floyd und Yoko Ono.

9. MAI
Die Beatles nehmen ein namenloses Instrumental-Jam im Abbey Road auf.

11., 12. MAI
Arbeiten für den „Yellow Submarine"-Zeichentrickfilm. Lennon und McCartney spielen „Baby You're A Rich Man" ein, das von einigen Kommentatoren als scharfer Seitenhieb auf Manager Brian Epstein gewertet wird. Gerüchte, daß Lennon am Ende des Songs die Zeile „baby you're a rich fag Jew" („Baby, du bist eine reiche Judenschlampe") gesungen habe, erweisen sich als wenig fundiert.

Studio-Aufnahmen:
„Baby You're A Rich Man", „All Together Now".

15. MAI
Brian Epstein gibt eine exklusive Dinner-Party, die Lennon und die anderen Beatles besuchen, um die bevorstehende Veröffentlichung von „Sgt. Pepper's Lonely Hearts Club Band" zu feiern.

17., 25., 26. MAI
Die Arbeit an einem weiteren Beatles-Song, dessen Fertigstellung länger dauert als die all seiner Vorgänger, beginnt. Ebenfalls auf dem Programm steht eine Harrison-Komposition.

Studio-Aufnahme:
„You Know My Name (Look Up The Number)", „It's All Too Much".

18. MAI
Lennon und McCartney unterbrechen die Arbeit und besuchen die Rolling Stones im Studio, die gerade ihre Hippie-Hymne „We Love You" aufnehmen. Den Stones wurde später vorgeworfen, den Beatles-Song „All You Need Is Love" beklaut zu haben – der wurde aber erst einen Monat später aufgenommen.

19. MAI
Die Beatles besuchen einen Presseempfang zum Start von „Sgt. Pepper" in Brian Epsteins Londoner Haus.

20. MAI
Noch vor der Veröffentlichung des Songs kündigt die BBC an, sie werde „A Day In The Life" vom „Sgt. Pepper"-Album wegen Lennons Pro-Drogen-Statement („I'd love to turn you on") nicht im Rundfunk senden. Somit machen Lennon und die Beatles das erste Mal Erfahrungen mit der britischen Zensur. Im Gegenzug sendet die BBC einen Dokumentarfilm über den Entstehungsprozeß des „Pepper"-Albums, in dem Lennon häufig zu Wort kommt.

22. MAI
Die BBC kündigt eine live mitgeschnittene Beatles-Aufnahmesession als eines der Glanzlichter einer weltweiten TV-Konferenzschaltung Ende Juni an.

28. MAI
Lennon führt den ehemaligen Beatles-Pressereferenten Derek Taylor während einer Party in Brian Epsteins Haus in die Freuden von LSD ein.

1. JUNI
„Sgt. Pepper's Lonely Hearts Club Band" wird veröffentlicht und findet breite Zustimmung. Zum letzten Mal präsentiert ein Album die Beatles als eine gemeinsame Kraft, bei der alle mit ganzem Herzen die gleiche künstlerische Vision verfolgen. Die Risse in der Fassade – vor allem Lennons Unzufriedenheit mit dem grandiosen Konzept und der Produktion der Platte – können noch ein weiteres Jahr vor der Öffentlichkeit versteckt werden. Ironischerweise findet sich auf „Pepper" bereits ein erster Hinweis auf „The Apple", jene ehrgeizige und idealistisch eingestellte Firma, die die Beatles ein Jahr später gründen werden – und die das gemeinsame Gefühl der Überdrüssigkeit und Zerissenheit auf den Höhepunkt treiben wird.

Die Beatles verbringen den Tag mit einer Serie spontaner instrumentaler Improvisationen, die in krassem Gegensatz zu dem polierten Professionalismus ihres neuen Albums steht.

2. JUNI
Weitere Improvisationen im Studio und einige Blechbläser-Overdubs auf „It's All Too Much".

7., 8. JUNI
Brian Jones von den Rolling Stones besucht den Beatles-Flohzirkus. Lennon und McCartney dirigieren die Beatles durch das offensichtlich ziellose Klang-Wirrwar im Abbey Road.

Studio-Aufnahme:
„You Know My Name (Look Up The Number)".

14. JUNI
Während eines BBC-Live-Mitschnittes bastelt Lennon an einer spontanen Hippie-Hymne. Die Verse sind voll von geheimem Idealismus. Gleichermaßen bizarr verläuft der anfängliche Aufnahmeversuch für die Instrumentalspuren – die Beatles spielen Geige, Cembalo und Kontrabass.

Studio-Aufnahme:
„All You Need Is Love".

19., 23. JUNI
Weitere Arbeit an brauchbaren Instrumentalspuren für den internationalen TV-Auftritt der Beatles.

Studio-Aufnahme:
„All You Need Is Love".

24. JUNI
Eine Pressekonferenz kündigt das morgige Ereignis an. Danach wird im Studio weitergebastelt.

25. JUNI
Die Beatles spielen vor schätzungsweise 400 Millionen Fernsehzuschauern. Umgeben von einer Gruppe berühmter Freunde und eines Orchesters schneiden sie „All You Need Is Love" mit. Nach der Sendung nimmt Lennon seinem Gesang für die endgültige Veröffentlichung auf.

Studio-Aufnahme:
„All You Need Is Love"

7. JULI
„All You Need Is Love" wird in England veröffentlicht, und bringt die Gruppe zu ihrer gewohnten Position an die Spitze der Single Charts zurück.

17. JULI
Die US-Veröffentlichung von „All You Need Is Love" wird automatisch Nr. 1.

24. JULI
Die Namen von Lennon und den restlichen Beatles erscheinen unter den Unterzeichnern einer Anzeige in der *Times*, in der die Weigerung der Regierung, den Gebrauch von Marijuana zu legalisieren, bedauert wird.

AUGUST
Yoko Onos Performance „Wrapping Piece" sorgt für großen Presserummel in England. Der Grund: Sie kettete sich an eine der Löwen-Statuen am Londoner Trafalgar Square, nachdem sie das Denkmal zuvor mit Stoff eingewickelt hatte.

4. AUGUST
„The Beatles First", bislang ausschließlich in Deutschland erhältlich, vereinigt erstmals alle acht Hamburger Aufnahmen auf einer britischen LP.

18. AUGUST
Die Rolling Stones-Single „We Love You" mit Lennon und McCartney im Refrain-Chor, wird veröffentlicht.

22., 23. AUGUST
Brian Epstein besucht zum letzten Mal eine Beatles-Aufnahmesession und überwacht die Arbeit an einem McCartney-Song.

Studio-Aufnahme:
„Your Mother Should Know".

24. AUGUST
Auf Pattie Harrisons Anregung hin besuchen die Beatles in London einen Vortrag von Maharishi Mahesh Yogi, einem Guru, der die Techniken der Transzendentalen Medition missioniert. Er lädt sie zu einem Wochenend-Einführungslehrgang ein.

Yoko Ono, die Lennon seit ihrem Treffen im letzten Jahr unübersehbar hinterherläuft, erscheint „zufällig" bei dem Vortrag und besteht darauf, in Lennons Limousine nach Hause gefahren zu werden.

25. AUGUST
Über Nacht sprituell erhellt, fahren die Beatles mit dem Zug nach Bangor, um den Maharishi bei einem Universitätsseminar zu besuchen. Johns Frau Cynthia verpaßt den Zug und interpretiert das Mißgeschick als ein Symbol für ihre gescheiterte Beziehung.

26. AUGUST
Die Beatles informieren die internationalen Medien darüber, daß sie ab sofort keine Drogen mehr nehmen und zu völlig überzeugten Anhängern der Lehre des Maharishis geworden sind.

27. AUGUST
Die Glaubensgrundsätze der Gruppe werden unerwartet einer tragischen Prüfung ausgesetzt: Manager Brian Epstein wird tot in seiner Londoner Wohnung aufgefunden. Offiziell wird sein Tod als Unfall deklariert, Gerüchte sprechen dagegen von Selbstmord. Obwohl sein Einfluß auf die Beatles, seitdem sie das Touren aufgegeben haben, abgenommen hatte, war seine schiere Anwesenheit noch immer die vereinigende Kraft in der Band. Ohne ihn, das bemerkten sie sofort, müssen sie ohne jegliche objektive Hilfestellung auskommen, verdammt dazu, sich über ihre zukünftigen Plänen in die Haare zu geraten.

1. SEPTEMBER
Die Beatles treffen sich in McCartneys Londoner Haus, um die Zukunft der Gruppe nach Epstein Tod zu besprechen. Sie stimmen

John und Julian im „Kenwood“.

überein, mit ihrem TV-Filmprojekt „Magical Mystery Tour“ Gas zu geben.

5. SEPTEMBER
Lennon dirigiert die Beatles durch erste Aufnahmen des surrealen „I Am The Walrus“.

Studio-Aufnahme:
„I Am The Walrus“.

6., 7., 8., 16., 25., 26. SEPTEMBER
Songs von Harrison und McCartney werden für die „Magical Mystery Tour“ aufgenommen.

Studio-Aufnahmen:
„Fool On The Hill“, „Blue Jay Way“, „Flying“, „Your Mother Should Know“.

11. SEPTEMBER
Mit einem Filmteam und einigen Schauspielern an Bord fährt der „Magical Mystery Tour“-Bus aufs Land nach Westen. Sie verbringen die nächste Woche mit dem Drehen einer Serie von zusammenhangslosen, unwirklichen Szenen für ihren TV-Film.

18. SEPTEMBER
Während des Filmens der „Stripperin“-Szene für „Magical Mystery Tour“ in einem Londoner Club macht Lennon keinen Hehl aus seiner Bewunderung der schauspielerischen Talente von Jan Carson.

19. SEPTEMBER
In Kent beginnt eine Woche mit Vor-Ort-Dreharbeiten. Mit auf dem Plan: der bemerkenswert surreale und dennoch lebensnahe Clip für Lennons „I Am The Walrus“.

25. SEPTEMBER
Vor allem McCartney gibt beim Roh-Schnitt des „Magical Mystery Tour“-Materials den Ton an. Die Arbeit dauert mit etlichen Unterbrechungen bis Mitte Dezember. Die Arbeitsteilung zwischen John und Paul reflektiert den kreativen Impuls des Paares auf das gesamte Projekt.

27.-29. SEPTEMBER
„I Am The Walrus“ entwickelt sich von einer einfachen Instrumentalspur in einen Avantgarde-Spielplatz. Dort tummeln sich Nonsense-Refrais, Mitschnitte von BBC-Rundfunk-Übertragungen und Lennons Songtext – voll von spiralförmigen Metaphern und frei-fließenden Assoziationen.

27. SEPTEMBER
Yoko Ono veranstaltet ihr imaginäres „13 Days Do-It-Yourself Dance Festival“. Der Eintritt kostet 1Pfund, dafür bekommt jeder Abonnent während der Aktion täglich eine Postkarte mit Tanz-Anweisungen zugeschickt. „Dadurch kann jedes Mitglied des Tanzes mit den anderen Mitgliedern über mentale Telepathie in Verbindung bleiben.“

John Lennon ist einer von Yokos Abonnenten: heute um Mitternacht muß er atmen.

28. SEPTEMBER
„Breath at dawn“ (Atmen bei Sonnenaufgang) ist die heutige Lektion.

29. SEPTEMBER
Yokos Anweisung für den Tag: „Atmet gemeinsam am Abend.“ Lennon und George Harrison diskutieren in ITV's *The Frost* über Meditation und Wiedergeburt. „Buddha war ein Rhythmus“, sagt Lennon mit warmer Stimme.

30. SEPTEMBER
„Zeichnet einen großen Kreis in den Himmel“, weist Yoko Lennon und die anderen Aktions-Teilnehmer an.

1. OKTOBER
Zu Cynthia Lennons eher schmerzhaftem Vergnügen bekommt Lennon weiterhin täglich eine Postkarte von Yoko: „Gehe zum dem nächsten Brunnen und sehe, wie das Wasser tanzt.“ befiehlt sie.

2. OKTOBER
„Hast du neulich einen Horizont gesehen?“ fragt Yoko.
„Gehe zu einem Horizont. Messe ihn aus.“

2., 6. OKTOBER
Weitere Filmsongs werden aufgenommen.

Studio-Aufnahmen:
„Hello Goodbye“, „Blue Jay Way“.

3. OKTOBER
Lennon wird befohlen: „Koche Wasser und sehe, wie es verdampft.“ Cynthias Kommentare sind nicht überliefert.

4. OKTOBER
Zeit für Lennon „die Wolken zu zählen und ihnen Namen zu geben“. Zeit für ihn auch, zu einer zweiten Folge von *The Frost* zu gehen, und über Dinge wie die Verdienste des Maharishi zu reden.

5. OKTOBER
Die heutige Lektion ist für Superstars eher ungeeignet:
„Schüttele die Hände von so vielen Leuten wie möglich. Notiere ihre Namen.“

6. OKTOBER
Tag 10 von Yokos Tanz-Feier: „Finde ein Kleeblatt und teile mir die Abmessungen und das Gewicht aller möglichen Teile des Kleeblattes mit.“

7. OKTOBER
„Schicke mir etwas, das du nicht zählen kannst.“ Offenbar meinte sie sein Geld.

8. OKTOBER
„Schwimme im Traum so weit du kannst, bis du eine Insel gefunden hast,“ befiehlt Yoko dem Mann, der genau das in „Tomorrow Never Knows“ schon einmal vorgeschlagen hatte.

9. OKTOBER
Yoko beendet ihr Dance-Festival an Lennons 27. Geburtstag mit der Anweisung: „Male dich selbst an. Warte auf den Frühling. Teile mir mit, wenn er gekommen ist.

11. OKTOBER
Yoko Onos Kunstausstellung „Yoko Plus Me“ öffnet in der Lisson Gallery in London und dauert bis zum 14. November. Fasziniert von dem täglichen Fortschritt des „Dance Festival“ stimmt Lennon zu, die Show zu sponsern, stellt aber als Bedingung, daß sein Name nicht öffentlich erwähnt wird. Es ist keine Überraschung, daß es durch einen „Unfall“ doch so kommt – und Yoko nennt, um ganz sicher zu gehen, Lennons Namen auch in dem Programmheft.

Die Show – sie trägt den Untertitel „Half-A-Wind“ – zeigt eine Vielfalt von Haushaltsgegenständen, die weiß angemalt, in der Mitte durchgeschnitten und als surreale Parodie auf das Alltagsleben neu angeordnet wurden.

John und Yokos Beziehung ist zu dieser Zeit noch rein beruflich (sprich: finanziell). Dennoch beginnt Yoko, ihn regelmäßiger zu treffen und sogar unangekündigt in seinem Haus in Surrey aufzukreuzen.

Aus Yokos Programm-Heft: „Als das ‚Hammer A Nail'-Gemälde in der Indica Gallery gezeigt wurde, kam ein Mann und fragte, ob es in Ordnung wäre, daß er einen Nagel in das Objekt haut. Ich sagte, daß es in Ordnung geht, sofern er 5 Schillinge dafür bezahlt. Statt die 5 Schillinge zu bezahlen, fragte er, ob es in Ordnung wäre, einen imaginären Nagel rein zu hauen. Das war John Lennon. Ich dachte, da habe ich doch glatt einen Burschen getroffen, der das gleiche Spiel wie ich spielt.“.

12. OKTOBER
Von Kunst-Schirmherrn zum Aufnahme-Genie: Lennon ist der Produzent des Tages, an dem die Beatles die Akkordeonspielerin Shirley Evans als Gastmusikerin für „Shirley's Wild Accordion“ für den „Magical Mystery Tour“-Soundtrack einladen. An diesem Tag wird auch Lennons Klang-Collage „Jessie's Dream“ für den Film ausgewählt. Seine schrägen Klavier-

Akkorde und Echo-Gitarren weisen bereits auf die gespenstische Atmosphäre seiner ersten Zusammenarbeit mit Yoko Ono hin.

13. OKTOBER
United Artists unternehmen den unverschämten Versuch, aus Johns Filmrolle Kapital zu schlagen und veröffentlichten die Single „How I Won The War" – eine Collage aus Musik und Dialog, von dem gerade mal eine erkennbare Zeile von John gesprochen wird. Zynischerweise läuft die Single als „Musketeer Gripweed und die Dritte Armee". Das Produkt findet nur wenige Käufer.

17. OKTOBER
Die Beatles besuchen in London einen Gedächtnisgottesdienst für Brian Epstein.

18. OKTOBER
„How I Won The War" feiert Premiere in London. „Ich hasse Krieg," sagt Lennon einem Reporter auf die Frage, warum er mitspielte. „Falls es wieder einen Krieg gibt, werde ich nicht kämpfen, und ich werde versuchen, allen Jugendlichen zu sagen, daß auch sie nicht kämpfen sollen."

19., 20., 25. OKTOBER
Weitere Aufnahmesessions.

Studio-Aufnahmen:
„Hello Goodbye", „Fool On The Hill".

2., 7. NOVEMBER
Die Arbeit an der „Magical Mystery Tour"-Musik wird vollendet.

10. NOVEMBER
Um seine Vorherrschaft in der Gruppe klar zu stellen, führt sich Paul McCartney bei den Dreharbeiten von drei Promo-Clips für ihre bevorstehende Single wie ein Regisseur auf.

24. NOVEMBER
Die Beatles veröffentlichen „Hello Goodbye", Lennons abenteuerliches „I Am The Walrus" wird auf die Rückseite verbannt. Die Single erreicht Nr. 1.

Lennon beginnt im Abbey Road damit, Bänder mit Klangeffekten für die bevorstehende Theater-Version der Sketche seines Buches „In His Own Write" zusammenzuschneiden.

25. NOVEMBER
Kenny Everett befragt Lennon für die BBC-Rundfunk-Show *Where It's At* zu dessen „I Am The Walrus". Der Song wird zum letzten Mal für mehrere Jahre auf BBC gesendet, weil die Chef-Produzenten kurz darauf entscheiden, das Stück wegen seiner skandalösen Anspielung auf „Damenschlüpfer" mit einem Sendeverbot zu belegen.

27. NOVEMBER
Capitol veröffentlicht „Hello Goodbye" und auch das „Magical Mystery Tour"-Album, das die neuen Songs aus dem TV-Special und die restlichen 1967er Singles präsentiert. Beide Platten stürmen an die Spitze der US-Charts.

28. NOVEMBER
Die Beatles nehmen einen psychedelischen Weihnachts-Song auf, für den Lennon einige Klang-Effekt-Bänder vorbereitet hatte.

Studio-Aufnahme:
„Christmas Time Is Here Again".

DEZEMBER
Victor Spinetti veranstaltet eine Aufführung von „Scene Three, Act One", einem Einakter, den er und Adrienne Kennedy aus Lennons erstem Buch „In His Own Write" extrahierten. Das Stück erhält später auch den Titel des Buches.

5. DEZEMBER
Lennon und Harrison besuchen die Eröffnungs-Party für ein neues Beatles Unternehmen, die Apple Boutique.

8. DEZEMBER
Parlophone veröffentlicht ein Doppel-EP-Set mit Songs von „Magical Mystery Tour". Lennons einziger Beitrag: „I Am The Walrus"

11. DEZEMBER
Lennon nimmt die ersten Werke für den „Apple"-Musikverlag unter Vertrag und tauft sie nach Yokos Buch in „Grapefruit" um. Er produziert in diesen Tagen auch die Debüt-Single des Duettes Lennon & McCartney „Dear Delilah", dem sie einige Flicken aus der 1965er-Beatles-Ära-aufnähen.

21. DEZEMBER
Bei einer Party in Londons Royal Lancaster Hotel anläßlich der bevorstehenden Sendung von „Magical Mystery Tour" kreuzt Lennon in den Klamotten eines Teddy Boy der 50er Jahre auf. Er zeigt ein mehr als nur freundschaftliches Interesse an Pattie Harrison, bis er von der Sängerin Lulu daran erinnert wird, daß er in Begleitung seiner eigenen Frau hier ist.

26. DEZEMBER
„Magical Mystery Tour" hat auf BBC2 Premiere und wird von Kritikern wie auch einem großen Teil der Öffentlichkeit mit gemischten Gefühlen aufgenommen. Man hatte sich doch einen etwas traditionelleren Feiertags-Stoff erhofft.

29. DEZEMBER
John macht eine Woche Urlaub in Marokko, während McCartney versucht, den Medien-Ruf der Beatles zu retten.

1968

JANUAR
Lennons verlorener Vater Freddie ruft seinen Sohn an und teilt ihm mit, daß er die 19-jährige Studentin Pauline Jones heiraten wird. Lennon gibt Pauline einen Job als seine Sekretärin, solange, bis die Familienspannungen eskalieren.

12. JANUAR
Die neue Firma der Beatles, Apple Corps Ltd., wird in London als eine Schwester-Firma der Apple Films Ltd. registriert. Im ersten Jahr ist Apple größtenteils in Paul McCartneys Händen. John Lennon stimmt dem im Prinzip zu, möchte aber lieber, daß jemand anders die Arbeit macht.

22. JANUAR
Apple Corps eröffnet das Geschäft in der Wigmore Street 95, London W1.

25. JANUAR
Nachdem sie sich geschworen hatten, so wenig wie möglich mit der Herstellung des „Yellow Submarine" Zeichentrickfilmes zu tun zu haben, werden die Beatles in London ausschließlich für die Schluß-Szenen des Streifens gefilmt.

27. JANUAR
DJ Kenny Everett interviewt Lennon zu Hause für den BBC-Rundfunk 1.

Die Einrichtung der Apple Boutique.

3., 4., 6., 8. FEBRUAR
Die Beatles nehmen eine neue Single und den neuen Lennon Song „Across The Universe" auf. Sein Songtext reflektiert die Befreiung der poetischen Inspiration, aber die Beatles schaffen es nicht, diesen Geist auf ihrer Platte einzufangen – trotz zwei am Abbey Road-Parkplatz aufgelesenen Fans, die im Refrain als Backgroundsänger mitsingen.

Studio-Aufnahme:
„Lady Madonna", „Across The Universe", „The Inner Light".

11. FEBRUAR
Die Beatles kreuzen im Abbey Road auf, um einen Promo-Clip für die Single „Lady Madonna" zu drehen. Bei der Gelegenheit entscheiden sie sich, Lennons anarchische Rock-Nummer „Hey Bulldog" aufzunehmen. Auch Yoko Ono ist zum ersten Mal bei einer Beatles-Session im Studio und fragt Lennon diplomatisch, warum die Gruppe immer so reduzierte Rhythmen in ihren Songs benutzt.

Studio-Aufnahme:
„Hey Bulldog".

15. FEBRUAR
Die Lennons verlassen gemeinsam mit den Harrisons London und fliegen nach Indien zum Maharishi-Camp in Rishikesh. Die anderen Beatles folgen vier Tage später. Zwei Monate lang versucht die Gruppe, sich dem Ritual der Meditation und Kontemplation anzupassen, belebt durch gelegentliche Jam-Sessions mit befreundeten Gästen wie Donovan und dem Beach Boy Sänger Mike Love.

Im Laufe dieser transzendentalen Erfahrungen komponieren

Lennon, McCartney und Harrison neues Material. Lennons Songs schwanken gefühlsmäßig zwischen dem wohlmeinenden Idealismus von „The Happy Rishikesh Song" und „Child Of Nature" und den von nackten Selbstzweifel zerrissenen, sich selbst verabscheuenden „Yer Blues" und „I'm So Tired". Andere neue Kompositionen wie „Julia" und „Look At Me" reflektieren den Einfluß von Donovan, der Lennon im Laufe der Meditationswochen die Fingerpicking-Technik auf der akkustischen Gitarre beibringt.

29. FEBRUAR
Yoko Ono gastiert bei einem Konzert des Avantgarde-Jazzers Ornette Coleman in der Royal Albert Hall. Dieses ist bloß der erste in einer langen Reihe von Onos Konzert-Auftritten, die bis nach New York zurückreichen, wo sie 1961 mit „Voice Piece For Soprano" im Village Gate auftrat. Später in diesem Jahr spielte sie „A Grapefruit In The World Of Park" in der Carnegie Recital Hall, „ein Stück für Erdbeeren und Geigen". Seitdem ist Musik zu einem wichtigen Teil ihrer Performance-Kunst geworden.

Sowohl das Konzert als auch die Proben werden aufgenommen – ein Auszug von Yokos „Aos", das bei den Nachmittags-Proben aufgenommen wurde, ist zwei Jahre später auf der „Yoko Ono Plastic Ono Band"-LP wiederzufinden.

MÄRZ
Yoko Ono und ihr Mann Tony Cox trennen sich. Von ihrer Wohnung am Hanover Square im Zentum Londons schreibt Yoko regelmäßig Briefe an Lennon nach Indien. Als Lennon nach England zurückkehrt, hageln ihre Briefe nur so auf ihn ein. Unter den Texten, die sie ihm schickt, sind ihre Manuskripte „Sky Event For John Lennon/ spring 1968" und „Sky Event II": beide führen den Gedanken aus, daß zwei Künstler eins werden können, auch wenn sie Tausende von Meilen getrennt sind. Auch Onos Prosa „John Lennon As A Young Cloud" stammt aus dieser Phase. Lennon kommt nicht umhin, sich geschmeichelt zu fühlen.

9. MÄRZ
„Sgt. Pepper" gewinnt vier Grammys, unter ihnen die Preise für das beste Album des Jahres und das beste Album-Cover.

15. MÄRZ
„Lady Madonna" ist die aktuelle Beatles- Single. Zum erstenmal beinhaltet keine Seite der Platte irgendwelche bemerkenswerten Beiträge von Lennon.

In Rishikesh feiern die Beatles den Geburtstag des Beach Boys-Sänger Mike Love mit einem für ihn komponierten Schlager, „Happy Birthday Michael Love", der in den ebenfalls unausgegorenen „Spiritual Regeneration" mündet. Die akustischen Sets werden auf Band mitgeschnitten. Inzwischen wird die Stimmung beim Maharishi unruhig: Ringo Starr vermißt seine heimische Kost und Lennon bemerkt, daß die durch Meditation herbeigeführte Klarheit des Verstandes ebenso oft zum inneren Frieden wie auch zum Zynismus führt.

18. MÄRZ
Amerika begrüßt „Lady Madonna" mit gemischten Gefühlen. Die Single schafft es nur bis Platz 4.

MITTE APRIL
Lennons schlechte Gefühle mit den Meditations-Erfahrungen explodieren in offener Opposition, nachdem ihm sein Freund „Magic" Alex Mardas steckt, daß der Maharishi mehr als nur spirituelles Interesse an der Schauspielerin Mia Farrow gezeigt hat. McCartney und Starr waren bereits nach England geflohen. Lennon und Harrison steigern sich in gegenseitige Vorwürfe („Ich war immer der Boss, wenn es darum ging, die Drecksarbeit zu erledigen", notiert er später zynisch), während Lennon den Maharishi in die Zange nimmt: „Wir fliegen heim", und als der Guru fragt, warum, wird Lennon schnippisch: „Wenn du so scheiß kosmisch bist, müßtest du das eigentlich selbst wissen."

Wie immer, wenn er von einer Vater-Figur fallen gelassen wird, reagiert Lennon mit Gewalt: Er leitet seine Wut in den obszönen Wortschwall-Song „Maharishi", der später in milderer Form „Sexy Sadie" heißen wird.

20. APRIL
„Apple" schaltet die Anzeigen in der Musikpresse, in denen zur Einsendung von Demo-Bändern, Lyrik-Manuskripten, Drehbüchern und anderen Dingen, die entfernt etwas mit Kunst zu tun haben, aufgerufen wird. Der Versuch, massenhaft Kreativität aus der breiten Öffentlichkeit abzuschöpfen, endet im Chaos: Die „Apple" Büros werden mit einer nicht zu bewältigenden Flut von Paketen überschwemmt.

ENDE APRIL
Die Lennons und Harrisons kehren aus Indien nach Hause zurück. Auf dem Flug beichtet John Cynthia, daß er sie im Laufe ihrer Ehe mit Dutzenden von Frauen – Groupies, Schauspielerinnen, Protest-Sängerinnen und Journalistinnen – betrogen hat. Cynthia ist wie betäubt, aber sie zwingt sich, diese Erfahrung eher als eine Art Wiedergeburt, denn als einen Schlußstrich, zu betrachten. Wie auch immer – kurz nachdem das Paar zu Hause ankommt, fährt sie ohne John nach Griechenland.

9. MAI
John, Ringo, Derek Taylor, „Magic" Alex Mardas und der alte Liverpooler Freund der Beatles, Ivan Vaughan, treffen sich bei Apple und besprechen die Gründung einer Modell-Schule für die Kinder der Beatles und ihres Stabes.

11. MAI
Lennon und McCartney fliegen nach New York, um die Gründung und die utopischen Ziele von Apple Corps. zu verkünden.

14. MAI
Lennon und McCartney erscheinen in der *Tonight Show* auf NBC. Der Gast-Kommentator Joe Garagiola reagiert auf die Versuche der Zwei, die Ideale hinter der Gründung von Apple zu erklären, mit einem gequälten Gesicht. Lennon schießt eine weitere Breitseite gegen Amerikas Verwicklung in den Vietnamkrieg: „Es ist krankhaft". Er teilt Amerika darüberhinaus mit, daß politische Ungerechtigkeit nur dadurch bekämpft werden kann, daß man „das Establishment verändert."

16. MAI
Lennon und McCartney kehren nach London zurück.

19. MAI
Während einer Geschäfts-Besprechung bei Apple verkündet der stark unter LSD stehende John Lennon dem Rest der Beatles, daß er der Messias sei. Sie nehmen die Nachricht gelassen auf und gehen wieder zur Tagesordnung über.

20. MAI
Während Cynthia Lennon noch im Urlaub ist, lädt John Lennon Yoko Ono zu sich nach Hause ein. Das Paar gibt sich zunächst der experimentellen Musik hin. Die Ergebnisse sind zum Teil auf dem „Two Virgins"-Album Ende des Jahres zu hören. Anschließend machen sie zum ersten Mal miteinander Liebe.

John Lennon: „Ich rief sie zu mir. Cyn war nicht zu Hause und ich dachte ‚gut, das ist der richtige Zeitpunkt, sie näher kennenzulernen.' Sie kam in mein Haus und ich wußte nicht so recht, was wir tun sollten. Also gingen wir zusammen nach oben in mein Studio und ich spielte ihr alle Bänder vor – die Comedy-Sachen und etwas von der elektronischen Musik. Sie war sichtlich beeindruckt und sagte: ‚Laß uns etwas zusammen machen.' Und so spielten wir ‚Two Virgins'. Wir fingen um Mitternacht an, und als wir fertig waren, dämmerte es schon. Dann liebten wir uns in der Morgendämmerung. Es war wunderschön."

21. MAI
Cynthia Lennon kommt am Nachmittag aus Griechenland zurück und sieht, daß John und Yoko ruhig und angekleidet in der Küche sitzen. Sie bemerkt, daß Yoko ihr Kleid trägt. Lennon begrüßt sie mit einem abwesenden „Oh, hallo." Cynthia flieht in Panik, sie weiß, daß ihre Ehe vorbei ist. In einem weniger erfolgreichen Fluchtversuch verbringt sie die Nacht mit Alex Mardas, dem Chefelektroniker von Apple. Sie kehrt jedoch einige Tage später nach „Kenwood"

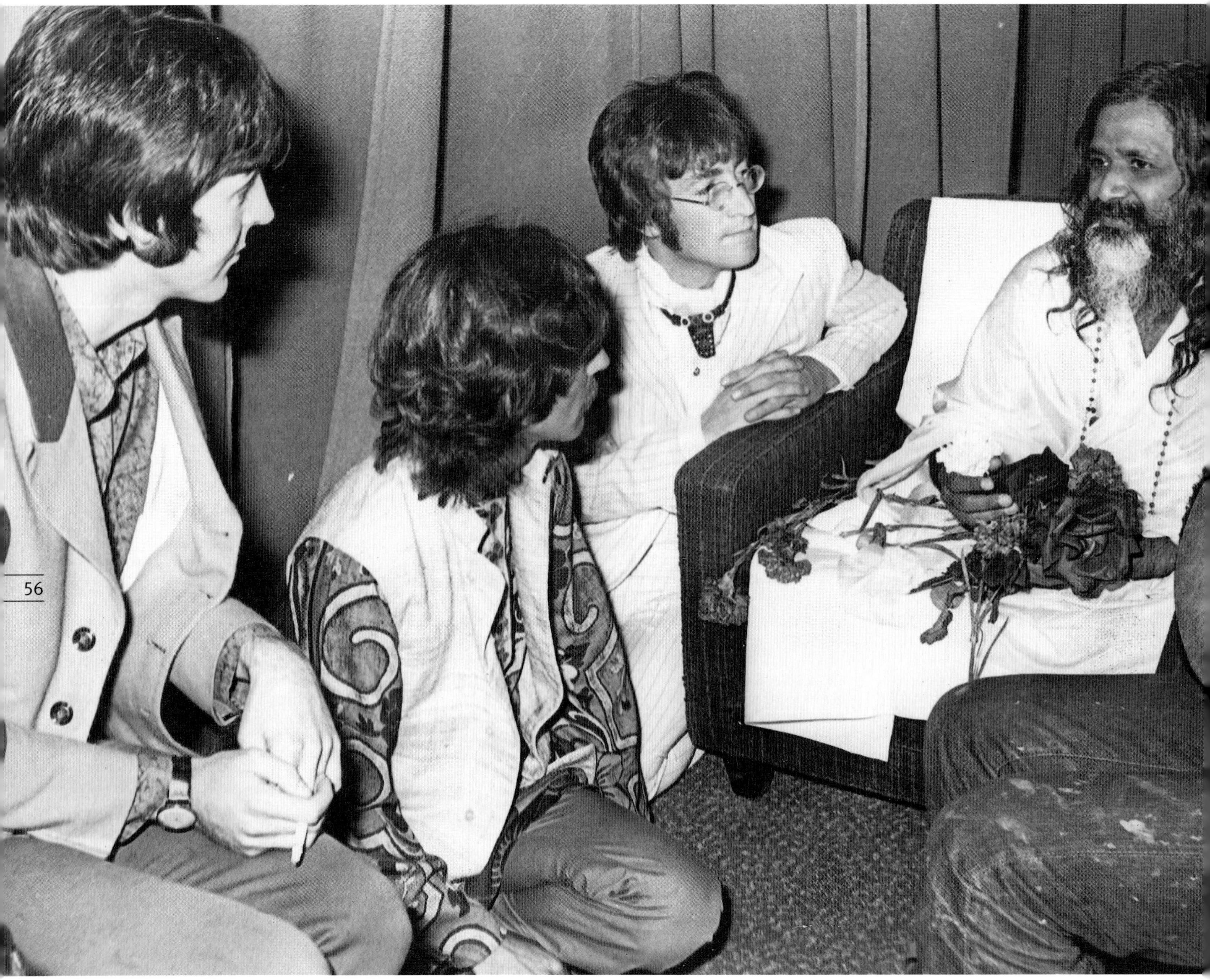

Der Maharishi Mahesh Yogi mit seinen berühmtesten Jüngern.

zurück, und das Leben der Lennons geht weiter, als sei nichts geschehen.

25. MAI
Die Beatles beginnen mehrere Aufnahmetage im Haus von George Harrison. Sie tragen die etwas naiven, aber durchaus liebenswerten Demos von dem Material, das sie während ihres Indien-Aufenthaltes geschreiben haben, zusammen. Sogar die feurige Rhetorik von „Revolution" erhält so eine weitsichtige, Haschisch-genährte Unschuld inmitten einer Wolke von Marihuana-Rauch.

28. MAI
Nach drei Tagen in verqualmter Einheit mit den Beatles und dem Rest der Menschheit findet Lennon seinen Biß wieder und nimmt gemeinsam mit Yoko in seinem eigenen Heim-Studio den bösartigen Talking-Blues „The Maharishi Song" auf. Außer dem kichernden Guru bemerken Cynthia und die restlichen Beatles-Frauen vor allem den Stachel von Lennons schroffem Sarkasmus.

30./ 31. MAI, 4. JUNI
Im Abbey Road beginnen fünf Monate Arbeit für das nächste Beatles-Album. Lennon beginnt die Sessions mit „Revolution 1". Der Song fängt Lennons Einstellungen zum Aufruhr in den Städten Westeuropas im Jahr 1968 genau so hautnah ein wie das Engagement der Kommunistischen Partei für eine schrittweise Revolution – im Gegensatz zu den apokalyptischen Kampagnen der Anhänger Trotzkis. „Wenn du die Zerstörung suchst, weißt du nicht, daß du dabei nicht auf mich zählen kannst?" fragt Lennon zweideutig in dem Songtext. Zu diesem Zeitpunkt ist

„Revolution 1" ein Zehn-Minuten-Song, der in einem vorweggenommenen Urschrei-Gebrüll von John und Yoko gipfelt. Ono ist bei allen folgenden Beatles-Sessions ein regelmäßigerr wenngleich nicht immer willkommener Gast.

Studio-Aufnahme:
„Revolution 1".

5./ 6., 10./ 11., 20./ 21., 25. JUNI
Sieben nächtliche Sessions lang beaufsichtigt Lennon die Vollendung von „Revolution 1", das am Ende auf vier Minuten zusammengeschnitten wird. Er singt seine Lead-Vocals auf dem Studioboden liegend ein. Anschließend benutzt er die herausgeschnittenen sechs Minuten als Grundlage für seine Klang-Collage „Revolution 9". Gemeinsam mit Yoko Ono und (gelegentlich) George Harrison erzeugt er das Geräusch-Porträt der Revolution: Beginnend mit einem rätselhaften Test-Band des EMI-Studios („number nine, number nine...") folgen diverse Band-Schleifen, Klangeffekte, Aufnahmen von Menschenmengen, beiläufig gesprochene Passagen und schließlich der anarchische Höhepunkt der „Revolution 1"-Session. In der Zwischenzeit arbeiten die Beatles in einem anderen Aufnahmeraum an gwöhnlicherem Material weiter – und fliegen ein paar Tage nach Amerika, während Lennon und Ono im Studio werkeln.

Studio-Aufnahmen:
„Revolution 1", „Revolution 9".

6. JUNI
Lennon redet in der Kunst-Sendung *Release* (BBC 2) über seine Kompositionen und die bevorstehende Aufführung des Stückes, das auf seinen Texten basiert, im Old Vic-Theater. Die Show wird am 22. Juni gesendet.

MITTE JUNI
John und Cynthia trennen sich endgültig.

15. JUNI
Um Ihre Beziehung öffentlich bekannt zu machen, veranstalten John und Yoko den „Acorn Event" („Eichel-Event") in der Coventry Cathedral. Sie wollen Eicheln – gekennzeichnet durch eine versilberte Gedenktafel – als eine Geste des Friedens in den Boden der Kathedrale pflanzen. Die Reinheit des Ereignisses wird dadurch getrübt, daß Domherr Verney sich weigert, die Eicheln auf geweihtem Boden einpflanzen zu lassen, weil John und Yoko nicht verheiratet sind. Noch mehr an Unschuld verliert dieses Weltereignis, als die Original-Eicheln, die lose auf dem Boden lagen, von Beatles Fans gestohlen werden, und Lennon Ersatz-Samen bereitstellen muß, die von Sicherheitsleuten bewacht werden.

18. JUNI
Victor Spinettis und Adrienne Kennedys Bühnenversion von Teilen des Buches „In His Own Write", „Act One" (ursprünglich „Scene Three" betitelt), hat im Old Vic Theatre in London Premiere. John und Yoko kommen ins Theater, als das Stück bereits im Gange ist. Lennon wird von Journalisten mit den Rufen „Wo ist Ihre Frau?" begrüßt.

26.-28. JUNI, 1./ 2. JULI
„Everybody's Got Something To Hide Except Me And My Monkey" ist Lennons nächster Beitrag zu den Album-Sessions. Dieses rätselhafte Rockstück, basierend auf einer Reihe lyrischer Paradoxa, reizt alle vier Beatles zur Mitarbeit. Um einen harten musikalischen Kontrast zu erzeugen, läßt Lennon das orchestrale Wiegenlied „Good Night" von Ringo singen.

Studio-Aufnahmen:
„Everybody's Got Something To Hide Except For Me And My Monkey", „Goodnight".

1. JULI
Ein weiterer Event von John und Yoko: John veranstaltet unter dem Titel „You Are Here: To Yoko From John Lennon" eine Kunstausstellung in der Robert Fraser Gallery in London. Zu sehen sind hauptsächlich diverse Spenden-Büchsen und eine weiße Leinwand mit der winzigen Inschrift „Sie sind hier". Um auf die Eröffnung, die von einem Filmteam mitgedreht wird, hinzuweisen, läßt Lennon 365 Ballons mit Antwortkarten an Apple in die Luft steigen. Viele davon werden mit rassistischen Kommentaren über Yoko zurückgeschickt.

Studenten der Kunstakademie Hornsey College of Art schicken Lennon ein rostiges Fahrrad mit der Notiz: „Dieses Ausstellungsstück wurde versehentlich ausgelassen" Lennon fügt es brav der Installation hinzu.

2.-5., 8.-9. JULI
Spannungen steigen in der Gruppe auf, als Paul McCartney darauf besteht, volle fünf Tage an seinem Reggae-Einfall „Ob-La-Di, Ob-La-Da" zu arbeiten. Zur gleichen Zeit weigern sich die restlichen Beatles, Lennons „Revolution 1" als nächste Beatles-Single veröffentlichen zu lassen.

Studio-Aufnahme:
„Ob-La-Di, Ob-La-Da".

ANFANG JULI
Lennon will grausamerweise Cynthias Ehebruch mit „Magic" Alex Mardas als Scheidungsgrund vor Gericht anführen. Erst nach langen Verhandlungen läßt er den Vorwurf fallen und gestattet Cynthia, nun ihn zu verklagen.

John und Yoko sind in der Zwischenzeit umgezogen. Nach kurzen Aufenthalten bei Paul McCartney und Neil Aspinall entscheiden sie sich, die meiste Zeit dieses Sommers in einer kleinen Londoner Wohnung zu verbringen. Dort fangen sie an, mit Heroin herumzuexperimentieren, das ihnen in den nächsten vier Jahren das Leben schwer machen wird. Yoko hatte die Droge in diesem Jahr schon einmal genommen und sagte Lennon, daß „es nicht schlecht" war. Dadurch ermutigt, probiert auch John, und das Paar wird schnell zu regelmäßigen Konsumenten.

10.-12. JULI
Lennon versucht erneut, die Gruppe davon zu überzeugen, daß „Revolution" als Single-Material geeignet ist. Sie nehmen den Song in einem neuen harten Rock-Arrangement auf, das von Johns wüst verzerrter Gitarre angetrieben wird. Heraus kommt Lennons härteste und kratzigste Aufnahme mit den Beatles. Auch textlich legte er sich endgültig fest: „Wenn du Gewalt willst, kannst du nicht auf mich zählen."

Studio-Aufnahme:
„Revolution".

15. JULI
Apple Corps bezieht seinen bekanntesten Standort in der Savile Row im Herzen Londons.

15./ 16., 18. JULI
Lennon bringt den Kinderreim-Songtext von „Cry Baby Cry" (von einer TV-Werbung inspririert) zu den Sessions mit. McCartney führt die Band durch ein 27-Minuten-Jam auf „Helter Skelter".

Studio-Aufnahmen:
„Cry Baby Cry", „Helter Skelter".

17. JULI
„Yellow Submarine" feiert Premiere in London. Zum letzten Mal sind alle vier Beatles gemeinsam bei einem festlichen Anlaß anwesend..

19., 22.-25. JULI
Nach dem Rishikesh-Debakel hatte Lennon den Song „Maharishi", eine bittere Anklage voll von Kraftausdrücken, geschrieben. Die Beatles entschärfen ihn für die Öffentlichkeit zu „Sexy Sadie". Die in diesen Tagen eingespielte Version bleibt allerdings unveröffentlicht.

Studio-Aufnahmen:
„Sexy Sadie", „Good Night", „Everybody's Got Something To Hide Except For Me And My Monkey".

30./ 31. JULI
In der Nacht, bevor die Beatles ihre unglückselige Apple Boutique (94, Baker Street, London W1) auf die Öffentlichkeit loslassen, schleichen sich John und Yoko in den Laden und bedienen sich an den Designer-Klamotten. Inzwischen beginnt die Gruppe mit den Proben für McCartneys „Hey Jude".

31. JULI, 1. AUGUST
„Hey Jude" wird aufgenommen. Lennon versteht den Song als eine Aufmunterung für ihn und Yoko. In Wahrheit meinte McCartney aber Lennons Sohn Julian und dessen Lage nach der Trennung seiner Eltern.

Studio-Aufnahme:
„Hey Jude".

ANFANG AUGUST
Lennons und Onos Film-Partnerschaft beginnt mit dem „Film No. 5 (Smile)". Ono ist Regisseurin, John spielt die Hauptrolle. Für das 50-Minuten-Projekt, das im Garten

von „Kenwood" aufgenommen wird, reichen einige Sekunden auf einer High-Speed-Kamera. Das Material wird in extremer Zeitlupe abgespielt, dazu erklingt eine Freiluft-Geräuschkulisse. Ein perfektes Projekt auch für die New Yorker Avantgarde-Truppe Fluxus Group, in der Yoko seit Mitte der Sechziger Jahre mitmischt: Es passiert überhaupt nichts – und das Konzept an sich ist weitaus unterhaltsamer als das – zugegeben – ganz nette Resultat.

Am gleichen Tag entsteht „Two Virgins", das erste Filmvorhaben des Paares, in dem beide als Regisseure arbeiten. Zu dem Soundtrack vom 20. Mai verschmelzen die Gesichter der beiden langsam zu Einem, bis sie sich nach 20 Minuten wieder trennen und das Paar sich in Zeitlupe umarmt. So simpel oder simplizistisch das sein mag – „Two Virgins" zeigt visuell bezaubernd die naive Unschuld des Paares bei ihrer frühen künstlerischen Zusammenarbeit.

Yoko Ono: „Am Nachmittag gingen John und ich in den Garten und nahmen den „Film No. 5" (den Smile-Film) und „Two Virgins" auf. Wir versuchten, den Geist von Amateur-Filmen einzufangen,, und wir waren sehr berührt, welche Vibrationen die beiden Filme ausstrahlten – dieselben, die auch zwischen uns beiden herrschten.

„Stell dir ein Gemälde vor, das nur ein Mal in einer Milliarde Jahre lächelt. Johns gespenstisches Lächeln in „Film No. 5" könnte einmal in hundert Jahren aufblitzen, doch so, wie sich die Dinge bewegen, vielleicht auch schon früher. Ich glaube, die Türen stehen kurz davor, aufgestoßen zu werden. Ein leises Klopfen könnte sie öffnen. Es ist doch so, daß nur noch eine Minderheit auf dieser Welt Angst vor einer Welt ohne Türen hat."

7.-9., 12. AUGUST
Lennon nimmt so selten wie möglich an Harrisons Aufnahmen von „Not Guilty" teil. Bei McCartneys „Mother Nature's Son" bleibt er völlig außen vor.

Studio-Aufnahme:
„Not Guilty", „Mother Nature's Son".

13./ 14. AUGUST
Die veröffentlichte Version von „Sexy Sadie" ist der dritte Versuch der Band , den Song aufzunehmen. Lennon beharrt darauf, daß die Beatles in den Lagerraum neben dem Studio gehen, um den komprimierten Klang zu bekommen, den er auf „Yer Blues" haben wollte. Trotz seines parodistischen Titels reflektiert der Song die Aufgewühltheit, die Lennon Anfang des Jahres während der letzten Tage seines Aufenthaltes in Indien fühlte. Lennon, Harrison und Ono nehmen auch „What's The New Mary Jane" auf, ein anarchischer, um nicht zu sagen alberner, Lennon-Song, in dem er seinen dienstältesten Kollegen veralbert, der noch nicht vollständig in die Freuden der Drogen-Experimente eingeweiht ist. Yoko liefert dazu einige ihrer typischen gehauchten Gesangsversuche am Ende der Abmischung dieser chaotischen Aufnahme.

Studio-Aufnahmen:
„Sexy Sadie", „Yer Blues", „What's The New Mary Jane".

15./ 16. AUGUST
Lennon spielt Bass auf einem Song von McCartney und Orgel für Harrison.

Studio-Aufnahmen:
„Rocky Raccoon", „While My Guitar Gently Weeps".

20./ 21. AUGUST
Letzte Overdubs und Abmischungen von zwei Lennon-Kompositionen.

Studio-Aufnahmen:
„Yer Blues", „Sexy Sadie".

22. AUGUST
Cynthia Lennon reicht die Scheidung ein und gibt als Trennunngsgrund Johns Ehebruch mit Yoko Ono an .

22./ 23. AUGUST
Mehrere Aufnahmesessions dieses Sommers haben bereits in der Abwesenheit ein oder mehrerer Beatles stattgefunden – jetzt informiert Ringo Starr die anderen , daß er die Gruppe verläßt. Er ist sauer, daß er im Studio immer stundenlang auf Abruf herumsitzen muß, ohne jemals um einen kreativen Beitrag gebeten zu werden. Die Beatles machen einfach ohne ihn weiter.

Studio-Aufnahme:
„Back In The USSR".

24. AUGUST
John und Yoko erscheinen in *The David Frost Show* (ITV), wo sie der ganzen Welt ihre Liebe erklären, aber wohlweislich Ringos Ausstieg bei den Beatles verheimlichen.

26. AUGUST
„Hey Jude", die zweite US-Single von 1968, wird ihr größter Hit des Jahres und bleibt neun Wochen Nr. 1. Lennons „Revolution", das er als die A-Seite haben wollte, ist und bleibt eine klare B-Seite.

28.-30. AUGUST
Die Beatles nehmen (noch immer ohne Ringo) mit „Dear Prudence" ein Stück auf, das Lennon der Schwester der Schauspielerin Mia Farrow gewidmet hat. Prudence Farrow war während einer ausgedehnten Meditations-Session in Rishikesh völlig ausgeflippt, und Lennon hatte sie in die Wirklichkeit zurückgebracht.

Studio-Aufnahme:
„Dear Prudence".

30. AUGUST
Die „Hey Jude"-Single erscheint in England. Am gleichen Tag veröffentlicht „Apple" den ersten Schub von Singles, die nicht von den Beatles stammen. Lennons Projekte gehören nicht dazu – was dessen klare Abkehr von der Platten-Abteilung der Firma verdeutlicht. In der Tat wird er bis zu seinem Umzug nach New York 1971 keines seiner Seiten-Projekte auf „Apple" veröffentlichen.

4. SEPTEMBER
Ringo Starr taucht gerade noch rechtzeitig wieder bei den Beatles auf, damit die Werbe-Clips für die beiden Seiten ihrer neuen Single in den Twickenham Film Studios gedreht werden können. Bei „Hey Jude" ist ein aktiv mitsingendes Publikum dabei, „Revolution" wird trocken vor den Kameras gemimt.

5. SEPTEMBER
Harrisons bester Song dieser Sessions wird mit Lennon an der Lead-Gitarre neu aufgenommen.

Studio-Aufnahme:
„While My Guitar Gently Weeps".

6. SEPTEMBER
Zufall oder nicht – Lennon ist nicht dabei, als Eric Clapton neue Gitarren-Overdubs für Harrisons Song einspielt.

9./ 10. SEPTEMBER
Lennon steuert Bass und ein quietschendes Saxophon für die von McCartney geleitete Wiederaufnahme des Metal-Songs „Helter Skelter" bei.

Studio-Aufnahme:
„Helter Skelter".

11.-13., 16. SEPTEMBER
Seit der Veröffentlichung von Sgt. Pepper und insbesondere „Lucy In The Sky With Diamonds" werden Lennon und die anderen Beatles von interpretations-hungrigen Fans und Kritikern geplagt, die danach gieren, die „verborgene Bedeutungen" in den Songtexten zu finden. Lennons „I Am The Walrus", eine Reihe von unsinnigen Sprachbildern, war die erste Antwort auf diesen Trubel. Diesmal schreibt und bearbeitet er „Glass Onion", das sich versteckt auf mehrere andere Beatles-Songs bezieht und ironisch notiert: „Here's another clue for you all – the Walrus was Paul" („Noch ein Tip für euch alle – das Walroß war Paul")

Studio-Aufnahme:
„Glass Onion", „I Will".

MITTE SEPTEMBER
Ein folgenschwerer Tag in der persönlichen Geschichte von Lennon/ Ono: Sie kreieren das bis dahin skandalöseste Album-Cover aller Zeiten und fotografieren sich selbst splitternackt von vorne und von hinten. Sie beabsichtigen, die Aufnahmen für die Plattenhülle ihres „Two Virgins"-Albums zu verwenden. „Wenn Sie unbedingt einen nackten Mann auf dem Cover haben müssen," flachst EMI Boß Sir Joseph Lockwood beim Betrachten der Bilder, „warum haben sie dann nicht Paul stattdessen genommen?"

18. SEPTEMBER
Am Nachmittag wird Lennon von Jonathan Cott für das neu gegründete Underground-Magazin *Rolling Stone* interviewt. Er bleibt zwar den Beatles gegenüber loyal, drückt aber seine Enttäuschung über die Folgen eines Lebens als Mitglied der berühmtesten Rock-Gruppe der Welt aus.

Die Beatles unterbrechen die

Aufnahmen des hastig zusammengebastelten Lennon/ McCartney-Songs „Birthday", um daheim bei Paul den klassischen Rock'n'Roll-Film „The Girl Can't Help It" im Fernsehen anzuschauen. Bei der Rückkehr ins Studio werden Yoko Ono und Pattie Harrison als Chor-Sängerinnen rekrutiert.

Studio-Aufnahme:
„Birthday".

19./ 20. SEPTEMBER
Lennon bringt Tonband-Schleifen mit Geräuschen von Schweinen für einen neuen Harrison-Song mit.

Studio-Aufnahme:
„Piggies".

23./ 26. SEPTEMBER
Drei getrennte Songfragmente werden von Lennon (mit Text-Hilfe von Beatles-Mitarbeiter Derek Taylor) für „Happiness Is A Warm Gun" kombiniert. Der Song ist gleichermaßen ein episches Wortspiel, sexuelle Anspielung, politischer Kommentar und die Geschichte eines Jahrzehntes der Entwicklung des Rock'n'Roll – vom Doo-Wop zur Psychedelia. Lennon bearbeitet auch einige unbenutzte Band-Schleifen für „Glass Onion" vor.

Studio-Aufnahmen:
„Happiness Is A Warm Gun", „Glass Onion".

OKTOBER
Das radikale Londoner Blatt *Black Dwarf* bringt einen Angriff auf die Beatles und „ihre Geldmacherei". Der Artikel endet damit, daß „Revolution" ein Zeichen dafür sei, daß die Gruppe „wohlüberlegt ihre kapitalistischen Investitionen absichert."

1./ 2. OKTOBER
John spielt E-Gitarre auf einem neuen McCartney-Song, überspringt jedoch in den kommenden Tagen Harrisons „Savoy Truffle" und „Long Long Long" sowie McCartneys „Martha My Dear"

Studio-Aufnahme:
„Honey Pie".

8. OKTOBER
Tragischerweise kommt Lennon zu spät im Abbey Road an, um an einem neuen Harrison Song noch mitarbeiten zu können. Dafür spielt er zwei eigene Songs ein, die er im Frühjahr in Indien geschrieben hatte: „I'm So Tired", eine bluesige Ballade mit nur mühevoll zurückgehaltener Verzweiflung; „Bungalow Bill" dagegen ist ein Song-Porträt über einen Jäger, den die Beatles in Indien getroffen hatten. Yoko Ono liefert einen auffälligen Gesangs-Beitrag dazu.

Studio-Aufnahmen:
„I'm So Tired", „The Continuing Story Of Bungalow Bill".

9. OKTOBER
Es ist Lennons Geburtstag, also macht es nichts aus, daß er den Sessions fern bleibt.

10.-12. OKTOBER
Als Lennon zurück kommt, werden gerade die Streicher für das Ende von „Glass Onion" hinzugefügt und ein großer Teil der Songs abgemischt.

Studio-Aufnahme:
„Glass Onion".

13. OKTOBER
Am letzten Tag der Aufnahmen für das Mammut-Beatles-Album bringt Lennon die weinerliche akustische Ballade „Julia" mit, inspriiert sowohl von seiner Mutter als auch von seiner neuen Geliebten.

Studio-Aufnahme:
„Julia".

MITTE OKTOBER
Lennon bekommt von einem Fleet Street-Journalisten den Tip, daß in Kürze bei ihm eine Drogen-Razzia der Polizei ins Haus steht. Vorsichtshalber macht er sein Heim „clean".

14.-17. OKTOBER
Nach zwei Mix-Tagen verbringen Lennon und McCartney 24 Stunden am Stück im Studio, um die Reihenfolge der Songs für die Doppel-LP „The Beatles" endgültig festzulegen. Dabei fallen Lennons „What's The New Mary Jane" und Harrisons „Not Guilty" unten durch.

18. OKTOBER
Das momentane Quartier der Lennons (34 Montague Square, London W1), eine Wohnung von Ringo Starr, wird von der Stadt-Polizei durchsucht. Angeblich werden dabei „illegale Substanzen" entdeckt, obwohl Lennon bis zu seinem Tod schwörte, daß die Drogen von den Fahndern selbst dort plaziert worden waren. Die Polizei gibt vor Gericht an, Haschisch-Harz in einem Umschlag in einem Koffer gefunden zu haben und Spuren der Substanz auch in einem Zigarettenetui, einer Zigaretten-Drehmaschine und einer Filmdose entdeckt zu haben. Ein weiteres Stück sei von den Hunde-Detektiven in einem Brillenetui auf Lennons Kaminsims erschnuppert worden. Lennon telefoniert mit Apple und gibt die Neuigkeiten weiter: „Stellt euch eure schlimmste Paranoia vor – ich habe sie hier zu Hause!"

19. OKTOBER
Vor dem Marylebone Magistrate-Gericht werden Lennon und Ono wegen des Besitzes von Haschisch und der Behinderung der Polizei bei der Durchführung des Durchsuchungsbefehles angeklagt. Sie kommen auf Kaution bis zum 28. November frei.

22. OKTOBER

John Lennon: „Ich rief sie zu mir. Cyn war nicht zu Hause und ich dachte ‚gut, das ist der richtige Zeitpunkt, sie näher kennenzulernen.' Sie kam in mein Haus und ich wußte nicht so recht, was wir tun sollten. Also gingen wir zusammen nach oben in mein Studio, und ich spielte ihr alle Bänder vor - die Comedy-Sachen und etwas von der elektronischen Musik. Sie war sichtlich beeindruckt und sagte: ‚Laß uns etwas zusammen machen.' Und so spielten wir ‚Two Virgins'. Wir fingen um Mitternacht an, und als wir fertig waren, dämmerte es schon. Dann liebten wir uns in der Morgendämmerung. Es war wunderschön."

Yoko schreibt erläuternde Bemerkungen für die bevorstehende Premiere des Smile-Films und „Two Virgins": „Ein Kritiker kommentierte neulich, daß John und ich Lutscher-Künstler seien, die dazu bestimmt sind, auf ewige Zeiten Seifenblasen blubbern zu lassen. Ein großartiger Gedanke. Es gibt eine Menge Dinge, die man mit Seifenblasen machen kann."

NOVEMBER

Für die alljährliche Weihnachts-Fan-Platte nimmt Lennon zwei satirische, nahezu sinnlose Gedichte, „Once Upon A Pool Table" und „Jock And Yono" auf. „Jock And Yono" beinhaltet mehrere scharfzüngige Verweise auf die feindliche Art der Beatles, mit Yoko (alias, wie Lennon sagt, „ein befreundetes Biest") umzugehen. Es ist nicht gerade ein Meisterstück von Lennons Diplomatie, ausgerechnet eine Beatles-Platte zur Kritik an der Gruppe zu benutzen.

Auch im zweiten Monat fährt das linksgerichtete *Black Dwarf* mit den schweren Vorwürfen an die Beatles fort. „Macht mit bei uns", schreibt der Autor John Hoyland in seinem „Offenen Brief an John Lennon." Später ruft Lennon bei dem *Black Dwarf*-Herausgeber Tariq Ali an, der ihn auffordert, eine Antwort zu schreiben.

4. NOVEMBER

Yoko Ono wird wegen Komplikationen ihrer Schwangerschaft ins Queen Charlotte's Hospital in London gebracht.

7. NOVEMBER

Lennon zeichnet den Comic-Strip „A Short Essay On Macrobiotics" für das Magazin *Harmony*.

8. NOVEMBER

Cynthia Lennon erstreitet die Scheidung von John.

John und Yoko werben mit Anzeigen in den britischen Pop-Blättern für „The Peace Ship", ein Schiffs-Sender, der sich mäßigend in den arabisch-israelischen Konflikt einmischen will.

11. NOVEMBER

US-Veröffentlichung eines der umstrittensten Alben der Geschichte: John Lennons und Yoko Onos „Unfinished Music No. 1, Two Virgins". Die 29-Minuten-Collage von Klang-Effekten, Dialog, musikalischen Experimenten und halbwegs inspiriertem Irrsinn wird kaum beachtet, da sich die gesamte Aufmerksamkeit auf das Album-Cover konzentriert, das Aktaufnahmen des Paares zeigt.

Das Cover beinhaltet auch eine einzeilige Notiz von Paul McCartney – er unterstütze das Projekt. Später kommt heraus, daß er hinter den Kulissen versucht hatte, John zu überreden, es nicht zu veröffentlichen.

EMI und Capitol weigern sich, das Album auszuliefern. Schließlich erreicht es die US-Läden verpackt in einem einfachen braunen Umschlag, vertrieben von der Indie- Plattenfirma Tetragrammaton. Bis deren Vertrieb in die Gänge kommt, vergehen Monate. Das Album erreicht gerade mal Platz 124.

John Lennon: „Ursprünglich wollte ich nur Yoko aufnehmen, und ich dachte, das beste Bild für ein Album von ihr ist ein Nacktfoto. Als wir es dann doch zusammen gemacht haben, schien es natürlich für uns, daß wir beide nackt sind. Klar – ich habe noch nie die Hosen für ein Album heruntergelassen."

Yoko Ono: „ EMI wird das nicht machen."

MITTE NOVEMBER

John und Yoko heuern Nick Knowlands Filmteam an, um „Rape" („Vergewaltigung") zu drehen. In dem Streifen wird eine junge Frau – ohne zu wissen warum – durch die Straßen Londons verfolgt – als metaphorische Umsetzung des Filmtitels. Nach der „aufregenden Verfolgung" (die wackelnde Handkamera verursacht beim Publikum beinahe Seekrankheit) schließt der Film mit einer 40-minütigen Sequenz in einem abgedunkelten Raum, in dem die Frau versucht, den hinterhältigen Angriffen der Kamera auszuweichen.

Yoko notiert auf das „Film Script No. 5: Rape (or Chase)": „Ein Kameramann soll ein Mädchen auf einer Straße mit einer Kamera beharrlich verfolgen, bis er sie in einer Gasse in die Ecke drängt und sie, wenn möglich, zu Boden fällt. Der Kameramann geht das Risiko ein, das Mädchen anzugreifen, weil er das Mädchen willkürlich auf der Straße aufgelesen hat. Er darf auch Knaben und Männer verfolgen."

Yoko schreibt in das Premieren-Programmheft: „Gewalt ist ein trauriger Wind, der, wenn er richtig gelenkt wird, auch Samen, Stühle und alle die angenehmen Dinge zu uns bringen kann. . . Wir essen einfach jeden Tag weiter und füttern unsere Frustration, lecken an Lutschern und bleiben ein Hans-Kuck-In-Die-Luft, der davon träumt, Jack The Ripper zu sein."

„Unser Kameramann Nick drehte den Film, während wir in einem Krankenhaus waren. Nick ist ein Gentleman, der lieber Wolken oder matschiges Gebäck ißt, als eine Vergewaltigung zu filmen. Dennoch hat er es gedreht. Wie John schon sagte: „'A' steht für Papagei – das ist doch ganz einfach zu verstehen."

21. NOVEMBER

Nach einer mehr als zweiwöchigen Krankenhaus-Behandlung, erleidet Yoko Ono eine Fehlgeburt. Sie nennen ihren 24 Wochen alten Fötus John Ono Lennon II und begraben ihn heimlich. Die nachlassenden Herzschläge des Babys wurden von John aufgenommen und erscheinen später auf dem „Life With The Lions"-Album. Während Yokos Krankenhaus-Aufenthaltes, singt das Paar auch Teile ihrer neuen Arbeiten („No Bed For Beatle John") und kämpfen gegen ein Transistor-Radio („Radio Play").

22. NOVEMBER

„The Beatles" (das „Weiße" Album) lenkt die Außenwelt von „Two Virgins" ab. Die Doppel-LP mit 30-Song-Meisterstücken zeigt eine Gruppe, die in der Lage ist, jeden musikalischen Stil – von hartem Rock über Reggae, Soul, Jazz und Avantgarde bis hin zu Schnulzen – zusammenzuflicken. Es beleuchtet auch die wachsende musikalische Kluft zwischen den individuellen Band-Mitgliedern, obwohl diese im Augenblick eher dazu neigen, die Beatles als eine intakte Einheit zu retten. Das Ergebnis ist eine Platte, die unter äußerster Spannung gemacht wurde. Eine Spannung die den künstlerischen Fortschritt und Glanz nährt. Die einfache weiße Verpackung, in direktem Gegensatz zu der verschwenderischen Opulenz von Sgt. Pepper, ist genauso folgenreich wie die Musik.

25. NOVEMBER

Yoko Ono wird aus dem Queen Charlotte's Hospital entlassen.

„The Beatles" wird in den USA veröffentlicht und führt die dortigen Charts bis März an.

28. NOVEMBER

Der Marylebone Magistrates Court in London spricht Lennon des Haschisch-Besitzes schuldig und verurteilt ihn zu einer Geldstrafe von 150 Pfund zuzüglich 20 Pfund Verfahrenskosten. Die Beschuldigung wegen Behinderung der Polizei wird fallen gelassen. Das Drogen-Urteil wird unvorhergesehene Auswirkungen für die nächsten acht Jahre haben: es schränkt sein Recht, in die USA einzureisen, drastisch ein.

29. NOVEMBER

„Two Virgins" kommt verhüllt in die britische Läden – dank der Entscheidung von Track Records, dieses eine Mal eine Lennon-Platte zu vertreiben.

Am gleichen Tag schreibt Lennon ein dünnes 1969er-Tagebuch mit witzigen Eintragungen für das Kunst-Magazin *Aspen* nieder.

ANFANG DEZEMBER

Sein ungeborener Sohn tot, seine zukünftige Einreise in die USA wegen des Drogen-Urteils gefährdet, das Verhältnis zu den anderen Beatles extrem angespannt – kein Wunder, daß Lennon wieder den doppelten Trost in Kunst und Heroin sucht: „Wir nahmen Heroin, weil wir Künstler sind", lautet Yokos hilfreiche Erklärung in späteren Jahren.

In den winterlichen Umgebungen von „Kenwood" komponiert Lennon die selbstbemitleidende Ballade „Everybody Had A Hard Year", den selbsterklärenden „A Case Of The Blues" und, in einem seltenen Anfall von Optimismus, ein Liebeslied für Yoko – „Don't Let Me Down". Doch alle diese Songs verblassen an der Seite des ersten Entwurfs von „Oh My Love", das Yoko singen sollte. Weit von seinem späteren Schicksal als ein romantisches Song-Idyll entfernt, ist es zunächst ein packendes Lied über Liebe und den Schmerz des Paares wegen des verlorenen Kindes.

Die BBC filmt John in seinem Garten wie er beiläufig seine akkustische Gitarre greift und den „Hard Year"-Blues singt.

10. DEZEMBER

Proben für ein The Rolling Stones TV-Special.

11. DEZEMBER
Lennon und Ono spielen im Rolling *Stones Rock'n'Roll Circus*. Der Gig wird mitgefilmt und soll Mitte 1996 von Polygram Video endlich veröffentlicht werden. Der Lennon/Ono-Beitrag umfaßt eine wilde Acht-Minuten-Version von „Yer Blues", die in eine Instrumental-Session ausartet. Unterstützt werden sie dabei von Keith Richard, Eric Clapton, Mitch Mitchell und am Ende des Jams auch von einem Gast-Geiger.

Zwischen den Aufnahmen improvisiert Lennon über einige Rockabilly-Klassiker von Sun-Records. Dabei hilft ihm der Taj Mahal-Gitarrist Jesse Ed Davis, der später ein regelmäßiger Teil der musikalischen Beatles-Familie wird und bei etlichen Solo-Platten der Band-Mitglieder in den Siebziger Jahren mitwirkt.
Am Abend werden John und Yoko von DJ John Peel für die *Night Ride*-Sendung (BBC Radio) interviewt, in der auch Auszüge der „Two Virgins"-LP gesendet werden.

18. DEZEMBER
Im Rahmen eines „Alchemical Wedding", veranstaltet in der Londoner Royal Albert Hall von verschiedenen Underground-Kunst- und Politik-Gruppen, kriechen John und Yoko Kriechen auf die Bühne – gekleidet in eine weiße Tüte. „Bagism" („Tütenkunst") ist damit offiziell geboren, obwohl Yoko in diesem Jahr bereits dabei gefilmt wurde, wie sie in einem weißen Sack durch die Straßen des West End geht, und das Stück „Bag Piece" seit 1962 Bestandteil ihrer Live-Performances ist.

Die Geburtsstunde der politischen Radikalität des Paares kann ebenfalls auf diesen Abend datiert werden: Ein Demonstrant unterbricht ihren „Auftritt", indem er vor der Bühne ein Transparent mit der Aufschrift „Die britische Einmischung in den Nigeria-Konflikt treibt Tausende in Biafra in den Hungertod" schwenkt.

„Kümmert es dich, John Lennon, kümmert es dich?" schreit der anonyme Demonstrant. John denkt darüber nach.

23. DEZEMBER
Bei der Apple-Weihnachtsfeier spielen John und Yoko Jesus & Maria vor einem gemischten Publikum aus Mitarbeitern, Kindern und angereisten Hell's Angels.

1969

JANUAR
Lennons „sehr offener Brief" an die Herausgeber der Zeitung „Black Dwarf" wird in deren Januarheft 1969 veröffentlicht. „Wir bauten Apple mit dem Geld auf, das wir als Arbeiter verdient haben, „schrieb er, „also dürfen wir auch entscheiden, was wir mit unseren Produktionsmitteln machen. Ich werde euch erzählen, was mit der Welt nicht stimmt: Die Menschen. Wollt ihr etwa, daß ich die Menschen zerstöre? Wer wohl hat Kommunismus, Christenheit, Kapitalismus, Buddhismus usw. in den Arsch geritten? Kranke Köpfe und sonst nichts." Sein Brief endet: „Ihr macht kaputt – ich baue lieber außen herum"

In Hartford, Connecticut, verbannen die Universitäts-Autoritäten das Campus-Blatt vom Uni-Gelände, nachdem es die vorderen und rückseitigen Cover-Fotos des Two Virgins Albums abgedruckt hatte. Der Skandal wird dem FBI gemeldet, das daraufhin eine Akte über John Lennon anlegt.

2. JANUAR
Die Beatles versammeln sich in den Twickenham Film Studios, um mit der Arbeit an einem nebulösen Filmprojekt zu beginnen. In den nächsten vier Wochen arbeiten sie in mehreren Phasen und quälen sich durch mühsame und abgemühte Sessions, mit dem Ziel (a) ein neues Albums aufzunehmen; (b) für ein TV-Live-Konzert zu proben; (c) einen Dokumentarfilm über einen oder beide oben erwähnten Punkte zu drehen; (d) alles von a bis c auf ein Mal zu regeln.

Die Session des ersten Tages beginnt – mit Rücksichtnahme auf die Filmcrew – zu ungewohnt früher Stunde und wird in einem riesigen Studio, um vieles größer als alles, worin die Beatles bisher aufgenommen haben, veranstaltet. In Twickenham laufen Kameras und Mikrophone während der gesamten Session, für etwaige Plattenveröffentlichungen fällt jedoch nichts ab.

Lennon bringt zwei fast fertige Songs zu dieser Session mit – „Don't Let Me Down" und „Everyone Had A Hard Year". Er benutzt die Gelegenheit auch, um sich lautstark über die Unpersönlichkeit des Film-Sets zu beklagen.

3. JANUAR
Die Gruppe improvisiert ein wenig durch eine Reihe von Rock'n'Roll-Oldies und gräbt dabei ihr „The One After 909" aus, das sie 1963 aufgenommen aber nie veröffentlicht hatten. Lennon zeigt plakativ Langeweile, als die Beatles ihre Aufmerksamkeit dem Harrison-Song „All Things Must Pass" widmen. Er spielt auch mit einer frühen Version seines „Imagine", „Gimme Some Truth", herum.

Die US-Polizei in Newark, New Jersey, beschlagnahmt Tausende von Exemplaren der „Two Virgins"-LP mit der Begründung, der offene Verkauf handle den Pornographie-Gesetzen zuwider.

6. JANUAR
Die Probe-Sessions gehen weiter, bis die Band damit anfängt, über die Richtung ihres Projektes zu diskutieren. Lennon schweigt sich weitgehend aus, und läßt Yoko stellvertretend für ihn immer bizarrere Vorschläge machen. Während Paul, George und Ringo über die Größe des Publikums debattieren vor dem sie aufzutreten sollten, rät Yoko ihnen, nur noch vor Mitgliedern der königlichen Familie zu spielen oder sich vielleicht eher bei Auftritten in ihren Häusern denn in der Öffentlichkeit filmen zu lassen. Es folgen katastrophale Versionen von „Don't Let Me Down" und McCartneys „Two Of Us", und Lennon weigert sich noch immer, irgendwelche kreativen Entscheidungen zu treffen.

7. JANUAR
Nach einer langen Auseinandersetzungen mit Paul McCartney schlägt George Harrison vor, daß die Beatles sich auflösen sollten. Lennon sagt nichts. Die Gruppe versucht dann, McCartneys „Maxwell's Silver Hammer" zu proben, was aber von Lennons Gleichgültigkeit sabotiert wird. Als sie dann zu „Across The Universe" übergehen, ist er offensichtlich nicht in der Lage, sich an die den Text seines eigenen Songs zu erinnern.

8. JANUAR
Die Beatles sind wieder in Twickenham und zanken sich einen weiteren Tag. Lennon kritisiert permanent Harrisons Kompositionen, macht aber auch keine Anstalten, selbst substantielle Vorschläge beizutragen.

9. JANUAR
Noch ein Tag, noch eine Probe: Die Beatles versuchen sich mit steigendem Erfolg an den Songs, die sie in der vorigen Woche eingeübt haben, aber Lennons Unfähigkeit, sich an den Text oder die Arrangements zu erinnern, behindert sie. Inmitten des Chaos gibt es ein Leuchtfeuer, als sie über den bodenständigen 12-Bar-Blues „Suzy Parker" improvisieren. Das Programm setzt den Maßstab für den Rest des Tages, an dem sie über noch nicht bestehende Songs improvisieren, deren Songtexte aus Namen von Freunden, Feinden und Leuten in den Nachrichten geformt werden.

10. JANUAR
Harrison beschwert sich während einer Mittagspause bei den heutigen Proben bei Lennon über dessen Desinteresse an den Sessions. Lennon antwortet mit einer Mischung aus Schweigen und Verachtung, woraufhin Harrison ankündigt, daß er die Beatles verläßt und hinausgeht. Dies scheint Lennons Stimmung zu heben: Als die restlichen drei Beatles die Arbeit nach dem Mittagessen wieder aufnehmen, hat John seinen Spaß daran, den abwesenden George aufzufordern, Solos zu spielen.

12. JANUAR
Alle vier Beatles versammeln sich im Haus von Ringo Starr, um ihre Probleme zu besprechen; der Streit zwischen Harrison und Lennon bleibt bestehen.

13. JANUAR
Zu den für diesen Tag angesetzten Proben erscheinen zunächst nur zwei Beatles, McCartney und Starr. Lennon schaut am späten Nachmittag nur kurz rein – fast schon eine Geste der Verachtung gegenüber der Gruppe wirkte. In seiner Abwesenheit sprechen Paul

und Ringo über das Problem, mit John zu reden, seitdem er anscheinend Yoko dazu ernannt hat, für ihn zu sprechen und zu handeln.

Der „Yellow Submarine"-Soundtrack wird in den Staaten veröffentlicht – mit einer Seite Beatles-Material und plätschernder Musik vom George Martin Orchester auf der anderen. Die LP bringt auch Lennons hervorragendes Rock-Original „Hey Bulldog" zur Welt. Das Album erreicht Nr. 2 direkt hinter „The Beatles".

14. JANUAR
Lennon erscheint zur Tages – Session und klagt darüber, daß er letzte Nacht zu viele Drogen genommen hat und noch nicht im Bett war. Schließlich führt er die Drei-Mann-Beatles trotzdem durch ein Gemisch aus zwei unfertigen Songs, „Madman" und „Watching Rainbows".

15. JANUAR
Lennon und Harrison schließen bei einem Band-Treffen wieder Frieden, und die Beatles stimmen überein, ihre Sessions von Twickenham ins eigene Apple-Studio zu verlegen. Sie fangen mit den Aufnahmen an, obwohl sie eigentlich für das kommende Konzert hätten üben müssen.

16. JANUAR
In der heutigen Ausgabe von *Disc And Music Echo* wird Lennons Statement abgedruckt, daß Apple große Mengen an Geld verliert, und daß die Beatles Gefahr laufen, Bankrott zu gehen, solange die Situation sich nicht verändert. US-Pop-Manager Allen Klein liest die Geschichte mit Interesse.

17. JANUAR
„Yellow Submarine" kommt in England auf den Markt.

20. JANUAR
Die Beatles kommen im Apple an, geben aber ihr Aufnahmevorhaben auf, als sie entdecken, daß ihre Studioanlage fehlerhaft ist.

22. JANUAR
Man trifft sich in Apples neu eingerichtetem Studio in Savile Row. Die Beatles absolvieren eine planlose Morgen-Probe, bevor die Ankunft des Keyboarders Billy Preston für die längst überfällige Disziplin in ihrer Arbeit sorgt.

Studioaufnahmen:
„Dig A Pony", „I've Got A Feeling", „Don't Let Me Down", „Save The Last Dance For Me", diverse Improvisationen.

23. JANUAR
Lennon, McCartney, Ono und Preston lassen sich in wilde Improvisationen über unendliche Versionen von „Get Back" fallen.

Studio-Aufnahme:
„Get Back".

24. JANUAR
Ein langer Tag der Proben, Jams und Aufnahmen, in dem Lennon die Gruppe durch das spontan entstandene Stück „Dig It" führt, einen Song mit dem Titel „I Lost My Little Girl" aus dem 1950er Lennon/ McCartney-Songbuch ausgräbt und versucht, die anderen Beatles zu überreden, Billy Preston als ständiges Mitglied in die Gruppe aufzunehmen. McCartney spricht sich gegen diesen Vorschlag aus.

Studio-Aufnahmen:
„Two Of Us", „Teddy Boy", „Maggie Mae", „Dig It", „Dig A Pony", „I've Got A Feeling".

25. JANUAR
Einer der weniger produktiven Tage der Sessions, die im Apple-Studio gefilmt werden.

Studio-Aufnahmen:
„Two Of Us", „For You Blue", „Let It Be".

26. JANUAR
Mehrere Highlights des „Let It Be"-Filmes, einige geradere Rock-Nummern und der ausgedehnte Jam auf „Dig It" werden mitgeschnitten.

Studio-Aufnahme:
„Dig It", „Let It Be", „The Long And Winding Road" und mehrere Rock'n'Roll-Coverversionen.

27. JANUAR
John unterbricht die erste Session, um dem Rest der Gruppe mitzuteilen, daß der Scheidung Yokos von

Anthony Cox soeben eingewilligt worden ist.

Studio-Aufnahmen:
„Get Back", „Oh! Darling", „I've Got A Feeling".

28. JANUAR
Wie immer kommt Lennon spät bei den Sessions an. Er wird zu einem Treffen mit Allen Klein eingeladen, der scharf darauf ist, das Beatles-Unternehmen zu managen. Obwohl er aus erster Hand (von Kleins ehemaligen Klienten, den Rolling Stones) über den skrupellosen Ruf des Managers Bescheid wußte, ist Lennon von dem Mann beeindruckt und beginnt damit, die Idee den restlichen Beatles zu verkaufen. Doch inzwischen versucht Paul McCartney bereits, Lee Eastman, den Vater seiner Freundin Linda, bei der Gruppe als geschäftlichen Ratgeber zu etablieren.

Bevor die Beatles die unten aufgeführten Songs einspielen, proben sie noch eine Reihe von Titeln, die im Laufe des Jahres erscheinen werden: „Something", „Old Brown Shoe" und „I Want You (She's So Heavy)".

Studio-Aufnahmen:
„Dig A Pony", „Get Back", „Don't Let Me Down", „I've Got A Feeling", „The One After 909".

29. JANUAR
Nachdem vereinbart war, daß sie am nächsten Tag „live" auf dem Apple-Dach auftreten werden, widmen sich die Beatles unbeschwerten Proben.

Studio-Aufnahmen:
„The One After 909" und verschiedene Cover-Versionen

30. JANUAR
Zum letzten Mal treten die Beatles in der Öffentlichkeit auf – vor einem Publikum aus Ehefrauen, Mitarbeitern, Kameramännern und einer Handvoll Polizisten. Auf dem Dach ihrer Apple-Zentrale drängen sie durch 40 Minuten mit humorvollen und überraschend stimmigen Live-Versionen, bevor die Polizei wegen Beschwerden örtlicher Geschäftsmänner, daß die normalen geschäftlichen Aktivitäten des Savile Row Bezirks gestört wer-

den, einschreitet. „Ich hoffe, wir haben das Vorspielen bestanden", sagt Lennon am Schluß des Programms.

Studio-Aufnahmen:
„Get Back", „Don't Let Me Down", „I've Got A Feeling", „The One After 909", „Dig A Pony".

31. JANUAR
Heil zurückgekehrt in die Innenräume des Apple, geht die Gruppe noch einmal testweise drei weitere Titel durch, die zu ihrer Zufriedenheit arrangiert wurden. Sie spielen etliche Takes vor der Kamera, bis sie mit den Ergebnissen zufrieden sind. Im Anschluß an Take 27B von „Let It Be" wird ihr Filmprojekt für eine Weile auf Eis gelegt, und die Gruppe versucht zu vergessen, daß sie es jemals hatten. Bis zum kommenden Jahr werden etliche Versuche unternommen, eine zufriedenstellende Struktur für die vielen Stunden von Filmrollen und Tonbändern, die in diesem Monat belichtet und bespielt wurden, zu finden, doch es dauert länger als ein Jahr, bis sich die Gruppe zu einer Lösung zusammenrauft. Und dann wird noch nicht einmal Paul McCartney zur Entscheidung hinzugezogen, der doch in diesen Monaten als einziger versucht hatte, die Band inmitten des Strudels am Leben zu erhalten. Wir müssen damit vorlieb nehmen, daß der am genausten dokumentierte Monat der Beatles-Karriere zugleich ihr unproduktivster und selbstzerstörerischter war.

Studio-Aufnahmen:
„The Long And Winding Road", „Let It Be", „Two Of Us".

FEBRUAR
Lennon schreibt das visuelle Gedicht „This Is My Story Both Humble And True", das später an der Seite von Johns erotischen Lithographien in seiner „Bag One"-Kollektion ausgestellt wird.

2. FEBRUAR
Yoko Onos Scheidung von Filmemacher Anthony Cox ist offiziell stattgegeben. Yoko bekommt das Sorgerecht für ihre Tochter Kyoko Cox.

3. FEBRUAR
Lennon hat die Beatles (zunächst) davon überzeugen können, Allen Klein zu ihrem Geschäfts-Manager zu ernennen. Die Presseerklärung formuliert es so: „Die Beatles haben Herrn Klein gebeten, sich um all ihre Angelegenheiten zu kümmern, und er hat eingewilligt, es zu tun.

4. FEBRUAR
Auge um Auge: Lennon stimmt der Ernennung von Lee Eastman als oberster Rechtsberater der Gruppe zu. Der nächste Streit ist vorprogrammiert.

22./ 23. FEBRUAR
Das Filmprojekt ist auf den St. Nimmerleins-Tag verschoben, und die Beatles können sich an einer neuen Platte versuchen. Sie beginnen mit „I Want You (She's So Heavy)", einem starken Love-Song Lennons, der textlich von Yoko und musikalisch von Mel Tormes „Coming Home Baby" inspiriert ist.

Studio-Aufnahmen:
„I Want You (She's So Heavy)".

MÄRZ
Das Kunst-Magazin *Aspen* veröffentlicht seine siebte Ausgabe, die eine Anzahl verschiedener – in einer Schachtel verpackten – Sektionen und Gegenstände enthält. Teil 8 ist ein Buch mit dem Namen „The Lennon Diary 1969" (geschrieben am 29. November 1968), Teil 11 eine Flexi-Disk mit der „Radio Play"-Collage von John & Yoko, „No Bed For Beatle John" (eine gesprochene Sammlung von Presse-Auschnitten) und „Song For John", ein Medley von unbegleiteten Yoko Ono-Songs.
Die März-Ausgabe des *Nova* Ma-

John Lennon: „Wir bleiben eine Woche lang im Bett, um unseren Protest gegen all das Leid und die Gewalt in der Welt auszudrücken."

John und Yoko bei ihrem „Bed-In" im Amsterdamer Hilton Hotel.

gazins veröffentlicht ein Interview mit den Lennons, in dem Yoko die schicksalhafte Redewendung äußert: „Woman is the nigger of the world" („Frauen sind die Neger dieser Welt").

2. MÄRZ
John und Yoko spielen ihr erstes gemeinsames Konzert bei einem Abend mit Avantgarde-Jazz und experimenteller Musik in der Lady Mitchell Hall, Cambridge University.

Mit der Hilfe von den Jazz-Musikern John Tchikai und John Stevens führen sie ein improvisiertes Stück, später „Cambridge 1969" genannt, auf, bei dem Yoko zu Johns polternder Gitarren-Rückkoppelung rezitiert.

12. MÄRZ
Paul McCartney und Linda Eastman haben geheiratet; George und Pattie Harrison werden wegen Drogenbesitzes festgenommen. John und Yoko sind bei keinem der beiden Ereignisse dabei. Statt dessen sind sie im Abbey Road, um den „Peace Song" aufzunehmen. Das könnte jener Song „Rock Peace" gewesen sein, der als Instrumental der Plastic Ono Band später in diesem Jahr auf Single veröffentlicht wird.

Studio-Aufnahme:
„Peace Song".

16. MÄRZ
John und Yoko haben sich entschlossen, zu heiraten, aber nicht in England. Ihre erste Wahl fällt auf eine Ärmelkanal-Fähre, aber sie kriegen keine Erlaubnis, an Bord der „Dragon" in den Southampton Docks zu kommen, weil mit ihren Pässen etwas nicht in Ordnung ist. Statt dessen fliegen sie nach Paris, wo sie vier Tage damit verbringen, zu überlegen, wo sie als nächstes hinfahren werden.

20. MÄRZ
John Winston Lennon und Yoko Ono werden im britischen Konsulat auf dem Territorium von Gibraltar getraut. Beatles-Mitarbeiter Peter Brown ist als Trauzeuge erschienen. Hinterher posiert das Paar für die offiziellen Hochzeitsfotos, die David Nutter macht. Lennon trägt einen weißen Anzug, Ono ein weißes Minikleid und einen Hut.

Das Paar war frühmorgens mit einem Privat-Jet von Paris nach Gibraltar geflogen und landete um 8:30 Uhr vormittags auf dem Felsen. Sie kommen im britischen Konsulat um 9:00 Uhr an, wo sie den Standesbeamten Cecil Wheeler treffen, der die Zeremonie durchführt.

John Lennon: „Wir wählten Gibraltar, weil es ruhig, britisch und freundlich ist. Wir hatten es zuvor überall versucht. Ich wollte auf der Autofähre heiraten, und wir wären in Frankreich als Eheleute angekommen, aber sie wollten uns dort nicht trauen. Wir waren auch nicht erfolgreicher mit Kreuzfahrt-Schiffen und versuchten es dann mit Botschaften. In Deutschland mußte man sich dort seit mindestens drei Wochen, in Frankreich seit zwei Wochen aufgehalten ha-

ben.“ Nach der Trauung fliegen die Jungverheirateten nach Paris in ihre Luxus-Suite im Plaza Athenée Hotel zurück.

25.-31. MÄRZ
Die wohl öffentlichsten Flitterwochen der Geschichte beginnen in Raum 902 des Amsterdam Hilton Hotels, wo die Lennons in einer Luxus-Suite residieren und ankündigen, daß sie ein „Bed-In“ für den Frieden veranstalten. Ein Handgemenge findet statt, als Presse und Fotografen sich den Zugang zu ihrem Schlafzimmer in der falschen Annahme erkämpfen, daß das Paar vor den Medien vögeln werde. Statt dessen finden die Berichterstatter John und Yoko in unerotischen Pyjamas und bereit, ihre Philosophie von Weltfrieden und Gewaltlosigkeit jedem, der es hören will und den vielen, die es nicht wollen, zu erzählen. John Lennon: „Wir bleiben eine Woche lang im Bett, um unseren Protest gegen all das Leiden und die Gewalt in der Welt auszudrücken.“

31. MÄRZ
John und Yokos Film Rape (Film No. 6), feiert im österreichischen staatlichen Fernsehen Premiere. Das Paar fliegt für diesen Anlaß von Amsterdam nach Wien, um im Hotel Sacher eine Pressekonferenz zu geben. Sie sprechen aus dem Inneren einer weißen Tüte. „Wie können wir wissen, daß Sie es sind?“ fragen verzweifelt die österreichischen Journalisten, ihres ersten Blickes nach vier Jahren auf einen Beatle in Fleisch und Blut beraubt.

1. APRIL
Zurück in London halten die Lennons eine improvisierte Pressekonferenz am Heathrow-Airport ab und erscheinen auf ITV's *Today*, um der britischen Öffentlichkeit ihre Flitterwochen-Possen zu erklären. Auch wenn die nachfolgenden Presseberichte eine Erklärungshilfe sind, ist die Öffentlichkeit dennoch weder überzeugt noch amüsiert.

3. APRIL
Ein weiterer Auftritt der Lennons auf ihrem Kreuzzug für den Weltfrieden, diesmal in *The Eamonn Andrews Show* (ITV). Die anderen Showgäste, Jack Benny und Yehudi Menuhin, bringen ihr Mißfallen klar zum Ausdruck.

ANFANG APRIL
Im Rahmen des „Acorns For Peace“- Ereignisses schicken die Lennons Eicheln an Machthaber der Welt. Nur Golda Meir in Israel und Pierre Trudeau in Kanada reagieren und pflanzen die Keime tatsächlich ein.

11. APRIL
„Get Back“ wird die erste Single der Beatles nach acht Monaten. Zum ersten und einzigen Mal wird mit Billy Preston ein Begleitmusiker auf dem Cover erwähnt. Lennons meisterhaftes „Don't Let Me Down“ ist auf der Rückseite zu hören.

14. APRIL
Trotz der offensichtlichen Spannungen der letzten Monate nehmen Lennon und McCartney den Song „The Ballad Of John And Yoko“ als Zwei-Mann-Gruppe im Abbey Road auf. Der Song ist wie ein Tagebuch des Durcheinanders um Lennons kürzliche Hochzeit, was einen bitterbösen Nachgeschmack durch eine Refrain-Zeile bekommt: „ The way things are going, they're gonna crucify me“ („So wie die Dinge laufen, werden sie mich noch kreuzigen“).Ein Werbefilm wird gemacht, der sich auf die Lennons konzentriert, die vermeintlichen Schöpfer der Single (die Beatles) jedoch nicht zeigt.

Studio-Aufnahmen:
„The Ballad Of John And Yoko“.

16, 18, 20. APRIL
Lennon und Harrison spielen fast ein Dutzend Gitarren-Spuren ein, um den gewaltigen Höhepunkt von „I Want You (She's So Heavy)“ zum Klingen zu bringen.

Studio-Aufnahmen:
„Old Brown Shoe“, „I Want You (She's So Heavy)“, „Oh! Darling“.

21. APRIL
John und Yoko rufen die Bag Productions ins Leben, eine von Apple getrennte Gesellschaft, von der aus sie ihre Solo-Aktivitäten leiten. Sie ernennen Anthony Fawcett als ihren Assistenten.

22. APRIL
Auf dem Dach der Apple Zentrale in London wird unter Beisein des Notars Bueno de Mesquita Johns

Name von John Winston Lennon in John Ono Lennon umgeändert. Ono & Ono verbringen fünf Stunden im Abbey Road und nehmen die experimentelle Komposition „John And Yoko“ auf. Die Rhythmus-Spur wird mit Aufnahmen ihrer Herzschläge versehen, über die sie den Namen des jeweiligen Partners mit wechselnder Leidenschaft singen.

John Lennon: „Yoko änderte ihren Namen für mich, ich habe meinen für sie geändert. Einer für beide, beide für jeden von uns. Sie hat einen Ring von mir, ich habe einen Ring von Yoko. Das ergibt neun 'R's zwischen uns – das steht für großes Glück. Zehn würden kein Glück bedeuten.“

Studio-Aufnahme:
„John And Yoko“.

25. APRIL
„John And Yoko“ wird abgemischt, anschließend arbeiten sie an einem neuen Beatles-Song weiter, der von Ringo Starr geschrieben wurde.

Studio-Aufnahme:
„Octopus's Garden“.

27. APRIL
John und Yoko sind wieder im Abbey Road, um eine zweite Version ihrer musikalischen Namens-Collage aufzunehmen.

Studio-Aufnahme:
„John And Yoko“.

30. APRIL
Lennon und McCartney nehmen die hysterischen „Verse“ ihrer seit 1967 verschobenen Zusammenarbeit – „You Know My Name (Look Up The Number)“ – auf. Das Ergebnis ist McCartneys Lieblings-Beatles-Song: vier Minuten verblödelte Insider-Witze und musikalisches Flickwerk.

Studio-Aufnahme:
„You Know My Name (Look Up The Number)“.

1. MAI
Lennon beaufsichtigt weitere Mix-Arbeit an dem „John And Yoko“-Experiment.

2. MAI
John und Yoko diskutieren in der Kultursendung *How Late It Is* (BBC2) über ihren „Rape“-Film.

2., 5. MAI
Lennon fügt die Rhythmus-Gitarre zu Harrisons großartigem „Something“ hinzu.

Studio-Aufnahme:
„Something“.

4. MAI

John und Yoko mit Yokos Tochter Kyoko.

John kauft für etwa 150.000 Pfund „Tittenhurst Park", ein georgianisches Herrenhaus in der London Road in Ascot.
Die Lennons besuchen eine Party, die von Ringo Starr und Peter Sellers im Les Ambassadeurs-Club in London gegeben wird, um das Ende der Dreharbeiten von Sellers „The Magic Christian" zu feiern.

5. MAI
„Get Back" wird in Amerika veröffentlicht und bleibt fünf Wochen auf Platz 1. Nach einer wüsten Anwalts-Schlacht geht die Kontrolle über „Northern Songs", Urheberrechts-Inhaber der meisten Lennon/ McCartney-Songs, von dem Firmengründer Dick James zu ATV über. Lennon ist erbost über James Absetzung: „Ich habe nicht vor, mich von Männern in Anzügen ficken zu lassen, die auf ihren dicken Ärschen in der Stadt sitzen."

6. MAI
Lennon ist glücklich, auf McCartneys verschlagenem Kommentar zu dem Firmenwechsel singen zu können.

Studio-Aufnahme:
„You Never Give Me Your Money".

7. MAI
Die Lennons, McCartneys und Harrisons treffen sich mit Allen Klein und EMI-Vertretern, um die Verlängerung des Schallplattenvertrages der Beatles zu besprechen.

8. MAI
Allen Klein wird offiziell zum Geschäfts-Manager von Apple Corps ernannt. Lennon wird von dem Journalisten David Wigg interviewt, ein Treffen, das ein Jahrzehnt später auf Platte im Rahmen der „The Beatles Tapes" veröffentlicht wird.

9. MAI
Die Beatles starten ihre neue Zapple Plattenfirma – die für avantgardistische Projekte und Sprachaufnahmen reserviert wird – mit Alben von George Harrison und John & Yoko. Trotz der schönen Pläne, eine Reihe von Lyrik-LPs herauszubringen (nennenswert hier: ein Album von Alan Ginsberg, der die Songs von William Blake interpretiert), erscheint keine einzige weitere Platte auf Zapple.

Die Lennons bieten „Unfinished Music No. 2 Life With The Lions" an. Dazu gehört ein Live-Mitschnitt des Paares von einem Konzert vor zwei Monaten in Cambridge und dokumentar-artiges Material aus dem Jahre 1968. Die LP konzentriert sich auf die Traumata von John und Yoko und setzt dieses Thema mit Fotos von Lennon in diversen Stress-Situationen (nach Yokos Felhlgeburt im Krankenhaus; umgeben von Polizei nach der Drogenrazzia) um. Ein Stück beinhaltet fünf Minuten von „Baby's Heartbeat", eine Band-Schleife von einigen Sekunden im „Leben" von Yokos verlorenem Kind. Auch auf der LP: „No Bed For Beatle John", auf dem das Paar Presseberichte über seine Probleme vorsingt. (vgl. März-Ausgabe des *Aspen*-Magazins)

16. MAI
Pläne der Lennons, auf der neu sanierten „Queen Elizabeth 2" nach Amerika zu fahren und in New York ein weiteres „Bed-in" zu veranstalten scheitern an der US-Einwanderungs-Behörde, die John wegen seines Drogenurteils im letzten Winter kein Visum geben will.

19. MAI
Bei der alljährlichen Ivor Novello Awards-Verleihung in London wird „Hey Jude" als der meistverkaufte Song von 1968 gefeiert.

24. MAI
John und Yoko fliegen nach Freeport (Bermudas), von wo aus sie in die USA einzureisen hoffen.

25. MAI
Nach einer Nacht in einem unbequemen Fünf-Sterne Hotel auf den Bermudas entscheiden sich die Lennons, ihre Weltfriedensmission besser in Kanada fortzusetzen. Sie fliegen nach Toronto, wo sie vier Stunden Zeit beim Zoll und bei der Einwanderungsbehörde verbringen. Während eines Rundfunk-Interviews läßt Lennon einige Takte seines neuen Songs, „Give Peace A Chance", anklingen.

26. MAI
Von Toronto aus fahren die Lennons nach Montreal weiter, wo sie sich im Queen Elizabeth Hotel anmelden und dabei bekannt geben, daß sie dort ein weiteres Bed-in veranstalten. Scharen von nordamerikanischen Journalisten und Fotografen belagern das Hotel in der Hoffnung, die Lennons zu treffen, die Besuch von anderen Musikern, Schriftstellern und Persönlichkeiten der Gegenkultur bekommen. Die ganze Sache wird gefilmt und aufgezeichnet. Unter den überlebenden Bändern sind Lennons improvisierte Versionen von Songs wie „Because" und „Get It Together".

Das „Bed-in" erreicht seinen absoluten Tiefpunkt, als der amerikanische Karikaturenzeichner Al Capp die Lennons trifft: er greift die Naivität ihres Feldzuges für Ge-

John und Yoko hinter der Bühne des Londoner Lyceum Ballroom nach dem „Peace for Christmas"-Konzert der Plastic Ono Band, u.a. mit Eric Clapton, Keith Moon und George Harrison.

waltlosigkeit an und moniert, daß „Bed-Ins" den Nazi-Holocaust nicht verhindert hätte. „Wenn ich ein jüdisches Mädchen in Hitlers Zeit gewesen wäre," entgegnet Yoko dümmlich, „hätte ich mich an ihn herangemacht und wäre seine Freundin geworden. Nach zehn Tagen im Bett hätte er meine Denkweise angenommen." „Das ist rotierender Wahnsinn" antwortet Capp.

Zapple veröffentlicht in Amerika „Life With The Lions". Niemand ist begeistert, das Album landet auf Platz 174.

29. MAI
Wenn er schon nicht in die Vereinigten Staaten einreisen darf, bombardiert Lennon die Nation wenigstens mit Telefoninterviews. Das Bed-in fällt mit einer Demonstration gegen den Vietnamkrieg in Berkeley, Kalifornien, zusammen, die als „People's Park" bekannt wird. Unfähig, zu der Demo persönlich zu reisen, ruft Lennon zur Unterstützung den Rundfunk-Sender KPFA in Berkeley an, um so für eine Politik des gewaltlosen Widerstandes einzutreten.

30. MAI
„The Ballad Of John And Yoko" wird ruck, zuck als Beatles Single veröffentlicht – Lennons erste A-Seite seit „All You Need Is Love".

1. JUNI
Während ihres „Bed-in" in Montreal nehmen die Lennons Johns neue Friedens-Hymne auf. Bei „Give Peace A Chance" wirken auch etliche Freunde und zufällige Besucher mit, darunter Derek Taylor, Abbie Hoffman, Timothy, Leary und Mitglieder des Radha Krishna Tempels.

Aufnahme:
„Give Peace A Chance".

2. JUNI
Das Montreal-„Bed-in" geht zuende.

4. JUNI
Amerika hört „The Ballad Of John And Yoko" eben mal 30 Tage nach der Veröffentlichung von „Get Back". Viele Rundfunk-Stationen stellen den Song wegen des Wortes „Christ" im Songtext auf den Index, so daß er nur auf Platz 8 kommt.

5./ 6. JUNI

Die Lennons kehren aus Kanada nach London zurück: mit dem Bus nach Ottawa, mit dem Zug nach Toronto, per Flugzeug nach Frankfurt, wo es wieder Schwierigkeiten mit den deutschen Einwanderungs-Behörden gibt, um dann schließlich ein Flugzeug nach England zu bekommen.

MITTE JUNI
Wieder einmal wird angekündigt, daß Yoko schwanger ist; das Paar erzählt, daß sie planen, ihr Kind Amsterdam zu nennen. In dieser Zeit nehmen sie „Remember Love" in Tittenhurst Park auf, eine rührende Ballade von Ono, die von Lennons akustischer Gitarre begleitet wird.

Aufnahme:
„Remember Love".

17. JUNI
Das Musical „Oh! Calcutta!", geschrieben von Kenneth Tynan, beginnt im Eden Theatre in New York. Das Manuskript schließt die komische Masturbations-Szene „ Four In Hand" ein, die auf einer Idee von John Lennon basiert.

1. JULI
Während eines Urlaubes in Schottland mit ihren Kindern Julian und Kyoko werden die Lennons in einen schweren Autounfall in der Nähe von Golspie verwickelt. John, bestenfalls ein unerfahrener Fahrer, sitzt am Steuer. Alle vier Mitglieder der Familie verbringen die Nacht im Krankenhaus. Yoko ist am schwersten verletzt und leidet an gequetschten Wirbeln und einer Gehirnerschütterung. Lennons Kopfwunde wird mit 17 Stichen genäht.

3. JULI
Die Unfallverletzungen verhindern die Teilnahme der Lennons an der Veröffentlichungsparty für ihre erste Solo-Platte (unter dem Namen der Plastic Ono Band) „Give Peace A Chance". Ringo Starr stellt den Partygästen in der Chelsea Town Hall ein Multi-Media-Mischpult (das gleiche wie auf dem Cover-Foto der Single) als die Plastic Ono Band vor. Die Gäste bekommen durchsichtige Plastikschachteln überreicht, in denen sich je eine auf Baumwolle gebettete Eichel befindet. Die Eichel soll für den Frieden gepflanzt werden, die Verpackung soll weggeworfen werden. „Give Peace A Chance" wird drei Stunden lang über die Town Hall-Anlage gedröhnt, bis die Gäste schließlich nach Hause geschickt werden.

4. JULI
„Give Peace A Chance"/"Remember Love" wird in England veröffentlicht.

6. JULI
Die Lennons chartern einen Privat-Jet, der sie heim nach London fliegt. Sie lassen ihr Autowrack zu einem Schrott-Würfel zerdrücken und stellen diese Skulptur auf dem Rasen des „Tittenhurst Park" aus.

7. JULI
Die US-Single „Give Peace A Chance" wird wieder nicht von allen Radio-Sendern gespielt und kommt bis zur Nr. 14.

9.-11. JULI
Nachdem die restlichen Beatles mehr als eine Woche ohne ihn gearbeitet haben, kehrt Lennon zum Abbey Road zurück und zeigt sich von seinen Verletzungen soweit erholt, daß er seine Arbeit wieder aufnehmen kann. Er fragt sich, warum er so schlecht gelaunt ist, wo der für heute angesetzte Song doch ein typisches McCartney-Leichtgewicht ist. Yoko Ono ist gezwungen, sich wegen ihrer Schwangerschaft und ihrer Verletzungen auszuruhen und verbringt die ganze Session – und einige mehr den nächsten Wochen – in einem im Studio aufgestellten Doppelbett, von dem aus sie das Geschehen beobachtet. Niemand wagt es, Lennons Wünsche in Frage zu stellen, und Yoko hat sogar ein Geangs-Mikrophon über ihrem Bett hängen, für den Fall, daß sie das Bedürfnis hat, etwas zu den Beatles Aufnahmen beizutragen. Inzwischen haben beide Lennons ihren regelmäßigen Heroinkonsum wiederaufgenommen.

Studio-Aufnahme:
„Maxwell's Silver Hammer".

10. JULI
John und Yoko erscheinen in der am 14. Juni vorab aufgezeichneten Ausgabe von *The David Frost Show* auf US-TV und rühren dort die Werbetrommel für ihre kommende „Life With The Lions"-LP .

21. JULI
Lennon erscheint heute mal wieder im Studio, nachdem er mehrere Sessions übersprungen hat, um die Aufnahme von „Come Together" zu leiten. Der Song war entstanden, nachdem LSD-Guru Timothy Leary die Leit-Musik für eine politische Kampagne in den USA in Auftrag gegeben hatte. Lennon gefällt das Ergebnis so gut, daß er den Song für sich behält, und Leary mit dem banalen Titel „Come Together, Join The Party" abspeist.

Die Stärke des Songs liegt in seinem Text – ein Bewußtseinsstrom, zum Teil autobiographisch, zum Teil voll von sexuellen Anspielungen. Für eine Gänsehaut sorgt Lennons Geflüster zu Beginn einer jeden Strophe: „Erschieße mich".

Studio-Aufnahme:
„Come Together".

23.-25., 28.-31. JULI
Die fertige „Abbey Road"- LP ist streng zweigeteilt zwischen einer Seite mit besonnenen Kompositionen und einer Seite mit kürzeren Songs, viele davon in Medley-Form. Das Letztere ist McCartneys Konzept, unterstützt und abgerungen von dem Produzenten George Martin. Obwohl Lennon das Ergebnis Jahre später kritisiert, ist er doch sehr glücklich, etwas zu diesem Mini-Epos beitragen zu können und schenkt dem Werk sogar mehrere Song-Fragmente. Unter seinen Beiträgen sind „Polythene Pam", inspiriert durch eine wilde Orgie am 6. August 1963 auf der Kanalinsel Jersey, sowie die üppige, spanische angehauchte Ballade „Sun King".

Studio-Aufnahmen:
„The End", „Sun King", „Mean Mr Mustard", „Come Together", „Polythene Pam", „She Came In Through The Bathroom Window", „You Never Give Me Your Money", „Golden Slumbers", „Carry That Weight".

1./ 2. AUGUST
Lennon bittet Yoko, die Akkord-Sequenz von Beethovens „Mondschein Sonate" umzukehren und schreibt daraufhin „Because". Der Song transportiert mit seinem Text überraschende pantheistische Gedanken und steht mit seinem unvergleichlichen multi-synchronisierten Harmoniegesang in scharfem Gegensatz zu den rauhen und hurtigen Arbeitsmethoden, die Lennon in diesem Jahr sonst benutzte.

Studio-Aufnahme:
„Because".

8. AUGUST
Die Beatles lassen sich mehrfach beim Überqueren der Straße vor dem Abbey Road Studio-Komplex fotografieren. Diese Aufnahmen sollen für die Umsetzung von McCartneys Konzept für das Cover ihrer „Abbey Road"-LP verwendet werden. Anschließend nimmt Lennon Moog Synthesizer-Geräusche für „I Want You" auf.

Studio-Aufnahme:
„I Want You (She's So Heavy)".

11.-15. AUGUST
Eine Woche lang wird „Abbey Road" gemischt, und nur durch Gesangs-Overdubs auf „I Want You"(der „she's so heavy"-Teil) belebt.

Lennon gewährt dem DJ Kenny Everett ein Interview.

Studio-Aufnahme:
„I Want You (She's So Heavy)".

18.-21. AUGUST
Mixen und Schneiden. Weißes Rauschen wird „I Want You (She's So Heavy)" vorsichtig hinzugefügt". Die Session vom 20. August ist das letzte Mal, daß alle vier Beatles zusammen im Studio erscheinen.

22. AUGUST
Ein weiterer Schlußakt: im Tittenhurst Park findet die letzte Foto-Session der Gruppe statt. Dabei sind die Gesichter so lang wie die angeklebten Bärte.

25. AUGUST
Nach sechs Monaten und drei Tagen seit Beginn der ersten Aufnahmen ist „Abbey Road" vollendet.

ENDE AUGUST
Lennon komponiert zu Hause und macht dort Demo-Bänder. In dem Song „Cold Turkey", der vom Heroin-Entzug handelt, rechnet Lennon in grausamer, aber un-

glaublich ehrlicher Weise mit der Droge ab. Das Stück dokumentiert die Entzugserfahrungen der Lennons – ausgelöst von Yokos Schwangerschaft. Sie behaupten, daß sie ohne fremde Hilfe der Droge entsagt und einen „kalten Entzug" gemacht haben; Eingeweihte aus dem engen Kreis des Paares hingegen sagen, daß die Lennons einige Tage in einer Londoner Entzugsklinik verbracht haben.

In diesen Tagen entstand auch der mehr oder weniger exhibitionistischte aller Lennon/Ono-Filme. In „Self Portrait" ist Lennons Penis in verschiedenen Stadien der Erektion zu sehen. Keine Überraschung hingegen ist die Tatsache, daß dieser Film nur sehr selten in der Öffentlichkeit gezeigt wurde. Intime Kenner des Paares verrieten jedoch, daß Lennon selbst Hand anlegen mußte, um den Hauptdarsteller des Filmes zu voller Größe aufzurichten: Yokos gutgemeinter Versuch, vor ihm in einer erotischen Stellung zu posieren, zeigte nicht die erhoffte Wirkung. Schließlich mußte Lennon einige Minuten mit einem *Playboy*-Heft alleine gelassen werden.

1. SEPTEMBER
Bob Dylan tritt beim zweiten Isle Of Wight- Festival mit The Band auf. Unter den mehreren hunderttausend Fans sind auch die Lennons. Hinterher verbringt Dylan ein paar Tage bei John und Yoko zu Hause im „Tittenhurst Park", wo John erfolglos versucht, ihn zu einer gemeinsamen Aufnahmesession zu überreden.

ANFANG SEPTEMBER
Ein weiterer ehrgeiziger Lennon/Ono-Film wird ausgeheckt und produziert. „Apotheosis" zeigt den Sinkflug eines Helium-Ballons von einer Bordkamera aus, die die Wolken und das weite englische Land in Echtzeit einfängt. Mit einem „natürlichen" Soundtrack festgehalten, bietet der 16-Minuten-Film (ohne Schnitte!) eine konzeptionelle Schöpfung, die seinen Herstellungsprozeß völlig rechtfertigt – obwohl der Ballon und Kamera über lange Stecken in einer dunklen Wolke hängen.

10. SEPTEMBER
Die Lennons haben wieder einen öffentlichen Auftritt in einer weißen Tüte, diesmal bei einem Abend mit ihren Filmen im ICA in London. „Johns und Yokos Film-Abend wird gegen Mitternacht enden," steht in Johns Presseerklärung. „Es wird irgendwann einmal geschehen. Es wird so sein, wie sie es haben wollen"

Die „Performance" – im Programmheft als Auftritt der Plastic Ono Band angekündigt – wird dadurch zur Illusion, daß sie ein Doppelgänger-Paar als die „Lennons" auf die Bühne schicken. Bei der Gelegenheit steigt auch die Premiere von „Self Portrait", der Film über Lennons Erektion. Er wird als der „erste audiovisuelle Film, den man auch riechen kann" , angekündigt. Ebenfalls auf dem Programm: „Two Virgins", „Smile", „Folding", „John And Yoko's Honeymoon" und „Rape".

11. SEPTEMBER
Lennon entführt „What's The New Mary Jane" aus dem Archiv der Beatles und beabsichtigt, es auf einer Platte der Plastic Ono Band zu veröffentlichen.

12. SEPTEMBER
Die Lennons trommeln ein paar Musiker zusammen, um in einer Spontan-Aktion auf einem Festival in Kanada aufzutreten. Schlagzeuger Alan White und Bassist Klaus Voorman sind gleich zur Stelle; Gitarrist Eric Clapton hingegen muß erst aus seiner Heroin-Lethargie herausgerissen werden.

13. SEPTEMBER
Auf dem nachfolgenden Album ist zwar „Brower and Walker present the Plastic Ono Band" zu lesen, John und Yoko stehen dennoch erst an zweiter Stelle auf dem Plakat des Toronto Rock'n'Roll Revival Festival. Die hastig zusammengestellte Plastic Ono Band fliegt morgens nach Toronto, probt im Flugzeug und fährt mit einer Limousine auf das Festivalgelände. Sie treten mit einem Acht-Song-Programm auf, das mit einer Serie von aufpeitschenden wenngleich zum Teil recht chaotischen Oldies („Blue Suede Shoes", „Money" und „Dizzy Miss Lizzy") beginnt, bevor sie zu drei Lennon-Songs übergehen: „Yer Blues" mit einer überschwenglichen Gitarren-Arbeit Claptons, die Welt-Premiere von „Cold Turkey", sowie eine schnell und hart gespielte Version von „Give Peace A Chance". Yoko taucht anschließend aus der weißen Tüte auf, in der sie die erste Hälfte der Aufführung verbracht hat, um „Don't Worry Kyoko" und mehr als zehn Minuten von „John, John (Let's Hope For Peace)" zu singen – eine Improvisation für Yokos Stimme, Alan Whites Schlagzeug-Ausflüge und Gitarren-Rückkoppelungen.

Die Show endet mit dem Geheul von überlasteten Verstärkern. Die Band verläßt die Bühne, das Publikum schweigt betäubt, als es merkt, daß seine Reise jenseits der Grenzen des Lärms vorüber ist. Die ganze Sache wird schnell auf einer offiziellen Apple-LP festgehalten, die im Dezember in die Läden kommt.

20. SEPTEMBER
Allen Kleins Ernennung zum Beatles-Manager scheint sich schnell ausgezahlt zu haben: Er verschafft der Gruppe durch wesentlich höhere Tantiemen von der EMI und Capitol einen beträchtlichen Gewinn. Lennon ist so beeindruckt, daß er Klein auffordert, auch noch seine eigene Firma Bag Productions zu managen.

25. SEPTEMBER
Nachdem die Beatles an „Cold Turkey" als ihre nächste Single nicht interessiert sind, nimmt Lennon es mit seiner Plastic Ono Band auf, deren Besetzung dieses Mal ironischerweise George Harrison und Ringo Starr mit einschließt. Lennon kümmert sich ebenfalls um die Abmischung und vorsichtige Schnitt-Bearbeitung der Bänder von seinem Konzert am 13. September in Toronto.

Durch das mangelnde Interesse der Beatles, „Cold Turkey" als ihre nächste Single aufzunehmen, fühlt Lennon sich in seiner Entscheidung bestätigt, die Gruppe zu verlassen. Er hatte die Idee schon auf dem Flug nach Toronto vor vierzehn Tagen und ruft jetzt Paul McCartney an, um ihm einfach nur zu sagen: „Ich gehe." McCartney überredet ihn, die Trennung für sich zu behalten.

Am Abend besuchen John und Yoko einen Presseempfang im Apple-Büro für die neueste Veröffentlichung der Plattenfirma, „Golden Slumbers" von Trash.

Studio-Aufnahme:
„Cold Turkey".

26. SEPTEMBER
„Abbey Road" erscheint in England – das letzte Album, das von den Beatles aufgenommen wurde, obwohl es nicht ihre letzte Veröffentlichung ist. Ringo Starr, Paul McCartney und George Martin schätzen es als den Zenit der Gruppe ein; Lennon leugnet die Großartigkeit der Platte konsequent in allen Interviews, die er vor seinem Tod gibt.

28./ 29. SEPTEMBER
Unglücklich mit der anfänglichen Aufnahme von „Cold Turkey", schneidet Lennon den Song um und taucht mit jener spannenden, aggressiven Version auf, die später als eine Single veröffentlicht wird.

Studio-Aufnahme:
„Cold Turkey".

1. OKTOBER
„Abbey Road" erscheint in den Staaten, wo ein Medienscherz die Runde macht, der besagt, daß Paul McCartney gestorben und von einem Doppelgänger ersetzt worden ist. Das Gerücht hält die Platte bis ins neue Jahr an der Spitze der Charts.

Tausende von Friedenskämpfern singen „Give Peace A Chance" als ihre Hymne anläßlich des ersten „Vietnam Moratorium Day" in New York. Die Fernsehübertragung des Spektakels wird von einem überglücklichen Lennon verfolgt.

2. OKTOBER
Lennons unveröffentlichtes „Across The Universe" wird ohne seine Mithilfe neu abgemischt und erscheint auf einer Benefiz-LP.

3. OKTOBER
„The greatest fucking rock'n'roll record of all time" (Lennons Worte) wird von der Plastic Ono Band aufgenommen. Der Rest der Welt kennt es als „Don't Worry Kyoko", das Yokos gesprochenes Wehklagen mit einem Gitarrenriff verbindet, das Lennon von seinem unvollendeten Song „Watching Rainbows" borgte.

5. OKTOBER
„Cold Turkey" und „Don't Worry Kyoko" werden für eine sofortige Veröffentlichung fertig gemischt.

6. OKTOBER

John Lennon: „Wir glauben, es war ein positives Jahrzehnt, kein deprimierendes. Das ist erst der Anfang. Unsere Aufgabe ist es, die Hoffnung am Leben zu erhalten, denn ohne sie werden wir alle untergehen."

George Harrisons „Something" und Lennons „Come Together" teilen sich die beiden Seiten der neuen US-Single. Überraschenderweise gewinnt „Come Together" die meisten Rundfunkeinsätze, auf dem Weg der Single zur Nr. 1.

9. OKTOBER
Lennons 29. Geburtstag und – Ironie des Schicksals – auch der Tag, an dem Yoko Ono wegen Komplikationen mit ihrer neuen Schwangerschaft ins King's College Krankenhaus eingeliefert wird. Sie bekommt eine Reihe von Notfall-Bluttransfusionen.

10. OKTOBER
Lennon besteht darauf, daß Apple eine Reggae-Coverversion von „Give Peace A Chance" von der Hot Chocolate Band veröffentlicht.

12. OKTOBER
Yoko Ono erleidet leider noch eine Fehlgeburt. Dieses Mal wurde der Herzschlag des Babys nicht aufgezeichnet. Nach Yokos Entlassung aus dem Krankenhaus unternimmt das Paar gemeinsam mit Alex Mardas eine Kreuzfahrt im Mittelmeer. Sie hoffen, hier ein für alle mal ihre Organe vom Heroin zu reinigen.

20. OKTOBER
Die zweite Plastic Ono Band-Single erscheint in den Staaten: „Cold Turkey" und Yoko Onos gleichermaßen packendes „Don't Worry Kyoko (Mummy's Only Looking For Her Hand In The Snow)". Die Single wird in eine Plattenhülle gepackt, die eine gemeinsame Röntgenaufnahme der beiden Schädel des Paares zeigt. Die Platte schafft es trotz Boykott der wichtigsten Top-40-Stationen bis auf Platz 30. Auch die Produktion eines frenetischen High-Speed-Promo-Filmes schiebt die Single nicht besonders an.

Am gleichen Tag veröffentlicht Apple „The Wedding Album", ein Box-Set zur Feier der Ehe von John und Yoko. Der LP beigepackt wird eine Reihe von Hochzeits-Memorabilia und ein verschwenderisches Booklet mit einer Reihe von (zumeist negativen) Presse-Schnipseln über die Aktivitäten des Paares im vergangenen Jahr. Die Platte selbst enthält Originaltöne ihres Amsterdamer „Bed-in" („Amsterdam") und Aufnahmen ihres Herzschlages, die mit zunehmend intensiver werdenden Schreien übereinandergelagert werden. Lennon Fans sind argwöhnisch genug, das Album nur bis auf Platz 178 in den Charts kommen zu lassen.

21. OKTOBER
Lennon wird von David Wigg (BBC) über „Cold Turkey" und das Toronto-Album befragt.

24. OKTOBER
„Cold Turkey" erscheint in England.

31. OKTOBER
Die verspätete UK-Veröffentlichung von „Something"/ „Come Together" ist die erste Beatles-Single, die von einem bereits erschienenen Album ausgekoppelt wird.

NOVEMBER
Journalist Tony Palmer wird von den Lennons beauftragt, ihre offizielle Biographie zu schreiben und geben ihm dafür sechs Tage Zeit. Er hält den Termin ein und liefert ein Manuskript mit gut 75.000 Worten ab, nur, um zu erfahren, daß das Paar seine Meinung bezüglich der gedruckten Unsterblichwerdung schon wieder geändert hat.

3. NOVEMBER
Das ICA-Kunstzentrum in London veranstaltet einen weiteren Abend mit Lennon-Filmen, dieses Mal jedoch ohne die Regisseure – weder mit noch ohne weiße Tüte.

ANFANG BIS MITTE NOVEMBER
John und Yoko verbringen mehrere Wochen Urlaub in Athen.

7. NOVEMBER
„The Wedding Album“ erscheint in England.

25. NOVEMBER
John provoziert mit der Rückgabe seines MBE-Ordens an die Königin mindestens genau so viel Protest, wie er schon bei der Verleihung geerntet hat. „Ich schicke den MBE aus Protest gegen Englands Verwicklung in dieses Nigeria-Biafra-Ding zurück“, sagt er in einer Presseerklärung, „gegen unsere Unterstützung von Amerika in Vietnam und dagegen, daß ‚Cold Turkey‘ in den Charts abwärts rutscht.“ Die feinsinnige Ironie liegt jenseits des Horizontes der meisten Medien-Autoritäten. Einige Kriegshelden, die sich schon von der MBE-Verleihung an Lennon im Jahre 1965 entehrt gefühlt hatten, erleiden daraufhin einen lebensbedrohlichen Schlaganfall.

26. NOVEMBER
Schneiden, Mischen und Overdubs von Extra-Geräuschen und Gesang für zwei Beatles Aufnahmen, die Lennon als Single der Plastic Ono Band am 5. Dezember herausbringen will.

Studio-Aufnahmen:
„What's The New Mary Jane“, „You Know My Name (Look Up The Number)“.

1. DEZEMBER
Vier Tage vor dem Erscheinungstermin der nächsten Plastic Ono Band-Single wird die Veröffentlichung zunächst aufgeschoben und später von der EMI abgesagt. Dahinter steckt vermutlich Paul McCartney, der nicht will, daß „You Know My Name“ als eine Solo-Platte von Lennon, und nicht als Beatles-Platte angesehen wird. Die letzte Ausgabe des offiziellen Beatles-Fanzines „The Beatles Book“ erscheint. Herausgeber Sean O'Mahony nimmt die Gelegenheit wahr und rechtfertigt das Eintreten der Band für Drogenkonsum in den vergangenen Jahren.

2. DEZEMBER
John Lennon wird als einer der drei Kandidaten (an der Seite von John F. Kennedy und Mao Tse-Tung) für den „Mann des Jahrzehnts“ vom Fernsehsender ATV ausgewählt. John wird hierfür im heimischen „Tittenhurst Park“ interviewt und gefilmt.

3. DEZEMBER
Im Apple-Gebäude stellt die amerikanische TV-Journalistin Gloria Emerson während eines Interviews Lennons Aufrichtigkeit und Lebensmoral in Frage. John antwortet in einer ganz klar nicht-friedvollen Sprache.

4. DEZEMBER
Die Lennons werden von der BBC bei der Arbeit für ihre nächste Avantgarde-Platte gefilmt. Sie basteln an Mehrspur-Bändern mit Flüstern und Gelächter. Das Album wird nie veröffentlicht.

Studio-Aufnahmen:
„Item 1“, „Item 2“.

5. DEZEMBER
Das Paar fährt nach Lavenham, um „Apotheosis 2“, den zweiten Ballon-Film zu drehen. Bemerkenswert sind die schönen Szenen, in denen der Ballons in den dunklen, winterlichen Himmel steigt.

7. DEZEMBER
Die Lennons treten im Kirchenprogramm des BBC-Fernsehens, *The Reason Why*, auf und setzen damit ihre furiose Serie mit Arbeit und Friedens-Missionierung fort.

10. DEZEMBER
Die Lennons geben ihre berühmten Namen für eine Kampagne her, mit der die posthume Begnadigung für den gehängten „Mörder“ James Hanratty erreicht werden soll, der 1961 auf der Basis von zweifelhaftem Beweismaterial zum Tode verurteilt worden war. „Wir verbrachten viele Stunden mit seinen Eltern,“ erklärt Lennon. „Sie überzeugten uns, daß es ein Fehlurteil ohne den Schatten eines Zweifels war.“ Die Lennons finanzieren daraufhin „Hanratty“, einen Dokumentarfilm über den Fall, der jedoch nur ein Mal in London vorgeführt wird.

11. DEZEMBER
„Britain murdered Hanratty“ steht auf einem Schild, das die Lennons in ein Londoner Kino zur Premiere von „The Magic Christian“ (mit Ringo Starr) tragen.

12. DEZEMBER
Weltweite Simultan-Veröffentlichung von „The Plastic Ono Band Live Peace In Toronto 1969“, die Dokumentation des Konzertes der Lennons im September in Kanada. Das Album ist in ein prachtvolles himmelblaues Cover gehüllt, aufgedruckt ist ein 1970er Friedens-Kalender, der mit dem Jahr 1 A.P. („After Peace“) beginnt.

Die Veröffentlichung soll den etwaigen Bootlegs zuvor kommen und hat daher den Approach eines unbearbeiteten Original-Mitschnittes. Trotzdem nutzt John die Gelegenheit und schneidet einige allzu schräge Kieckser aus Yokos Gesangsspur heraus und löscht ebenfalls seine eigenen ungehaltenen Live-Kommentare an der Stelle, als er sich von dem Publikum nach der Weltpremiere von „Cold Turkey“ eine ergebenere Verbeugung erwartet hatte.

Am gleichen Tag bringt EMI den von Lennon geschriebenen und bislang unveröffentlichten Beatles-Song „Across The Universe“ auf dem Benefiz-Album „No One's Gonna Change Our World“ heraus. Lennon kritisiert die Abmischung und macht vage Versprechen, den Song erneut aufzunehmen.

15. DEZEMBER
Die Plastic Ono Supergroup spielt ein 25-minütiges Set (mit nur zwei Songs) bei dem „Peace For Christmas“- Konzert im Londoner Lyceum Ballroom. Die Reaktion des Publikums schwankt zwischen Ekstase und schmerzverzerrter Verwirrung. Die Besetzung an dem Abend besteht aus George Harrison (zum ersten Mal seit 1966 mit Lennon auf einer Bühne), Keith Moon, Billy Preston, und The Delaney & Bonnie Band.

Ihr Programm umfaßt ausgedehnte Versionen beider Seiten ihrer letzten Single, „Cold Turkey“ und Yokos „Don't Worry Kyoko“. Die Aufführung von Lennons Song zerreißt die Studio-Version in Fetzen, aber das wirkliche Glanzlicht ist der Yoko-Song, ein 18-minütiger Gewaltmarsch, der von Yokos Schrei „John, Ich liebe dich. England, du tötetest Hanratty, ihr Mörder“ eröffnet wird und sich dann in eine Forschungsreise zu den Gefilden des Hard-Rock, Free-Jazz und Avantgarde-Lärm auswächst – einer der erschütterndsten Momente der Rock-Geschichte.

Alan White: „Die Leute waren wohl absolut verblüfft, daß 15 bis 18 Musiker und zwei Schlagzeuger auf Bühne standen. Wir spielten nur auf dem Riff herum, steigerten und steigerten und erreichten dann den Höhepunkt. Es war aufregend.“

Am gleichen Abend läuft in der Sendung *24 Hours* (BBC-TV) der 35-Minuten-Dokumentarfilm „The World Of John And Yoko“.

16. DEZEMBER
Plakatwände in Großstädten rings um den Globus tragen die Aufschrift: „Krieg gibt es nie wieder, ihr müßt es nur wollen. Frohe Weihnachten von John und Yoko.“

17. DEZEMBER
Die Lennons fliegen nach Toronto und kündigen auf einer Pressekonferenz an, daß sie in dieser Stadt vom 3. bis 5. Juli 1970 ein Peace-Festival mit den Beatles, den Rolling Stones, Elvis Presley, Bob Dylan u.a. veranstalten wollen.

Sie verbringen fünf Tage auf der Ranch des Rockabilly-Sängers Ronnie Hawkins und rufen die Radiostationen der Welt an, um ihre Friedensbotschaft zu verkünden. Hawkins wird mit der Telefonrechnung zurückgelassen. Im Gegenzug nimmt John eine kurze Werbebotschaft für Ronnies aktuelle Single auf.

Währenddessen unterzeichnet Lennon alle 3.000 Drucke seiner erotischen Lithographien-Sammlung „Bag One“ – eine Dokumentation seiner Beziehung mit Yoko. Die Lithographien sollen nach Weihnachten ausgestellt und als limitierte Edition in den Verkauf gehen.

20. DEZEMBER
Bei einem Auftritt in der TV-Show *Weekend* von CBC des Medien-Guru Marshall McLuhan trägt Lennon seine Friedensbotschaft in die kanadischen Haushalte.

22. DEZEMBER
Weitere Friedens-Werbung bei einer Pressekonferenz im Château Champlain Hotel in Montreal.

John Lennon: „Wir glauben, es war ein positives Jahrzehnt, kein deprimierendes. Das ist erst der Anfang. Unsere Aufgabe ist es, die Hoffnung am Leben zu erhalten, denn ohne sie werden wir alle untergehen.“

23. DEZEMBER
Der kanadische Premierminister Pierre Trudeau lädt die Lennons in

seinen Amtssitz nach Ottawa ein, um ihren Friedens-Feldzug zu besprechen. Die Lennons bringen ihm Eicheln mit, die er für den Frieden pflanzen soll.

Pierre Trudeau: „Ich verstehe nicht viel von Eicheln, aber immer, wenn er in der Nähe ist, will ich ihn treffen. Er ist ein guter Dichter."

John Lennon: „Trudeau war an uns interessiert, weil er dachte, wir seien die Vertreter einer bestimmten Jugendbewegung. Wir verbrachten ungefähr 50 Minuten miteinander – länger als er jemals für ein Staatsoberhaupt übrig gehabt hatte. Wenn es mehr Führer wie Mr Trudeau geben würde, hätte die Welt Frieden."

24. DEZEMBER
John und Yoko fliegen zurück nach London, um Weihnachten zu feiern. Zuvor nehmen sie allerdings erst noch an einer Friedens-Nachtwache in Kent teil.

29. DEZEMBER
Die Lennons fliegen nach Aalborg in Dänemark und besuchen Yokos Ex-Mann Anthony Cox und ihre Tochter Kyoko. Während ihres Besuches, der dazu dient, Cox davon zu überzeugen, daß sie in der Lage sind, die Verantwortung für Kyokos Erziehung zu übernehmen, werden sie mit dem Ziel, das Rauchen aufzugeben, hypnotisiert, lassen sich ihr Haar schneiden und diskutieren ernsthaft über die Möglichkeit, ein marktreifes „Luft-Auto" zu konstruieren, das ganz ohne Benzin fährt.
Der Haarschnitt hat einen politischen Zweck: sie planen, ihre Locken bei Sotheby's versteigern zu lassen, um Geld für die Organisation des Black-Power-Aktivisten Michael X aufzutreiben.

An diesem Tag geben sie auch noch eine Pressekonferenz, während der sie den dänischen Folksong „O Kristelighed" singen und verkünden, all ihre zukünftigen Platten-Tantiemen der Friedensbewegung zu spenden. Das Versprechen wird im kommenden Jahr aktiv vergessen.

30. DEZEMBER
ITV sendet *Man Of The Decade* mit Lennon als eines der Themen.

31. DEZEMBER
Lennon startet offiziell das Jahr Year 1 A.P. („After Peace) und schreibt: „Wir glauben, daß das letzte Jahrzehnt auch das Ende der alten Zerstörungs-Maschinerie markiert. Und wir denken, daß wir es mit eurer Hilfe schaffen werden. Wir haben große Hoffnungen für das neue Jahr."

1970

3. JANUAR
Die Beatles kommen wieder zusammen, um Harrison „I Me Mine" für das „Let It Be Album" zu schneiden. Lennon ist natürlich abwesend, da er die Gruppe ja bereits vor ein paar Monaten klammheimlich verlassen hatte.

15. JANUAR
Lennons „Bag One"-Lithographien, eine Chronik der sexuellen Beziehung und der Heirat von John und Yoko, werden in der London Arts Gallery in der New Bond Street ausgestellt. Inspektor Patrick Luff von Scotland Yard ist einer der ersten Besucher.

16. JANUAR
Scotland Yard-Polizisten fallen mit einem Beschluß, basierend auf den Pornographie-Gesetzen, in der London Arts Gallery ein und beschlagnahmen acht der 14 Lennon-Lithographien.

25. JANUAR
Die Lennons kehren aus Dänemark nach London zurück.

27./ 28. JANUAR
Ein bemerkenswerter Arbeitstag: morgens schreibt Lennon einen neuen Song mit den Akkorden von „All You Need Is Love", den er „Instant Karma!" nennt. Am Nachmittag ruft er den legendären Produzenten Phil Spector an, weil er eine Band zusammenstellen möchte. Die Musiker (einschließlich George Harrison, Alan White und Klaus Voorman) versammeln sich samt einer Techniker-Crew am Abend. Spector verwirft Lennons vorläufiges Hardrock-Arrangement zugunsten eines dichten, komprimierten, funky und alles in allem betörenden Rock'n'Roll-Stückes mittelschneller Gangart. Die kontrollierte Leidenschaft in Lennons Gesang macht aus dem Song mit Whites explosiven Schlagzeug-Wirbeln und dem percussiven Hämmern mehrfach überspielter Klaviere ein wahres Meisterwerk. Es ist der vielleicht schönste Augenblick seiner ganzen Karriere.

Die Session endet mit der zerbrechlichen Einfachheit einer Yoko Ono- Ballade am andren Ende der Stil-Skala.

Studio-Aufnahme:
„Instant Karma!", „Who Has Seen The Wind".

FEBRUAR
Lennon bezahlt die Geldstrafen von nahezu 100 Demonstranten, die anläßlich einer Protest-Aktion gegen den Besuch des südafrikanischen Rugby Teams in Schottland verhaftet worden waren.

4. FEBRUAR
Die abgeschnittenen Locken des Paares, die für eine Auktion gedacht sind, werden Michael X von den Lennons während einer Hausdach-Party in London überreicht. Dafür gibt Michael X ihnen ein Paar von Muhammed Alis Boxer-Shorts. Die britische Presse ignoriert diese neue Eskapade der Lennons als ein Zeichen dafür, daß sie der ständigen Versuchen des Paares, die Aufmerksamkeit der Medien zu erheischen, überdrüssig geworden ist.

6. FEBRUAR
„Instant Karma!" wird zehn Tage nach der Plattenaufnahme als die dritte Single der Plastic Ono Band in England veröffentlicht. Zur Feier des Tages geben die Lennons ein BBC-Rundfunk-Interview.

7. FEBRUAR
John und Yoko erscheinen mit Michael X auf LWT's *The Simon Dee Show*, die am heutigen Tag aufgenommenem und am nächsten gesendet wird.

11. FEBRUAR
Lennon nimmt zwei Versionen von „Instant Karma!" mit der Plastic Ono Band im *Top Of The Pops*-Studio (BBC) auf. Yoko strickt dabei mit verbundenen Augen und hält Friedenszeichen hoch. Die Clips werden am 12. und 19. Februar gezeigt.

16. FEBRUAR
John und Yoko fangen an, das Rohmaterial ihres Montreal „Bed-In" in einem Schneideraum in London zu bearbeiten.

20. FEBRUAR
„Instant Karma!" wird in den Staaten veröffentlicht, nachdem der Produzent Phil Spector die Nummer heimlichen neu bearbeitet hat. Spector fügte beim Mastern der Single sein charakteristisches „Phil & Ronnie"-Motiv bei. Der Erfolg gibt Spector recht – die Single erreicht Platz 3.

Am gleichen Tag wird in England eine John Lennon-Single mit dem Namen „Ram You Hard" von der Plattenfirma „Punch" veröffentlicht. Es ist nicht der gleiche John Lennon, obwohl. . .

25. FEBRUAR
Lennon kündigt an, daß er mit der Organisation des Toronto Peace Festivals im Juli nun doch nichts zu tun haben will.

26. FEBRUAR
Im Rahmen seiner Bemühungen, die wachsenden Beatles-Tantiemen unter seine Kontrolle zu bringen, überzeugt Allen Klein Apple davon, eine Kollektion von Songs, die noch nicht auf LPs erschienen, in den USA unter dem Titel „Hey Jude" als Album zu veröffentlichen. Es schießt sofort auf Platz 2.

2. MÄRZ
Lennon will mit der Urschrei-Therapie experimentieren, jener Psychotherapie-Technik, die von Dr. Arthur Janov neuentwickelt wurde. Janov hatte ihm ein Exemplar seines neuen Buches „The Primal Scream" geschickt, das die Theorie hinter seinen Techniken erklärt. In Kürze: Die Neurose ist ein Verteidigung-Mechanismus, der von der Psyche entworfen wird, um verdrängtes Leid der Kindheit zu erleichtern. Sie kann durch die Aufdeckung der Wurzeln dieses Schmerzes geheilt werden. Der Urschrei ist der Augenblick entfesselter Qual und Leidenschaft, der die defensiven Blockaden durchbricht, die von der verwundbaren Psyche aufgebaut wurden. „Das bin ich!" weint Lennon, als er das Buch

liest. Er lädt anschließend Arthur Janov und seine Frau Vivian ein, ihn im Laufe des Monats zu Hause im „Tittenhurst Park" zu besuchen.

Arthur Janov: „John wurde von der Urschrei-Therapie wahrhaft mitgerissen. Er wollte die Queen Elisabeth II mieten, mit uns um die Welt fahren und dabei die Urschrei-Therapie machen. Er wollte eine Insel kaufen und eine Ur-Gesellschaft gründen."

5. MÄRZ
Yoko ist erneut schwanger. Sie wird zur Beobachtung in eine exklusive Londoner Klinik gebracht. Einige Besucher behaupten später, daß sie dort mit Methadon vom Heroin entwöhnt wurde. Nach vier Tagen darf sie nach Hause zum „Tittenhurst Park" zurückkehren.

6. MÄRZ
Mit „Let It Be" endet eine Ära: Die Beatles bringen die letzte UK-Single ihres gemeinsamen Lebensabschnittes heraus. Auf der Rückseite ist „You Know My Name (Look Up The Number)", eine Pseudo-Comic-Aufnahme, die Ende 1969 eigentlich als eine Plastic Ono Band – Single veröffentlicht werden sollte.

Lennon schreibt einen offenen Brief an die Leser des *Rolling Stone* Magazin, um zu erklären, warum er aus dem Toronto Peace-Festival aussteigt. Das Schriftstück wird in der Ausgabe vom 16. April abgedruckt und trägt die Überschrift: „Haben wir alle vergessen, was Vibes sind?"

John Lennon: „Könnt ihr euch vorstellen, was wir gemeinsam an einem Ort machen könnten – Nachdenken, Singen und für den Frieden beten – eine Million Seelen, weit entfernt von allen TV-Konferenzschaltungen usw., für den Rest des Planeten. Wenn wir alle für die gleiche Sache sind, können wir es gemeinsam schaffen."

„Wir brauchen Hilfe! Es liegt nicht in unserer Hand. Alles, was wir haben, ist unser Name. Wir entschuldigen uns für das Durcheinander, es übersteigt unser beiden Möglichkeiten. Wir tun unser Bestes für unser aller Seelenheil – wir glauben noch immer daran. Betet für uns."

11. MÄRZ
Die US-Single „Let It Be" erscheint und landet auf Platz 1.

MITTE MÄRZ
Lennon und Ono Band sprechen für Rundfunk-Werbespots im Rahmen ihrer Promotion-Kampagne Auszüge ihres Buches „Grapefruit" auf Band.

23. MÄRZ-2. APRIL
John Lennon bringt, allerdings ohne besonders aktiv zu werden, Phil Spector für die Fertigstellung des „Let It Be"-Album ins Spiel.

29. MÄRZ
Yoko Ono gibt ihre Schwangerschaft offiziell bekannt.

ENDE MÄRZ
Arthur Janov kommt im „Tittenhurst Park" an, um die Lennons in die Urschrei-Therapie einzuführen. Vor der ersten Sitzung wird das Paar aufgefordert, ganze 24 Stunden voneinander getrennt zu verbringen, ohne irgendwelche künstlichen Stimulantien zu benutzen. Die Anlaufphase wird zu Hause zu oft gestört, so daß ihre ersten traumatischen Sitzungen in das „Inn On The Park" in London verlegt werden.

APRIL
Eine überarbeitete Ausgabe von „Grapefruit", Yokos Buch aus den Mittsechzigern mit konzeptionellen Kunst-Anweisungen, wird in Amerika und England mit einer mehr als kurz gehaltenen Einführung von Lennon veröffentlicht.

1. APRIL
Am ersten April (ein passender Termin) muß sich der Direktor der London Arts Gallery vor Gericht zu dem Vorwurf äußern, mit der Ausstellung von Lennons obszönen Lithographien in der Öffentlichkeit sittenwidrig gehandelt zu haben.

10. APRIL
Apple sieht sich gezwungen, offiziell zu dementieren, daß die Beatles sich getrennt haben, nachdem Paul McCartney den Rezensions-Exemplaren seiner ersten Solo-LP ein „Selbst-Interview" beigelegt hat, in dem er folgendes zu Lennons Heldentaten für den Frieden sagt: „Ich liebe John und achte das, was er tut. Aber mir persönlich macht das keinen Spaß".

McCartney hatte Lennon schon angerufen und ihm erzählt, daß er die Gruppe verlassen wird, aber John ist verärgert darüber, daß diese Ankündigung mit dem Erscheinen von Pauls Solo-Platte „zufällig zusammentrifft". Der Ärger ist verständlich, weil Paul im letzten Herbst darauf gedrängt hatte, Johns Abgang unbedingt geheim zu halten.

Derek Taylors Presseerklärung: „Ringo und John und George und Paul sind am Leben und gesund und voller Hoffnung. Die Beatles sind am Leben und gesund und der Beat geht weiter, der Beat geht weiter."

11.-17. APRIL
Die Lennons bleiben in London und sind doch in der Lage, bei dem konzeptionell doch sehr imaginären „Fluxfest" der Fluxus-Kunstgruppe in New York „teilzunehmen".

Das Festival steigt in dem „Laden" des Fluxus-Mitgliedes Joe Jones, Erfinder der Tone Deaf Music Co. Geplant sind zwei Monate mit verschiedenen Events – angeblich in Jones Gebäude – aber wie immer bei Fluxus ist auch hier die Idee weitaus wichtiger als die tatsächliche Veranstaltung.

Wie auch immer – die erste Woche des Festivals trägt das Motto „Do-It-Yourself By John And Yoko" und beginnt mit einem Treffen von Lennon/ Ono-Doppelgängern. Ebenfalls angekündigt: „Two Eggs By John Lennon".

MITTE APRIL
Auf Arthur Janovs Vorschlag hin besucht Lennon seinen Sohn Julian und seine Ex-Frau Cynthia. Laut Beatles-Mitarbeiter Peter Brown wird das Wiedersehen der Familie jäh unterbrochen, als Lennons Haushälterin bei Cynthia anruft und sagt, daß Yoko damit gedroht habe, Selbstmord zu begehen, falls John nicht auf der Stelle nach Hause kommt.

18.-24. APRIL
Das Fluxfest geht weiter. Das Motto der Woche ist „Fluxtours" und Lennon stellt zwei New Yorker Busfahrscheine als „Tickets By John And Yoko" zur Verfügung.

23. APRIL
Die Lennons reisen zufällig mit George und Pattie Harrison in einem Flugzeug nach Los Angeles, um ihren Kurs in Urschrei-Therapie an Janovs „Primal Institute" zu beginnen. FBI-Chef J. Edgar Hoover informiert das kalifornische

Außenbüro des Dienstes: „Selbst wenn Lennon keine Neigung gezeigt hat, sich an gewaltsan Anti-Kriegs-Demonstrationen zu beteiligen – bleiben wir wachsam für irgendwelche Information bezüglich solcher Aktivitäten". Den ganzen Sommer lang unterziehen sich die Lennons intensiven Therapie-Sitzungen bei den Janovs.

25. APRIL-1. MAI
Während die Lennons in Kalifornien schreien, präsentiert das Fluxfest „Measure By John And Yoko", ein Ausstellungsstück, das die statistischen Daten der Zuschauer in sich trägt.

27. APRIL
Lennons „Bag One"- Lithographien werden von einem Londoner Gericht endgültig als unanstößig erklärt.

1. MAI
Bei einem Anti-Nixon-Treffen in der Yale Universität singen mehrere politische Aktivisten, die in den kommenden Jahren einen bedeutungsvollen Einfluß auf Lennons Leben bekommen werden, eine Parodie auf Lennons „Give Peace A Chance". Abbie Hoffman, Jerry Rubin und die New York Bar-Band Elephant's Memory stimmen den neuen Refrain an: „All we are saying is smash the state" („Alles,

was wir sagen, ist: zerstöre den Staat").

2.-8. MAI
Neuer Spaß beim Fluxfest: In der Canal Street, wird ein „Blue Room By John And Yoko", mit „Three Spoons By John Lennon" und „Needle By John Lennon" eingerichtet. Hoffentlich ist es eine Stricknadel...

4. MAI
Die Gerüchteküche um die Zukunft der Beatles wird durch das US-Album ihrer Hamburger Aufnahmen „Circa 1960 In The Beginning" um eine irritierende Gewürznote berreichert. Die nachfolgende Bestätigung der Trennung hebt das Produkt auf Platz 117 .

8. MAI
„Let It Be", das letzte Beatles Album, wird in England veröffentlicht. Es wird begleitet von eiem schönen, aber etwas zerfahrenen Foto-Booklet und sauber zusammengestellten Texten. Doch auch die noch so sorgfältige Neu-Abmischung und Nachbearbeitung von Phil Spector kann die lieblose Stimmung der Januar-Aufnahmesessions nicht kaschieren – erst recht nicht die völlig uninspirierte Mitarbeit von John Lennon, dessen einziger erwähnenswerter Song der Spector-Remix von „Across The Universe" aus dem Jahr 1968 ist.

9.-15. MAI
Von den Abschiedsworten der Beatles zu den Späßen mit Lennon und Ono: Das Wochenmotto des Fluxfest ist „Weight And Water By John And Yoko" – dazu gehört die Überflutung des Ausstellungsraumes in der Canal Street.

11. MAI
Amerika bekommt seine Extrawurst und veröffentlicht „The Long And Winding Road" als Beatles-Single. Es wird die letzte Nr. 1.

13. MAI
Bei der Premiere des „Let It Be"-Films in New York machen sich die Beatles rar. Eine Woche später boykottieren sie ebenfalls die UK - Premiere.

16.-22. MAI
„Capsule By John And Yoko" ist der rätselhafte Titel dieser Fluxfest-Woche.

18. MAI
Das „Let It Be"-Album wird in Amerika veröffentlicht. Es steckt mit Extra-Fotos in einer ausklappbaren Hülle, das Booklet hat man sich allerdings gespart. Trotz gemischter Kritiken überragt es die Charts.

23.-29. MAI
Zurück in Fluxfest: In der Canal Street wird der Raum mit einer Wand von 100 Schubladen gefüllt. Alle außer einer sind leer – in der steckt „Johns Lachen". Kein Zweifel: das muß ein „Portrait Of John Lennon As A Young Cloud" („Bild von John Lennon als eine junge Wolke") sein.

30. MAI-5. JUNI
„The Store By John And Yoko" macht mit einer Sammlung New Yorker Fahrkartenautomaten das Fluxfest-Dutzend voll.

JUNI
Die Lennons besuchen an der Seite des *Rolling Stone*-Herausgebers Jann Wenner eine „Let It Be"- Vorführung in San Francisco.

6.-12. JUNI
Die berühmte Fluxfest-Aktion geht in New York mit „Exam By John And Yoko" zu Ende – eine Chance für die Öffentlichkeit, zu beweisen, wie gut sie die Lektionen der vergangenen neun Wochen verstanden hat.

26. JULI
Lennon nimmt Demos des neuen Songs „God" auf.

31. JULI
Cynthia Lennon heiratet ein zweites Mal. Der Gatte heißt Roberto Bassanini.

1. AUGUST
Die amerikanische Einwanderungsbehörde fordert die Lennons auf, das Land zu verlassen. Bitten, die Visa zu verlängern, damit das Paar seine Urschrei-Therapie fortsetzen kann, bleiben ohne Wirkung.

Arthur Janov: „Die Regierung hat sie richtig herausgerissen aus der Therapie. Es braucht mindestens 13, 14, 15 Monate. Ich arbeitete mit ihm von März bis Juli, fünf Monate lang. Das war es dann, denn er wurde zum Verlassen des Landes gezwungen. Es hat wirklich den ganzen Prozess zerstört."

ANFANG AUGUST – SEPTEMBER
Wieder daheim im „Tittenhurst Park" beginnt Lennon damit, die Gefühle und Erinnerungen, die von seinen Monaten in der Urschrei-Therapie entfesselt wurden, in neue Songs zu leiten, die er im Heimstudio als Demos aufnimmt. „I Found Out" ist praktisch ein direktes Auskotzen der Janov-Theorien („Can't do you no harm to feel your own pain" – „Ich kann dir keinen Schaden zufügen, nur, damit du deinen eigenen Schmerz fühlen kannst). Die traurige Qual in „My Mummy's Dead" verarbeitet einen Kinderreim zu dem Eingeständnis seiner schmerzhaftesten Erinnerung; eine der nackten akustischen Versionen des Songs wird schließlich auf seinem nächsten Album erscheinen.

Andere Kompositionen reflektieren ungeschliffene Gefühle in einer breiten Stimmungs-Bandbreite: von dem atemberaubend schönen „Love" zu der Studie des frühen Feminismus in dem erdigen „Well Well Well". Lennon belebt seinen 1968er Song „Look At Me" wieder und spielt mit der seichten romantischen Ballade „When A Boy Meets A Girl" herum.

Der eindrucksvollste Song des neuen Materials ist „Gott". Er beginnt mit der Ableugnung spiritueller Allheilmittel, die Lennon von dem Maharishi angenommen hatte, führt weiter zu einer umfassenden Ablehnung von Gurus und Ikonen und gipfelt in dem Satz „I don't believe in Beatles/I just believe in me, and that's reality". In dem Moment, in dem Janovs Therapie Lennon von seinen gefühlsmäßigen Verteidigungs-Mechanismen entkleidet hat, wirft John die psychologischen Stützen beiseite, die ihn seit der Kindheit geholfen haben.

MITTE AUGUST
Yoko leidet noch eine Fehlgeburt.

Lennon bittet den Fotografen Iain Macmillan, regelmäßige Standfotos von der Baustelle des London International Hotel aus einem immer gleichen Blickwinkel zu machen. Die Fotos werden 1971 zu dem Film „Erection" zusammengestellt.

22. SEPTEMBER
Lennon, Ono und Dr. Arthur Janov erscheinen gemeinsam in der *Dick Cavett Show* (ABC-TV), um Erfahrungen des Paares mit der Urschrei-Therapie zu besprechen.

26. SEPTEMBER – 5. OKTOBER
Lennon beginnt in London mit den Sessions für sein erstes Solo-Album. Es soll aus neuen und nicht aus Avantgarde-Aktionen bestehen. Zunächst führt er bei den Aufnahmen der starken Songs, die er seit August geschrieben hat (mit einer kleinen Gruppe: Klaus Voorman, Ringo Starr und gelegentlich Billy Preston) selbst die Regie und begleitet Yoko nebenbei bei einer Reihe von abenteuerlichen Avantgarde-Rock-Stücken.

Phil Spector wird zu den letzten drei Session-Tagen eingeladen. Er sorgt in seiner endgültigen Abmischung dafür, daß die Klarheit und Intensität von Lennons Musik auf das fertige „John Lennon Plastic Ono Band"-Album gelangt. John und Yoko mischen und produzieren das parallel erscheinende „Yoko Ono Plastic Ono Band"-Album selbst.

Trotz aller Gegensätze kommen dabei zwei der bemerkenswertesten Alben der Rock-Geschichte heraus. Lennons Platte beginnt mit frostigem Geläut von Friedhofsglocken, geht über in „Mother", eine leidenschaftliche Konfrontation mit Johns Familien-Dämonen, die von einer Gesangsdarbietung ausgetrieben werden, mit der er zu den wilden Schreien seiner Urschrei-Therapie zurückkehrt.

Außer den Songs, die er in den letzten Wochen schon bei sich zu Hause „uraufgeführt" hat, nimmt Lennon auch „Working Class Hero" auf, eine Dylan-inspririerte Protest-Melodie, die seine persönlichen und politischen Einstellungen mit einem bösartigen Angriff auf die materialistische Natur der kapitalistischen Gesellschaft verbindet. In dem anderen Extrem singt Lennon eine seiner zartesten Gesangs-Stimmen auf „Love", von Spector elegant am Klavier begleitet. Der Rest des Albumes führt die Themen der Janov-Therapie weiter: Schmerz, Befreiung und der Versuch, aus der versengenden Selbsterkenntnis eine neue, ehrliche Persönlichkeit zu formen.

Yoko Onos Platte liegt dagegen zwischen Fluxus-inspririerten Klang-Gobelins wie „Greenfield Morning"und „Paper Shoes" und der frostigen Wildheit des LP-Anfangs „Why", in dem sich ihr ungezähmtes Schreien und Lennons ungehemmte Gitarre zu einer Reproduktion der Aura während einer Urschrei-Therapie-Sitzung vereinen.

Studio-Aufnahmen:
„Mother", „Hold On", „I Found Out", „Working Class Hero", „Isolation", „Remember", „Love", „Well Well Well", „Look At Me", „God", „Why", „Why Not", „Greenfield Morning I Pushed An Empty Baby Carriage All Over The City", „Touch Me", „Paper Shoes", Medley von „Honey Don't"/ „Don't Be Cruel"/ „Matchbox".

MITTE NOVEMBER
Die Sessions nach der Janov-Therapie haben zwar Lennons Kreativität, aber nicht seinen Schaffensdrang erschöpft: er beginnt damit, die ersten Demos neuer Songs wie das traurige „Oh Yoko" aufzunehmen und die ersten Einfälle für „Make Love Not War" und „I Promise"(die beide später in „Mind Games" münden), „I'm The Greatest" und „Sally And Billy" zu skizzieren. Als ihm zwischenzeitlich weniger Inspiration gegönnt ist, kriecht Lennon auch durch eine kummervolle Klavier-Version von „Help!".

26. NOVEMBER
Die Lennons kehren nach New York zurück und erklären der Apple-Mannschaft, daß sie zwei Filme für eine kurze Aufführung bei einem Film-Festival im kommenden Monat drehen wollen. Sie treffen sich auch mit dem befreundeten Underground-Filmemacher Jonas Mekas.

ANFANG BIS MITTE DEZEMBER
Die Lennons produzieren mit Kameramannen Steve Gebhardt „Fly und Up Your Legs Forever". Sie besuchen auch einen Muhammed Ali-Kampf und geben Werbe-Interviews für ihre neuen Alben. Verschiedene Quellen berichten, daß Lennon während dieser Reise nach der monatelangen Abstinenz wieder einmal Heroin nimmt.
„Up Your Legs Forever" ist unübersehbar eine Fortsetzung von Yokos berüchtigtem „Bottoms (Film Nr. 4)". Er zeigt 367 Bein-Paare, deren „Besitzer" den Soundtrack besprechen. Der Film wird in einem Tanz-Studio in der Nähe des Lincoln Center gemacht: unter den berühmten Beinen des Streifens sind auch die von Andy Warhol und Allen Ginsberg. Für den Soundtrack improvisiert Lennon einen akustischen Blues. Yokos Scrpt für den „Film Nr. 12 (Up Your Legs Forever)": „Die Kamera-Einstellung des Films soll permanent aufwärts gehen, aufwärts, aufwärts, ohne Pause pausenlos beständig hinaufgehen. Sammle 367 Bein-Paare und gehe die Beine (von den Zehen bis zm Ende der Schenkel) Paar für Paar gerade hinauf und fahre damit fort, bis alle 367 durchlaufen sind."

„Fly" ist gleichermaßen konzeptionell: Er wird in einem ungenutzten Lagerschuppen in der Bowery gedreht und zeigt in Nahaufnahme den Weg eines Insekts über den nackten Körper einer jungen Frau, die betäubt wurde, um sicherzustellen, daß sie sich nicht bewegt. Auf dem Soundtrack findet sich Yokos gleichnamige Song-Improvisation.

Yokos Anweisungen für „Film Nr. 13 (Fly)": „Lasse eine Fliege auf einem Frauenkörper von der Zehe bis zum Kopf krabbeln und sie anschließend aus dem Fenster fliegen"

Die beiden Filme, immerhin 80 und 50 Minuten lang, werden im Elgin Theater in Manhattan vor einem unruhigen und zunehmend feindlich gesonnenen Publikum gezeigt. „Fly" wird schließlich für zukünftige Vorstellungen um fast die Hälfte gekürzt.

John Lennon soll im Prozeß gegen Charles Manson als Zeuge auftreten, der des Mordes u.a. von Schauspielerin Sharon Tate angeklagt ist. Manson behauptet, die Beatles hätten ihm über ihre Musik Mitteilungen geschickt. Lennon drückt sich vor der Aussage.

8. DEZEMBER
Jann Wenner interviewt die Lennons ausgiebig in New York für die *Rolling Stone*-Ausgaben vom 21. Januar und 4. Februar 1971. Das Ergebnis ist das bekannteste und vielleicht längste Interview der Rock-Geschichte. Bedröhnt von einer Mischung aus Heroin und Urschrei-Therapie schlachtet Lennon jede heilige Kuh, die ihm in den Weg kommt: die Beatles, die Rolling Stones, den Apple-Stab, die ganze Bevölkerung von England und Amerika, Gott, Paul McCartney und sich selbst. Er schreibt weite Teile des Beatles-Mythos neu; wirbt für die „höchst intellektuelle" Yoko und das „Scheiß-Genie" Lennon und reißt jede Möglichkeit, jemals wieder mit den Beatles zusammenzuarbeiten, in Fetzen.

Das Interview schlägt wie eine Bombe ein, und das nicht nur bei jenen Lennon-Freunden, die ihm noch jahrelang irgendwelche Kommentare nachtragen – wenn er sie selbst schon längst vergessen hatte. Die Kontroverse wird am Leben gehalten, nachdem Jann Wenner das Interview als Buch „Lennon Remembers" herausbringt, ohne dessen ausdrückliche Genehmigung dafür zu haben.

11. DEZEMBER
„John Lennon/ Plastic Ono Band" und „Yoko Ono/ Plastic Ono Band" werden in konkurrierenden Plattenhüllen weltweit veröffentlicht. Die EMI-interne Zensur bewirkt die Schwärzung einiger Textpassagen auf „I Found Out" und „Working Class Hero" auf dem Innencover. Einige Staaten gehen noch weiter und löschen die fraglichen Songs oder verbieten gleich die gesamten Alben. Lennons LP erreicht Nr. 6 in den USA, Yokos kommt nur auf Platz 182.

18. DEZEMBER
Die Mitglieder des Beatles Official Fan Club bekommen Exemplare des „From Then To You: The Beatles Christmas Album" zugeschickt. Es faßt alle veröffentlichten Fan Club-Singles von 1963 bis 1969 zusammen.

28. DEZEMBER
Nachdem er zunächst zu „Love" oder „God" neigte, wählt Lennon „Mother" in einer bearbeiteten Version als die Single seines „Plastic Ono Band"-Albums aus. Auf der Rückseite ist Yokos „Why". Eine starrsinnige Entscheidung, die das Produkt auf Platz 43 verkümmern läßt.

31. DEZEMBER
Paul McCartney klagt vor dem Obersten Gerichtshof auf Beendigung der Geschäftsbeziehungen zwischen den Beatles.

1971

13. JANUAR
Die Lennons machen ihren ersten gemeinsamen Besuch in Japan, wo John endlich Yokos Familie vorgestellt wird. Das Paar trägt sich im Hilton Hotel in Tokio unter den Namen Mr. & Mrs. Fred Gherkin ein.

21. JANUAR
John und Yoko kehren aus Tokio zurück nach London. Am Nachmittag interviewen die bekannten Links-Aktivisten und *Red Mole*-Herausgeber Tariq Ali und Robin Blackburn die Lennons im „Tittenhurst Park".

22. JANUAR
Lennon beginnt in London mit den Aufnahmen des neuen Songs „Power To The People". Er ist inspiriert von dem gestrigen Treffen mit den *Red Mole*-Journalisten. Die feurige Rhetorik des Textes wird zunächst noch von den unüberhörbaren Schwächen des Arrangements gedämpft.

Studio-Aufnahme:
„Power To The People".

ANFANG FEBRUAR
Wie schon ein Jahr zuvor bei „Instant Karma!" kommt Phil Spector ins Spiel, um eine Lennon-Single zu retten. Er wandelt „Power To The People" von einer bleiernen R&B-Totenklage in ein klassisches Rock'n'Roll-Stück um. Lennon und Ono erreichen ähnlich erfolgreiche Ergebnisse mit Yokos überraschender Proto-Funk- Melodie „Open Your Box".

Studio-Aufnahmen:
„Power To The People", „Open Your Box".

19. FEBRUAR
Paul McCartneys Verhandlung gegen die anderen Beatles beginnt vor dem Obersten Gerichtshof in London.

23. FEBRUAR
Anstatt vor Gericht zu erscheinen, wird Johns Aussage in Form einer eidesstattlichen Erklärung vorgelesen. In dem Dokument bezeichnet er das Apple-Team als „Schwindler" und „Schmarotzer", die „verschwenderisch mit Geld und Gastfreundschaft" umgegangen seien. Er enthüllt auch, daß die letzten

Monate der Beatles eine Zeit enormer Meinungsverschiedenheiten gewesen waren: „Ich glaube, Paul und George waren die Schlimmsten in dieser Hinsicht, aber von Zeit zu Zeit hatten wir alle diverse Temperamentsausbrüche und drohten damit, auszusteigen. Notwendigerweise entwickelten wir eine Strategie, diese Differenzen in den Griff zu bekommen, damit jeder von uns dreien das tun konnte, was er tun wollte.

Von unseren frühesten Tagen in Liverpool an hatten George und ich auf der einen und Paul auf der anderen Seite unterschiedliche musikalische Geschmäcker. Paul zog 'Pop-artige' Musik vor, und wir standen auf das, was heute „Underground" genannt wird. Das mag zu Streit geführt haben... aber der Gegensatz in unseren Geschmäckern... erzeugte mehr Gutes als Schaden und trug zu unserem Erfolg bei."

Lennon räumt in seiner Aussage ein, daß er für die Einsetzung von Allen Klein verantwortlich gewesen war; aber, „wenn Paul behauptet, ich hätte versucht, ihn und die anderen zu Klein zu drängen, ihn gewissermaßen hineinzudrücken, dann liegt er damit falsch."

26. FEBRUAR

Paul McCartney sagt vor Gericht aus, Allen Klein habe ihm einmal erzählt: „Das wirkliche Problem ist Yoko. Sie ist diejenige mit Ehrgeiz." Paul fügt hinzu: „Ich frage mich oft, was John gesagt hätte wenn er die Bemerkung gehört hätte."

12. MÄRZ

„Power To The People" wird die erste Lennon/ Plastic Ono Band Single des Jahres. Yokos Jazz-Rock-Avantgarde-Fusion-Nummer „Open Your Box" ist die B-Seite in England. Der Gesang für diesen Song wurde angeblich erneut aufgenommen, nachdem EMI Einwände gegen die Textzeile „Öffne deinen Rock, öffne deine Beine" geäußert hatte. In Wahrheit wurden die anstößigen Worte allerdings nur mit einem kleinen Band-Echo-Effekt verschleiert.

In einer gleichermaßen revolutionären Entscheidung ernennt der Oberste Gerichtshof James Douglas Spooner zum Konkursverwalter der gemeinsamen Beatles-Unternehmen – der erste Akt in dem Zerrüttungs-Drama ihrer Geschäftspartnerschaft.

MITTE MÄRZ
Lennon, Harrison und Starr entschließen sich, gegen die Gerichtsentscheidung Revision einzulegen.

22. MÄRZ
US-Veröffentlichungstermin von „Power To The People". „Open Your Box" wird durch den weniger umstrittenen Ono-Song „Touch Me" ersetzt. Die Single wird Nr. 11.

14. APRIL
Die Beatles gewinnen ihren ersten „Oscar" in der Kategorie „Best Film Music (Original Song Score)" für ihre lustlosen musikalischen Beiträge zum „Let It Be"-Film.

MITTE APRIL
Die Lennons sind verärgert darüber, daß Yokos Ex-Mann Tony Cox ihnen noch immer keinen Kontakt zu ihrer Tochter Kyoko gewährt. Sie spüren ihn in Mallorca auf, wo er einen Meditations-Kurs besucht – ausgerechnet bei Johns altem Meister Maharishi Mahesh Yogi.

23. APRIL
Die Balearische Polizei verhört die Lennons in dem Verdacht, Kyoko von Tony Cox entführt zu haben. John und Yoko behaupten, Kyoko sei freiwillig mit ihnen gegangen, als sie sie in dem Kinder-Meditations-Camp besuchten. Cox gibt vor, daß das Kind gegen seinen Willen weggeschnappt wurde. Ein Richter fragt Kyoko, bei welchem Elternteil sie lieber bleiben würde. Sie antwortet: „Bei meinem Daddy". „Ich tat, was jede Mutter getan hätte", sagt eine weinende Yoko. „Wir werden für sie da sein, wo immer sie auch ist."

Britische Rechtsanwälte sagen den Lennons anschließend, daß sie einen Sorgerechts-Beschluß von den Behörden der amerikanischen Virgin Islands brauchen, auf denen Cox und Ono offiziell geschieden wurden. Das Paar fliegt Ende des Monates dort hin, bevor es nach Mallorca zurückkehrt.

26. APRIL
Die drei ehemaligen Beatles beugen sich der Niederlage und lassen ihren Einspruch gegen die Einsetzung eines Konkursverwalters fallen. Die Entscheidung bestätigt die endgültige Auflösung der Gruppe.

5. MAI
Das Verfahren gegen die Lennons auf Mallorca wird eingestellt.

8. MAI
Mit einem mallorcinischen Gerichtsbeschluß, der ihnen und dem Ehepaar Tony und Melinda Cox ein gemeinsames Sorgerecht für Kyoko gewährt, kehren John

und Yoko nach London zurück.

15. MAI
Zwei von John und Yokos Filmen, „Apotheosis“ und „Fly“, werden auf dem Film Festival in Cannes vorgeführt.
Für das Programmheft schreibt Yoko einen Artikel mit der Überschrift „Wie sieht die Beziehung zwischen der Welt und dem Künstler aus?“ In dem Text distanziert sie sich von „den gewaltsamen Revolutionären“, bezeichnet dann aber Radikale wie Abbie Hoffman und Jerry Rubin als „Künstler, deren Werke den Galerie-Raum verlassen und dazu beitragen, die Welt zu verändern.“ Sie schließt mit: „In unserer Gesellschaft sind nur noch zwei Klassen übrig geblieben. Die Klasse, die kommuniziert und die Klasse, die es nicht tut. Morgen, hoffe ich, wird es nur noch eine geben. Totale Kommunikation bedeutet Frieden. Männer können zerstören/Frauen können erschaffen/Künstler können die Werte neu verteilen.“

28. MAI
Paul und Linda McCartney veröffentlichen ihr „Ram“-Album, das mehrere kaum versteckte Mitteilungen an die Lennons beinhaltet. John und Yoko nehmen den Songtext des Eröffnungs-Songs, „Too Many People“ wörtlich: „zu viele Leute predigen Praktiken... das war euer erster Fehler/ ihr gönntet euch eine Pause des Glücks und bracht es entzwei.“ Erschwerend kommt hinzu, daß McCartney den Song mit den Worten „verpißt euch“ beginnt. Pedantisch und paranoid wie die Lennons nun mal sind, beziehen sie auch weitere Songs auf sich: „3 Legs“(„mein Hund hat nur drei Beine/ euer Hund hat gar keine“), „Smile Away“ und „Dear Boy“. Die Refrain-Zeile von „Back Seat Of My Car“ („wir wissen, daß wir Recht haben“) verstehen sie als einen Kommentar auf McCartneys gerichtliche Schritte gegen den Rest der Beatles. Lennon sieht sogar in dem Cover-Artwork die Beatles, wie sie sich gegenseitig anarschen.

Sofort setzt sich Lennon hin und schreibt mit „How Do You Sleep?“ den bösartigsten Song seiner Karriere. Neben einem Spott auf McCartneys Rolle für den Beatles-Mythos („diese Typen hatten recht, als sie sagten, daß du tot bist“) und der Abwertung von Pauls musikalischen Aktivitäten („der Sound, den du machst, ist Muzak in meinen Ohren“), gestattet Lennon Allen Klein, ihm bei dem köstlichen Kehrreim auf einen McCartney-Hit zu helfen: „The only thing you done was Yesterday/And since you gone you're just Another Day“.

In dieser Zeit entsteht auch „Oh Yoko“, das auf einem Demo vom Ende des vergangenen Jahres aufbaut; „God Save Us“, eine Auftragsarbeit für das *Oz* Magazin und „Call My Name“, eine traurige Klavier-Ballade, die später zu „Aisumasen“ umschrieben wird.

1. JUNI
In einem großspurigen Versuch, Spenden für das in Bedrängnis geratene Underground-Journal *Oz* zu sammeln, nimmt Lennon „God Save Us“ als Benefiz-Single auf. Nachdem er eine hastig zusammengestellte Band anhand seiner Pilot-Gesangsspur durch den Song gejagt hatte, erlaubt er Bill Elliott, Autor beim Apple-Musikverlag, den Leadgesang zu übernehmen. Mit John und Yokos Avantgarde-Rocker „Do The Oz“ als Rückseite ist die Single unter dem Bandnamen „Bill Elliott & the Elastic Oz Band“ veröffentlichungsfertig.

Studio-Aufnahmen:
„God Save Us“, „Do The Oz“.

3. JUNI
Auf der Suche nach Tony & Melinda Cox jetten John und Yoko nach New York – wo sie am Nachmittag aber zunächst einen Einkaufsbummel durch Greenwich Village unternehmen.

6. JUNI
Am Nachmittag erscheinen die Lennons auf Howard Smiths Talk-Show (WPLJ-Radio). In der Nacht entern John und Yoko bei dem Konzert von Frank Zappa und The Mothers Of Invention im Fillmore East Festsaal in New York die Bühne. Glanzlichter dieses Auftrittes werden auf ihrer 1972er LP „Some Time In New York City“ erscheinen. John und Yoko sind abgebrüht genug und beanspruchen anschließend, als Mit-Urheber einiger Zappa-Songs genannt zu werden – vor allem bei der Lang-Version von „King Kong“, über den sie einige Gesangsteile improvisiert hatten. Der Höhepunkt des 30-Minuten-Programmes ist eine Version des R&B-Songs „Well (Baby Please Don't Go)“ von den Olympics.

ANFANG JUNI
Lennon trifft George Harrison in der New Yorker Zentrale von ABKCO und lädt ihn ein, bei sei-

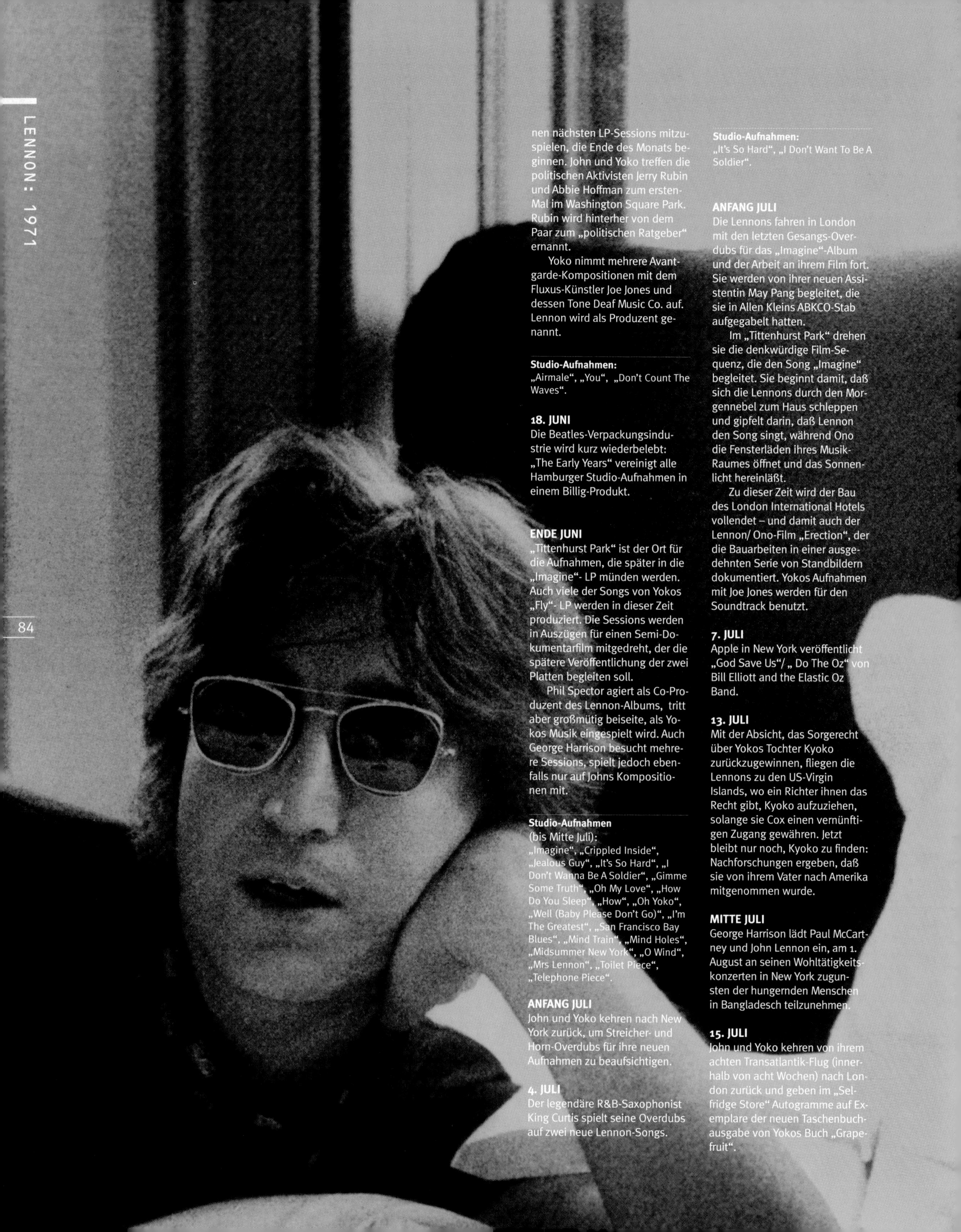

nen nächsten LP-Sessions mitzuspielen, die Ende des Monats beginnen. John und Yoko treffen die politischen Aktivisten Jerry Rubin und Abbie Hoffman zum ersten-Mal im Washington Square Park. Rubin wird hinterher von dem Paar zum „politischen Ratgeber" ernannt.

Yoko nimmt mehrere Avantgarde-Kompositionen mit dem Fluxus-Künstler Joe Jones und dessen Tone Deaf Music Co. auf. Lennon wird als Produzent genannt.

Studio-Aufnahmen:
„Airmale", „You", „Don't Count The Waves".

18. JUNI
Die Beatles-Verpackungsindustrie wird kurz wiederbelebt: „The Early Years" vereinigt alle Hamburger Studio-Aufnahmen in einem Billig-Produkt.

ENDE JUNI
„Tittenhurst Park" ist der Ort für die Aufnahmen, die später in die „Imagine"- LP münden werden. Auch viele der Songs von Yokos „Fly"- LP werden in dieser Zeit produziert. Die Sessions werden in Auszügen für einen Semi-Dokumentarfilm mitgedreht, der die spätere Veröffentlichung der zwei Platten begleiten soll.

Phil Spector agiert als Co-Produzent des Lennon-Albums, tritt aber großmütig beiseite, als Yokos Musik eingespielt wird. Auch George Harrison besucht mehrere Sessions, spielt jedoch ebenfalls nur auf Johns Kompositionen mit.

Studio-Aufnahmen
(bis Mitte Juli):
„Imagine", „Crippled Inside", „Jealous Guy", „It's So Hard", „I Don't Wanna Be A Soldier", „Gimme Some Truth", „Oh My Love", „How Do You Sleep", „How", „Oh Yoko", „Well (Baby Please Don't Go)", „I'm The Greatest", „San Francisco Bay Blues", „Mind Train", „Mind Holes", „Midsummer New York", „O Wind", „Mrs Lennon", „Toilet Piece", „Telephone Piece".

ANFANG JULI
John und Yoko kehren nach New York zurück, um Streicher- und Horn-Overdubs für ihre neuen Aufnahmen zu beaufsichtigen.

4. JULI
Der legendäre R&B-Saxophonist King Curtis spielt seine Overdubs auf zwei neue Lennon-Songs.

Studio-Aufnahmen:
„It's So Hard", „I Don't Want To Be A Soldier".

ANFANG JULI
Die Lennons fahren in London mit den letzten Gesangs-Overdubs für das „Imagine"-Album und der Arbeit an ihrem Film fort. Sie werden von ihrer neuen Assistentin May Pang begleitet, die sie in Allen Kleins ABKCO-Stab aufgegabelt hatten.

Im „Tittenhurst Park" drehen sie die denkwürdige Film-Sequenz, die den Song „Imagine" begleitet. Sie beginnt damit, daß sich die Lennons durch den Morgennebel zum Haus schleppen und gipfelt darin, daß Lennon den Song singt, während Ono die Fensterläden ihres Musik-Raumes öffnet und das Sonnenlicht hereinläßt.

Zu dieser Zeit wird der Bau des London International Hotels vollendet – und damit auch der Lennon/ Ono-Film „Erection", der die Bauarbeiten in einer ausgedehnten Serie von Standbildern dokumentiert. Yokos Aufnahmen mit Joe Jones werden für den Soundtrack benutzt.

7. JULI
Apple in New York veröffentlicht „God Save Us"/ „ Do The Oz" von Bill Elliott and the Elastic Oz Band.

13. JULI
Mit der Absicht, das Sorgerecht über Yokos Tochter Kyoko zurückzugewinnen, fliegen die Lennons zu den US-Virgin Islands, wo ein Richter ihnen das Recht gibt, Kyoko aufzuziehen, solange sie Cox einen vernünftigen Zugang gewähren. Jetzt bleibt nur noch, Kyoko zu finden: Nachforschungen ergeben, daß sie von ihrem Vater nach Amerika mitgenommen wurde.

MITTE JULI
George Harrison lädt Paul McCartney und John Lennon ein, am 1. August an seinen Wohltätigkeitskonzerten in New York zugunsten der hungernden Menschen in Bangladesch teilzunehmen.

15. JULI
John und Yoko kehren von ihrem achten Transatlantik-Flug (innerhalb von acht Wochen) nach London zurück und geben im „Selfridge Store" Autogramme auf Exemplare der neuen Taschenbuchausgabe von Yokos Buch „Grapefruit".

16. JULI
„God Save Us" erscheint in England, bekommt aber weder Airplay noch Presse-Erwähnungen. Dahinter steckt das stillschweigende Abkommen, Lennons Unterstützung für *Oz* zu verschweigen. Die Medien ignorieren auch die Pressekonferenz am Veröffentlichungstag der Platte.

17. JULI
John und Yoko erscheinen bei *Parkinson*, der BBC-Talkshow mit den höchsten Einschaltquoten.

ENDE JULI
Die Lennons fliegen für die Bangladesch-Konzerte nach New York.

29. JULI
Lennon merkt, daß Harrison Yoko Ono bei den Wohltätigkeitskonzerten nicht dabei haben will. Er pflichtet dieser Entscheidung bei – bis Yoko davon Wind bekommt. Das Paar hat einen lautstarken Streit und Lennon rast zum Flughafen, wo er den ersten Flug zurück zu Europa nimmt.

1. AUGUST
Die George Harrison-Wohltätigkeitskonzerte für die hungernden Menschen von Bangladesch finden ohne den Beitrag der Lennons statt.

11. AUGUST
Die Lennons marschieren an der Seite von regierungsfeindlichen Protestanten in London gegen die britische Nordirland-Politik und proklamieren ihre Unterstützung: „Für die IRA, gegen den britischen Imperialismus".

ENDE AUGUST
Lennon wirft seine Popularität in die Kampagne der schottischen Werftarbeiter von Upper Clydebank, die von der Regierung entlassen worden waren und sich weigerten, ihren Arbeitsplatz zu verlassen.

3. SEPTEMBER
Die Lennons fliegen nach New York. John wird nie wieder nach England zurückkehren. Sie müssen Yokos Ex-Mann Tony Cox durch diverse US-Gerichte jagen, um endgültig das Sorgerecht für Kyoko zu bekommen. Rechtsanwälte raten Yoko, daß es für den Rechtsstreit günstiger ist, wenn sie ihren Wohnsitz nach Amerika verlegt. John und Yoko mieten eine Suite im St. Regis Hotel.

John Lennon: „Yoko und ich sind ohnehin dauernd nach New York und wieder zurück geflogen. Schließlich entschieden wir uns, daß es billiger und funktionaler ist, hier auch zu leben."

5. SEPTEMBER
Bei einem Filmabend des London Art Spectrum im Alexander Palace in London werden fünf Filme der Lennons vorgeführt: „Cold Turkey", „The Ballad Of Yoko And Yoko", „Instant Karma", „Give Peace A Chance" und „Up Your Legs Forever".

9. SEPTEMBER
John zweites Solo-Album „Imagine", wird in den USA veröffentlicht, ergänzt mit dem musikalischen Angriff auf Paul McCartney („How Do You Sleep") und einer Postkarte, die das Cover-Artwork von „Ram" verspottet. McCartney ist auf der LP zu sehen, wie er ein Schaf für die Schur vorbereitet. Lennon kontert mit der selben Pose – allerdings mit einem Schwein. Das Album erreicht für kurze Zeit Platz 1.

Lennon beschreibt die Platte als „Plastic Ono Band mit Zuckerguß". Das Album ist mit Sicherheit eine weitaus weniger anstößige Sache als das vorangegangene. Es ist auch weniger konzentriert, oder – wer das lieber mag – rund. Sein Spektrum reicht von dem spirituellen Glaubensbekenntnis „Jealous Guy" über den idealistischen Humanismus des Titel-Songs bis hin zu der zügellosen Bösartigkeit von „How Do You Sleep". Wie auch immer – die Wirkung des Albums wird von der unglaublichen Beliebtheit und Dauerhaftigkeit des Songs „Imagine" verschleiert, der sofort nicht nur eine Hymne der Gegenkultur, sondern auch aller Agitations-Gruppen und religiösen Sekten wird, die auf der Suche nach einer passenden hypnotisierenden Erkennungsmelodie waren. Die Ironie, daß ausgerechnet seine „Imagine no religion"-Zeilen später von Teilen der Church Of England zum Weihnachtslied erhoben werden, hätte Lennon sicher vergnügt – wenn er denn diesen Tag erlebt hätte.

MITTE SEPTEMBER
Die Lennons setzen ihre Film-Eskapaden in ihrer Suite im St. Regis Hotel fort. Eines Morgens machen sie den Film „Clock" der die Zeiger einer Uhr zeigt, die sich 60 Minuten lang drehen. Auf dem Soundtrack singt Lennon eine Auswahl von Rock'n'Roll-Oldies (plus einen früheren Versuch von „New York City") zur akustischen Gitarre, während Yoko Ono im Hintergrund telefoniert.

Lennon schreibt in dieser Zeit auch zwei nicht nennenswerte neue Songs, „JJ" (die Melodie, die er später für „Angela" benutzen wird) und „Shoeshine" (1973 für den Songtext von „Meat City" ausgeschlachtet).

Sie filmen weitere Szenen für den „Imagine"-Film, der Gastauftritte von Fred Astaire, Dick Cavett und Phil Spector beinhaltet.

Dick Cavett: „Ich traf sie in ihrem Hotelzimmer an einem regnerischen Tag. John zog eine 16mm-Kamera heraus und fragte, ob er „eine kleine Sache mit mir machen" könne. Es endete später in einem seiner Filme."

20. SEPTEMBER
Yokos Doppel-Album „Fly" erscheint in den USA. Es präsentiert zwei Plastic Ono Band B-Seiten, Soundtrack-Aufnahmen von zwei Lennon-Filmen und mehrere neue Songs. Diese rangieren von „Mrs Lennon", einer traurigen Ballade, die kommentiert, wie ihre Individualität von Johns Ruhm überschattet wird, bis hin zu „Mind Train", ein bemerkenswert intensiver und ehrgeiziger 17-Minuten-Rock-Ausflug. Trotz seiner Bandbreite und Unternehmungslust kommt es nur auf Platz 199 in den Album-Charts.

23. SEPTEMBER
John und Yoko erscheinen in *The Dick Cavett Show* (ABC-TV), in der ihre Filme „Imagine" und „Fly" vorab gezeigt werden. Lennon geht auf die Bühne mit einer Zigarette in der Hand, deutet darauf, und sagt: „Siehst du, Janov? Es hat nicht funktioniert." Arthur Janovs Urschrei- Therapy hatte Lennon angeblich von all seinen Süchten geheilt.

29. SEPTEMBER
„Mrs Lennon" wird als der potentiell radiotauglichste Song auf „Fly" eingestuft und als US-Single ausgewählt.

OKTOBER
Im *Melody Maker* stellen zwei Leserbriefe Lennons politische Prinzipien in Frage. Er antwortet mit einem offenen Brief: „Ich persönlich habe genug von Apple/ Ascot und allen anderen Verpflichtungen gehabt. Ich werde, sobald ich kann, meine Chips einlösen und FREI sein !"

8. OKTOBER
Ausgerechnet einen Tag vor Lennons Geburtstag veröffentlicht Apple das „Imagine"- Album in England. Die Lennons veranstalten eine Pressekonferenz in Syracuse/New York, um die Eröffnung von Yokos Kunstausstellung am nächsten Tag bekanntzugeben. Sie reihen sich auch in eine Demonstration von Onondaga-Indianern gegen den Bau einer Autobahn durch ihr Reservoir ein.

9. OKTOBER
„This Is Not Here", eine Ausstellung mit Werken von Yoko Ono und ihren Freunden, eröffnet im Everson Museum in Syracuse und wird dort bis zum 27. Oktober gezeigt. Neben Kunstwerken der Lennons werden auch pausenlos viele ihrer Filme, vor allem aber „Clock", vorgeführt. Das Thema der Ausstellung ist Wasser, und viele von Yokos Freunden und anderen Berühmtheiten haben Gegenstände dazu beigetragen, die mit Flüssigkeit gefüllt

Kleines Bild: John mit Phil Spector and Yoko bei der „This is Not Here"-Kunstausstellung in Syracuse, New York.

werden können, bevor sie zur Ausstellung gelangen.

Im Laufe des Tages werden Lennon und Ono zum erstenmal von Elliot Mintz interviewt, ein DJ und Journalist, der später ein enger Freund werden wird.

In der Nacht feiert Lennon seinen 31. Geburtstag mit einer Party in ihrem Hotel, die sich in eine klapprige Jam-Session mit Gästen wie Phil Spector, Allen Ginsberg und Ringo Starr entwickelt. Lennon stellt wie immer sicher, daß der abendliche Spaß für die Nachwelt aufgezeichnet wird. Die Feier trägt eine einigermaßen reife Frucht: John kommt auf einen neuen Song – das offen radikale und reduzierte „Attica State".

11. OKTOBER
Das Titel-Stück des „Imagine"-Albums wird als US-Single veröffentlicht, nachdem sich herausgestellt hatte, daß es der populärste Song auf der Platte ist. Er erreicht Platz 3 in den Charts und setzt damit sofort Maßstäbe. Die Single erscheint erst 1975 in England.

14. OKTOBER
Die Lennons werden für die TV-Show *Free Time* interviewt. Dabei treffen sie auch den Rock-Journalisten Robert Christgau, nachdem sie einen seiner *Village Voice*-Artikel über sie gelesen hatten.

MITTE OKTOBER
Der Straßensänger David Peel wird nach einem seiner regelmäßigen Washington Square Park-Konzerte Lennon vorgestellt. John und Yoko werden Peel später einmal wiedertreffen, zunächst aber werden sie von der Polizei vertrieben. Lennon ist so fasziniert von seiner neugewonnenen Street-Credibility, daß er Peel anbietet, ein Album für ihn auf Apple zu produzieren.

Zu dieser Zeit produzieren die Lennons zwei 60-Sekunden-Filme unter dem Titel „Freedom", die für das Chicago Film Festival Ende des Jahres bestimmt sind. John beginnt auch, „Happy Xmas (War Is Over)" zu komponieren.

25. OKTOBER
Der britische Journalist David Wigg interviewt die Lennons für den BBC-Rundfunk. Das Interview wird später auf dem LP-Set „The Beatles Tapes" erscheinen.

28./ 29. OKTOBER
Mit Phil Spector als Produzent nehmen die Lennons ihre Weihnachts-Single, „Happy Xmas (War Is Over)" auf. Die Kinder des Harlem Baptist Choir helfen beim Gesang. John versucht auch, einen Song über Chuck Berry und Bo Diddley zu schreiben, wirft das Ergebnis aber in den Müll.

Studio-Aufnahmen:
„Happy Xmas (War Is Over)", „Listen The Snow Is Falling".

29. OKTOBER
Yokos „Mrs Lennon" wird als Single in England veröffentlicht.

ANFANG NOVEMBER
Die Lennons ziehen vom St. Regis Hotel in eine Wohnung in der Bank Street um, die Joe Butler von The Lovin' Spoonful gehört. Sie wird schnell zur Basis der Gegenkultur und Polit-Aktionen in Greenwich Village.

12. NOVEMBER
Ein genervter Lennon nimmt akustische Demos seines Pro-IRA Songs „Luck Of The Irish" gemeinsam mit Yoko auf. In diesem Stadium plant er, den Song Anfang 1972 als Single zu veröffentlichen. Auch die akustische Version von „Attica State" wird an diesem Tag aufgenommen.

ENDE NOVEMBER
Die Pläne für sein nächstes Album tragen Früchte, als Lennon einen weiteren Schub an Demos aufnimmt. Unter den Songs ist seine aufgeblasene Unterstützungs-Geste für die Frauenbewegung, „Woman Is The Nigger Of The World", und die Möchtegern-Polit-Hymnen „Bring On The Lucie" und „John Sinclair". Ebenfalls im Heimstudio mitgeschnitten: neue Versionen von „New York City" und „Call My Name", sowie die musikalische Skizze „People".

ANFANG DEZEMBER
John, Yoko, Jerry Rubin und David Peel erklären sich zur Rock Liberation Front, „eine Gruppe, die den in Mode gekommenen kapitalistischen Ausverkauf der Gegenkultur und politisierende Rock-Musik und Rock-Künstler aufdecken will." Paul McCartney ist eine ihrer ersten Zielscheiben. Lennon nimmt in diesen Tagen auch an einer Prominenten-Auktion teil, mit derem Erlös der Start des neuen radikalen Magazins *SunDance* finanziert werden soll.

Er wird auch von dem Rundfunk-DJ Scott Muni interviewt, dem er enthüllt, daß er plant, Amerika mit der Plastic Ono Band im kommenen Frühjahr im Rahmen einer radikalen Polit-Truppe zu betouren, die ihre Konzerte zeitlich mit den Vorwahlen der Republikanischen Partei für die Präsidentenwahlen abstimmen will.

1. DEZEMBER
Die Weihnachts-Single der Lennons, „Happy Xmas (War Is Over)"/"Listen, The Snow Is Falling", wird in den USA veröffentlicht. Ihr Erscheinen in England verschiebt sich um ein Jahr wegen der rechtlichen Unklarheit über die Tantiemenabrechnung für die A-Seite, für die Lennon und Ono als gemeinsame Komponisten genannt werden. Unglaublich, aber die Single wird ein kompletter Reinfall in den US-Charts. Offenbar erscheint sie viel zu kurz vor den Feiertagen, um noch ausreichende Verkäufe zu erzielen.

2. DEZEMBER
Als Antwort auf sarkastische Kommentare in einem Paul McCartney-Interview in der vorigen Woche, schreibt Lennon einen „Offenen Brief" an seinen ehemaligen Kollegen, der im *Melody Maker* abgedruckt wird. Der Brief, der zensiert werden muß, um eine mögliche Beleidigungsklage zu vermeiden, enthält Lennons bissigste öffentliche Mitteilung an McCartney. Sie endet mit: „Komm zu der Rock Liberation Front, bevor sie dich erwischt!"

3. DEZEMBER
Yokos Produkt ist der Firma und ihrem Vertrieb weit weniger wichtig als Johns, deshalb erscheint „Fly" auf Apple in England mehr als zwei Monate nach seiner US-Veröffentlichung.

ANFANG DEZEMBER
Die Lennons fliegen nach Houston, wo sie Tony Cox und Kyoko aufgespürt haben. Cox ist zu den „Wiedergeborenen Christen" konvertiert, was einem texanischen Richter weitaus geheurer ist als die Gegenkultur-Aktivitäten der Lennons. Cox stärkt seine Position durch die Behauptung, Yoko habe ihn während ihrer Ehe immer wieder angegriffen und verletzt, und durch die Vorführung eines Privatfilmes, der John und Kyoko in der Badewanne zeigt.

Der Richter gewährt Cox das Sorgerecht, gestattet aber den Lennons Besuchsrechte bei dem Mädchen, das von dem evangelisierten Cox über Weihnachten in Rosemary umbenannt wird.

7. DEZEMBER
Paul McCartneys neue Band The Wings veröffentlicht ihre Debüt-LP „Wild Life". Unter den acht Songs ist „Dear Friend", das gemeinhin als eine versöhnliche Wendung der „Too Many People"/"How Do You Sleep"-Schlacht interpretiert wird.

10./ 11. DEZEMBER
In der Chrysler Arena in Ann Arbor nahe Detroit führen die Lennons ein ausgedehntes Wohltätigkeitskonzert an, um für die Freilassung des politischen Aktivisten und Rock-Managers John Sinclair zu werben, der für mehrere Jahre in einem örtlichen Gefängnis wegen geringfügiger Drogen-Vergehen einsitzt. Das Ereignis wird als Beitrag für den Film „Ten For Two" aufgenommen. Der Streifen zeigt auch das desorganisierte akustische Vier-Song-Programm der Lennons vor einem Publikum, das nach einem siebenstündigen Konzert doch sehr abgestumpft reagiert. Lennon und Ono singen gemeinsam eine katastrophale Version von „Attica State" und ein geringfügig schlüssigeres „Luck Of The Irish". Yoko singt „Sisters O Sisters", und Lennon endet mit einem überraschend stimmigen „John Sinclair", das eigens für diesen Anlaß geschrieben wurde

John Lennon: „Wir kamen hier her, um zu sagen, daß Teilnahmslosigkeit nichts bringt, und daß wir etwas tun können. Und wenn Flower Power nicht funktioniert, fangen wir eben wieder von vorne an."

13. DEZEMBER
Auf Beschluß des Bundesgerichtes des Michigan Supreme Court wird John Sinclair nach 27 Monaten aus dem Gefängnis entlassen. Einer seiner ersten Handlungen als freier Mann ist ein Telefonanruf bei den Lennons, um sich für deren Unterstützung zu bedanken. Das Paar arbeitet an diesem Tag mit David Peel im New Yorker Record Plant-Studio.

MITTE. DEZEMBER
Lennon trifft sich mit den Poeten Ed Sanders und Allen Ginsberg

und bespricht eine gemeinsame musikalisch-politische Tour für das kommende Jahr – Teil einer Kampagne, um die Wiederwahl von Präsident Nixon zu verhindern. Lennon stimmt überein, Ginsberg einige Aufnahmesessions für Apple zu finanzieren. Dennoch bleibt Ginsberg später der Veranstaltung fern, und seine Aufnahmen werden ein Jahrzehnt lang nicht veröffentlicht.

Yoko Ono veranstaltet eine imaginäre Kunstausstellung im New Yorker Museum Of Modern Art: Zuschauer erscheinen in der Galerie und entdecken, daß sie selbst das Kunstwerk sind – gefilmt von Lenonns Assistenten. Die Museumsverwaltung stellt große Schilder auf, die die Natur von Yokos Ausstellungsstück den aufgebrachten Besuchern erklären. „Es ist nicht hier", sagt sie hilfreich.

17. DEZEMBER
Noch eine Nebenrolle für Lennon bei einem Wohltätigkeitskonzert – dieses Mal im Apollo Theater in Harlem, um Geld für die Familien von den Opfern zu sammeln, die bei einem Aufruhr im staatlichen Gefängnis von Attica getötet wurden. Lennon singt das dafür komponierte „Attica State" und eine schöne akustische Solo-Version von „Imagine". Yoko fügt ihre Feminismus-Hymne „Sisters O Sisters" hinzu.

21. DEZEMBER
Tony Cox weigert sich, Kyoko/ Rosemary über Weinachten an die Lennons zu geben.

22. DEZEMBER
Cox wird in Houston verhaftet, weil er die Gerichtskosten noch nicht gezahlt hat.

24. DEZEMBER
Tony Cox wird über Weihnachten gegen Kaution freigelassen. Er weigert sich noch immer, John and Yoko ein Treffen mit Kyoko/ Rosemary zu erlauben. Statt dessen verläßt er Texas und taucht vollständig unter. Yoko wird ihre Tochter nie wiedersehen.

29. DEZEMBER
Die Lennons fliegen wieder nach Houston, nur um festzustellen, daß sich Cox mit seiner Familie davon gemacht hat.

1972

6. JANUAR
Eine weitere Lennon-Firma wird offiziell eingetragen: Yoko Films Ltd.

10. JANUAR
Yoko Ono tritt als Solo-Künstlerin in der Alice Tully Hall in New York auf. Lennon hilft ihr dabei.

13. JANUAR
Der erste einer Flut von TV-Auftritten der Lennons Anfang 1972 führt sie erneut zur *The David Frost Show*. Begleitet von der David Peel-Band treten er und Yoko mit „John Sinclair", „Attica State" und „Luck Of The Irish" auf. Während einer erhitzten Diskussion mit Zuschauern sagt eine Frau zu John: „Bei Ihnen hört sich alles so an, als seien die einzig wertvollen Menschen in dieser Welt Leute, die Verbrechen begangen haben und eingesperrt wurden."

In dieser Zeit werden Fragmente von „Pill" und „He Got The Blues" geschrieben, die aber niemals vollendet werden.

21. JANUAR
Unbeeinflußt durch den Urheberrecht-Streit, der die UK-Veröffentlichung von „Happy Xmas" verzögert, erscheint die B-Seite der Single, „Listen, The Snow Is Falling", in England als die Rückseite von Yokos „Mind Train"- Single.

30. JANUAR
Britische Soldaten töten 13 Katholiken auf den Straßen von Londonderry – schnell macht das Schlagwort „Bloody Sunday" die Runde. Der Vorfall inspiriert Lennon, einen Protest-Song zu schreiben.

FEBRUAR
Der republikanische Senator Strom Thurmond erhält eine Notiz mit der Überschrift „John Lennon", die ihn prompt dazu veranlaßt, die Verwaltung zu ermutigen, den Ex-Beatle aus Amerika auszuweisen. Er gibt die Notiz an den Bundeswalt John Mitchell weiter, dessen Stellvertreter die Einwanderungbehörde reichlich verspätet fragt: „Wann kommt er? Haben wir irgendeine Handhabe, ihm die Einreise zu verweigern?"

5. FEBRUAR
Die Lennons gehen auf die Straßen von New York zu einer Protestveranstaltung gegen britische Politik in Nordirland, singen „Luck Of The Irish" mit den anderen Demonstranten und kehren dann zu ihrer Wohnung zurück, um eine überkandidelte Presseerklärung zu diktieren.

14. FEBRUAR
In einer turbulenten Woche treten John und Yoko als Co-Moderatoren in der populären Talk-Show am Nachmittag, *The Mike Douglas Show*, auf. Draußen warten Fans, um ihn zu sehen und rufen: „Beatles". „Wissen die denn nicht, daß es die Beatles nicht mehr gibt?" fragt Lennon einen Freund. Ralph Nader ist der erste Fernsehgast des Tages. Die Lennons treten mit „It's So Hard" auf und der Moderator Douglas singt „Michelle".

15. FEBRUAR
Auszüge aus dem noch unveröffentlichten „Imagine"- Film werden in der Nachmittags-Ausgabe von *The Mike Douglas Show* gesendet, in der die radikale Filmemacherin Barbara Loden und Jerry Rubin als Gäste des Tages geladen sind. Rubins Angriffe auf die Regierungspolitik versetzen Douglas und das Studiopublikum in Rage. Das FBI verteilt anschließend Niederschriften der Show an alle seine im Land verstreuten Agenten.

16. FEBRUAR
Chuck Berry ist einer der Gäste Lennons in ihrer Nachmittag-TV-Reihe: John und Chuck spielen mittelmäßige Versionen von „Johnny B. Goode" und „Memphis", begleitet vom durchdringendem Blöken Yokos, die noch „Sisters O Sisters" singt, obwohl Berry in keinster Weise freundlich reagiert.

17. FEBRUAR
Am vierten Tag der Mike Douglas Show singt John „Imagine" und lädt den Vorsitzenden der Black Panther, Bobby Seale, in das Programm ein. Die Beamten des FBI spitzen erwartungsvoll ihre Bleistifte. Sie sehen auch weitere Auszüge von dem „Imagine" Film.

18. FEBRUAR
„Luck Of The Irish" wird am letzten Tag von Lennons Talk-Show-Heldentaten gesendet.

ENDE FEBRUAR
Lennon und McCartney treffen sich in New York und beenden die öffentlichen Streitereien, die ihre Beziehung in den letzten 18 Monaten stark belastet hat.

29. FEBRUAR
Die sechsmonatigen US-Besucher-Visa laufen ab: Die Lennons bekommen nur eine 15-tägige Verlängerung.

1.-20. MÄRZ
Aufnahmesessions für John und Yokos „Some Time In New York City"-Album werden im Record Plant in New York abgehalten, wobei Phil Spector als Produzent und Elephant's Memory als Hilfs-Band der Lennons dienen.

Während des Sessions nimmt Lennon auch einige improvisierte Rock'n'Roll-Coverversionen auf.

Studio-Aufnahmen:
„Woman Is The Nigger Of The World", „Sisters O Sisters", „Attica State", „John Sinclair", „Born In A Prison", „We're All Water", „New York City", „Angela", „Sunday Bloody Sunday", „Luck Of The Irish", „Down In The Caribbean", „Not Fade Away", „Send Me Some Lovin'", „Hound Dog", „Ain't That A Shame", „Whole Lotta Shakin"Goin'On", „It'll Be Me" und „Roll Over Beethoven".

3. MÄRZ
Yokos Sorgerecht für ihre Tochter Kyoko, die mit ihrem Vater Tony Cox verschwunden ist, wird verlängert.

6. MÄRZ
Die US-Regierung widerruft die Visum-Verlängerungen der Lennons und stellt damit deren Einwanderungs-Status extrem in Frage. Das Paar beauftragt den Einwanderungs-Spezialisten, Rechtsanwalt Leon Wildes, ihren Fall zu betreuen.

16. MÄRZ
Beamte der Einwanderungs-Behörde überbringen den Lennons den unverzüglich auszuführenden Deportations-Befehl. Sie kontern mit einer Petition, die aufschiebende Wirkung hat. Lennon muß vor Gericht und erklären, daß das Paar in Amerika bleiben muß, um ihre Sorgerechtsklage gegen Yokos Ex-Mann weiterverfolgen zu können.

APRIL
Das radikale Magazin *SunDance,* seit dem letzen Dezember von Lennon unterstützt, schafft endlich seine Erstausgabe, in der auch Yokos und Johns Feministen-Kolumne „It's Never Too Late To Start From The Start" erscheint.

In diesen Tagen komponiert Lennon auch noch einen Unterstützungs- Limerick für *The Gay Liberation Book.*

Im Frühjahr treten die Lennons mit Yokos „Silent Piece" bei einem Freiluft-Gedächtnis-Konzert für den Künstler Ken Dewey in New York auf. Lennon spielt Luft-Gitarre, während Yoko in ein Mikrophon schreit – ohne dabei einen Ton zu erzeugen.

10. APRIL
FBI Chef J. Edgar Hoover sagt zu seinen Untergebenen, daß Lennon nur deshalb in Amerika bleiben will, um den Parteitag der Republikaner zu stören. Und tatsächlich macht es die FBI-Kampagne für Lennon fast unmöglich, sich offen politisch gegen die Nixon-Regierung zu engagieren.

18. APRIL
Die Deportations-Anhörungen gegen die Lennons beginnen in New York. Rechtsanwalt Leon Wildes gibt bekannt, daß John gerade das Angebot bekommen habe, als Professor an der New Yorker Universität zu lehren.

22. APRIL
Lennon stimmt die US-Regierung noch feindlicher, indem er bei einer Friedenszusammenkunft in New York als Redner auftritt und dabei das Ende des Vietnamkrieges fordert.

ENDE APRIL – ANFANG MAI
Lennon produziert ein Album für Elephant's Memory und spielt mit Yoko auch auf mehreren Songs mit. Die Gruppe bezeichnet sich in einem Song als die „Local Plastic Ono Band" und konzentriert ihre gesamte straßengebildete Rock'n'Roll-Wildheit in dem Stück „Power Boogie".

24. APRIL
„Woman Is The Nigger Of The World"/" Sisters O Sisters", ist die erste Frucht der Lennon/ Elephant's Memory-Sessions, die als US-Single veröffentlicht wird. Der Song-Titel von Lennons rührender Feministinnen-Hymne macht wirksames Rundfunk-Airplay in den Top-40-Stationen unmöglich, die Single bleibt auf Platz 57 stehen.

27. APRIL
Lennon sagt den Medien, sein Deportations-Fall sei ein wohlüberlegter Akt politischer Zensur.

28. APRIL
Apple veröffentlicht das David Peel & the Lower East Sides-Album „The Pope Smokes Dope" in den USA. Produziert von John und Yoko (die auf mehreren Stücken auch mitsingen), dokumentiert die LP Peels radikale Straßen-Lyrik, die Punk-ähnliche Anarchie auf dem Titel-Stück und dem Song „The Ballad Of New York City, John Lennon/ Yoko Ono" erreicht.

John Lindsay, der Oberbürgermeister von New York, ruft die Einwanderungsbehörde dazu auf, den Lennons zu erlauben, in Amerika zu bleiben.

MAI
Lennon erscheint in Dick Gregorys New Yorker Rundfunk-Show, um über rassistische Anspielungen von „Woman Is The Nigger Of The World" zu sprechen.

Während dieses Monates beginnen John und Yoko mit der Schnitt-Arbeit an „Ten For Two", dem Konzert-Film ihres Auftritts in Ann Arbor vor sechs Monaten.

2. MAI
Die „New York Times" unterstützt in einem Editorial den weiteren Aufenthalt der Lennons in Amerika. Das „National Committee" für John und Yoko wird gegründet, um ihre Kampagne zu unterstützen.

9. MAI
Die Lennons reisen nach Washington DC, um Senatoren für ihren Deportations-Kampf zu beeinflußen.

11. MAI
Lennon erzählt der amerikanischen Nation in der *Dick Cavett Show,* er glaube daß die Regierung sein Telephon abhöre und hinter ihm her spioniere, wo immer er sich auch bewegt. Mit seinen Anschuldigungen erntet er nur an Verachtung grenzende Skepsis. Er tritt mit Elephant's Memory „Woman Is The Nigger Of The World" in der Show auf. Der Sender zwingt Cavett, zuvor einen Warnhinweis durchzugeben.

12. MAI
„Woman Is The Nigger Of The World" wird in England erneut verschoben, weil die Urheberrechts-Situation für die Lennon/ Ono-Kompositionen weiterhin unklar ist.
Ein weiteres Deportations-Hearing beginnt. Yoko wird auffällig schnell die begehrte „Green Card" angeboten, mit der sie auf Dauer in den USA bleiben darf. Dieser plumpe Versuch, die Lenonns zu trennen, wird von prominenten Fürsprechern wie Dick Cavett und Allen Klein gekontert, die in ihren Zeugenaussagen Lennons „künstlerische Wichtigkeit" für die USA" betonen.

13. MAI
Lennon zeigt dem amerikanischen Stier schon wieder ein rotes Tuch – er marschiert erneut gegen die US-Beteiligung im Vietnamkrieg und dirigiert die Protest-Massen in den Straßen von New York beim Singen von „Give Peace A Chance". Yoko fordert Nord-Vietnam auf, die USA anzugreifen.

24. MAI
Das FBI „entdeckt", daß die Lennons ein Konzert in Miami zum Zeitpunkt des Parteitags der Republikaner planen. Wie auch immer – diese Pläne werden aufgegeben, weil sich John auf seinen Einwanderungs-Kampf konzentrieren muß.

ENDE MAI
Um von ihrem Polit-Engagement (und ihrem ununterbrochenen Gebrauch harter Drogen) zu entfliehen, lassen sich die Lennons quer durch Amerika in einer Limousine nach Kalifornien fahren. Sie finden Zuflucht in dem kleinen Ojai-Reservat.

9. JUNI
DJ Elliot Mintz interviewt die Lennons in Kalifornien zu ihrem neuen Album. In ihrer Zeit an der Westküste pendeln sie zwischen Santa Barbara und einem japanischem Hotel in San Francisco. Dort wendet sich das Paar an einen chinesischen Akupunkteur, der sie von ihrer Methadon-Sucht befrei-

en soll (Seit Anfang des Jahres hatten sie versucht, sich mit Hilfe dieser Ersatz-Droge von ihrer Heroin-Sucht zu entwöhnen). Sie unterstützen auch das Exposé einer radikalen Zeitung über jene Fakten des Watergate-Skandals, die von der bürgerlichen Presse verschwiegen wurden.

12. JUNI
„Sometime In New York City" wird in den USA veröffentlicht. Der LP mit Aufnahmen der letzten Record-Plant-Sessions (mit Phil Spector und Elephant's Memory) ist eine „Bonus"-Platte beigepackt, auf der die Konzerte des Paares an der Seite von Frank Zappa im Lyceum im Dezember 1969 und dem Fillmore East im Juni 1971 dokumentiert sind. Ein teueres „Geschenk", denn das Set kostet einige Dollar mehr als eine normale LP.

Das Album besteht hauptsächlich aus politischer Agitation: von der majestätischen Hymne „Woman Is The Nigger Of The World" bis zu zwei Songs, die gegen die britische Politik in Nordirland protestieren. Aktueller Agit-Rock wie „John Sinclair" und „Attica State" sind genau so vertreten wie „Angela", ein naives Kampflied für die schwarze Bürgerrechtlerin Angela Davis. Lennons klassicher Rock-Song, sein Tagebuch-artiges „New York City", gerät dabei ins Hintertreffen.

Als ob der radikale politische Inhalt der Musik nicht schon genug ist, parodiert das Cover die Titelseite der *New York Times* und zeigt ein Nacktfoto von zwei Männern, in das die Köpfe von Richard Nixon und Mao-Tse Tung einmontiert wurden. Viele der großen Handelsketten boykottieren das Album deshalb. Eines der Innencover benutzt das Artwork von Frank Zappas „Live At Fillmore East"-LP (handschriftlichen Ergänzungen von Lennon), das andere zeigt eine Rekrutierung-Anzeige für die britische Armee aus der Tageszeitung *The Sun*, ebenfalls von Lennon einschlägig verändert. Letzteres fehlt allerdings in der britischen Ausgabe des Albums.

Ebenfalls nur in der US-Version: eine Ansichtskarte der Freiheitsstatue mit einem schwarzen Handschuh (eine Anspielung auf die Black Panther- Bewegung) und ein Formular der US-Regierung, in dem Lennon ersucht, in den Staaten bleiben zu dürfen. Nichts davon beeindruckt die Öffentlichkeit – das Album erreicht gerade mal Platz 48.

ENDE JUNI
In New York überredet der TV-Kommentator Geraldo Rivera die Lennons, an einem Benefiz-Konzert zugunsten der „One To One"-Stiftung teilzunehmen, die sich für geistig behinderte Kinder einsetzt. Das Paar lädt auch Paul und Linda McCartney zu dem Konzert ein, die jedoch ihre Teilnahme verweigern.

AUGUST
Die zweite Ausgabe des Magazines *SunDance* erscheint mit der Lennon-Kolumne „Imagine", in der sie erklären, warum sie im letzten Jahr vor allem Protest-Songs komponiert haben.

18.-26. AUGUST
Lennon und Ono proben im Butterfly Studio in New York gemeinsam mit Elephant's Memory für ihr kommendes Wohltätigkeitskonzert .

21.-24. AUGUST
Richard Nixon wird vom Parteitag der Republikaner in Miami zum Präsidentschaftskandidaten gekürt. Entgegen Befürchtungen des FBI bleibt Lennon der Stadt fern.

30. AUGUST
Auf dem „One To One"-Festival für behinderte Kinder spielt Lennon mit der Begleitband Elephant's Memory als Headliner im Madison Square Garden in New York seine letzten beiden abendfüllenden Konzerte. Ebenfalls dabei: Roberta Flack, Sha Na Na und Stevie Wonder.

Lennons Nachmittag- und Abendshows werden ein Triumph und sind zugleich die einzigen gut geprobten Solo-Konzerte in voller Länge seiner gesamten Karriere. Er spielt „New York City", „It's So Hard", „We're All Water", „Woman Is The Nigger Of The World", „Sisters O Sisters", „Well Well Well", „Instant Karma! „,Mother", „Born In A Prison", „Come Together", „Imagine", „Cold Turkey", „Hound Dog" und einen ausgedehnten Abschluß-Jam mit den anderen Künstlern auf „Give Peace A Chance". Elephant's Memory's elektrisierend dichte und vibrierende

Oben: **John und Yoko**
Unten: **John mit Chuck Berry bei *The Mike Douglas Show*.**

musikalische Unterstützung ermöglicht Lennon die vollblütige Aufführung von einigen seiner bemerkenswertesten Songs.

Enthusiastische Kritiken lassen zunächst Pläne aufkommen, die Show als Live-Album zu veröffentlichen. Daraus wird aber nichts, weil die Lennons voll und ganz von ihrem Einwanderung-Kampf beansprucht werden.

2. SEPTEMBER
Die glänzende Parodie auf Lennons „Magical Misery Tour", das Comedy-Rock-Album „Radio Dinner" von National Lampoon, erscheint. Es schneidet Auszüge von Lennons *Rolling Stone*-Interview vom Dezember 1970 geschickt mit Musik im Stile der Plastic Ono Band zusammen. Tony Hendra singt dazu Original-Zitate von Lennons primitiver Wut wie z.B. „Ich bin ein Scheiß-Künstler und ich bin so einfühlsam wie ein Stück Scheiße" oder „Scheiße, ich bin ein Genie".

6. SEPTEMBER
Erneut mit Elephant's Memory als Begleitband spielen die Lennons in einem seltenen Akt der kulturellen Verbrüderung bei der alljährlichen Benefiz-Fernsehshow des Komödianten Jerry Lewis „Imagine", eine Reggae-Version von „Give Peace A Chance" und Yokos „Now Or Never".

15. SEPTEMBER
Nachdem der Tantiemen-Streit zwischen Northern Songs und Ono Music beigelegt wurde, kann „Sometime In New York City" endlich in England erscheinen.

18. SEPTEMBER
Elephant's Memory veröffentlichen ihr gleichnamiges Album, das von John und Yoko produziert wurde, in den USA. Die Lennons spielen bei einigen Songs auch mit – hörbar vor allem auf dem Schluß-Song „Local Plastic Ono Band", der ihre Zusammenarbeit mit der New Yorker Kneipen-Band feiert.

OKTOBER
Während Lennon ohne Plan in seiner Wohnung herumhängt, führt Yoko ihren rasanten Arbeitsplan fort: innerhalb einiger Wochen schreibt sie fast zwei Dutzend Songs und nimmt an einer Reihe von Avantgarde-Kunst-Events teil.

ENDE OKTOBER – ANFANG NOVEMBER
Yoko demonstriert ihre künstlerische Dominanz in der Beziehung der Lennons, indem sie das Doppelalbum „Approximately Infinite Universe“ aufnimmt und nahezu selbst produziert, das mit seinen Feminismus-Songs ihre ersten vollständigen Gehversuche in die Kompositionswelt des klassischen Rock-und Pop-Genres dokumentiert. Lennons Mitarbeit beschränkt sich auf die letzten Abmischungen und eine feinsinnige Hall-Gitarre auf dem mitreißenden Rocksong „Move On Fast“. Ansonsten ist alles allein Yokos Triumph.

7. NOVEMBER
Niedergeschmettert von der Höhe Nixons Wahlsieges verführt Lennon (erneut unter dem Einfluß harter Drogen) bei einer Wahlnacht-Party vor den Augen Yokos einen anderen weiblichen Partygast.

8. NOVEMBER
Detective Sergeant Pilcher, der Lennon 1968 in London unter Drogenverdacht verhaftete, wird selbst unter der Anschuldigung „der Mithilfe bei einer Rechtsbeugung“ festgenommen.

10. NOVEMBER
Verspätet wie immer erscheint das „Elephant's Memory“- Album in England.

13. NOVEMBER
„Liberation Special“ wird als erste US-Single aus dem „Elephant's Memory“-Album ausgekoppelt. An diesem Tag erscheint auch die neue Yoko Ono-Single „Now Or Never“/ „Move On Fast“, offiziell von Lennon co-produziert.

8. DEZEMBER
Das brausende „Power Boogie“ wird in England als Elephant's Memory-Single veröffentlicht. Das New Yorker Büro des FBI schließt Lennons Datei nach dessen Rückzug aus dem aktiven politischen Leben.

14. DEZEMBER
Das ABC-Netzwerk strahlt „One To One“ aus, eine bearbeitete Version der abendlichen Lennon-Show im Madison Square Garden im August.

23. DEZEMBER
Noch eine TV-Premiere: Die Welt darf endlich den „den teuersten Amateur-Film aller Zeiten“ sehen – „Imagine“.

1973

8. JANUAR
Yoko Onos bemerkenswertes Doppel-Album „Approximately Infinite Universe“ wird von Apple in den USA veröffentlicht. Während John in einem schöpferischen Tief steckt, schafft Ono zwei Platten voll von mitgefühlt-scharfzüngigen feministischen Songs – in dieser Hinsicht im Mainstream der amerikanischen Plattenindustrie völlig konkurrenzlos. Indem sie etliche Pop-Song-Formate auf ihren sehr persönlichen Punkt bringt, besiegt Yoko Lennon auf dessen ureigenem Terrain und deckt damit zweifellos (wenngleich eher zufällig) dessen Orientierungslosigkeit in den letzten neun Monaten auf.

Die Platte verkauft sich genau so schlecht wie alle Yoko-Veröffentlichungen vor Johns Tod, aber wenigstens überbietet sie „Fly“ und landet letztlich auf Platz 193.

16. FEBRUAR
UK- Veröffentlichung von Yokos „Approximately Infinite Universe“.

26. FEBRUAR
John und Yoko schneiden „Death Of Samantha“ zu ihrer neuen US-Single um.

MÄRZ
Ringo Starr lädt John ein, um ihm bei den Sessions für sein neues Album in Los Angeles zur Seite zu stehen. John nimmt den Song „I'm The Greatest“ mit ihm auf, nachdem er ihn zu einem maßgeschneiderten Transportmittel für Ringos liebenswertes Beatles-Image umgewandelt hat. Richard Perry ist angeblich der Produzent der Session, dennoch hat Lennon das Sagen und führt die Gruppe immer wieder durch den Song, bis er zufrieden ist. Anschließend nimmt er eine Pilotspur für Ringos Gesang auf.

Während der Session ruft George Harrison aus einem nahegelegenen Hotel an und wird von Lennon gebeten: „Komm hier rüber und hilf mir, diesen Mittelteil auf die Reihe zu bekommen.“ Die Folge: Zum ersten Mal seit 1970 spielen die drei Beatles gemeinsam zusammen auf einer Platte, hier unterstützt von Klaus Voorman und Billy Preston. Billy schlägt vor, daß sie eine Band gründen sollen, was Lennon höflich ablehnt.

Studio-Aufnahme:
„I'm The Greatest“.

23. MÄRZ
Lennon erhält die ultimative Aufforderung, die Vereinigten Staaten innerhalb von 60 Tagen zu verlassen. Yoko bekommt dagegen eine unbefristete Aufenthaltsgenehmigung. Dieser Versuch, die Lennons zu spalten, erreicht tatsächlich bald sein Ziel – allerdings nicht in der Form, wie die Regierung es erwartet hat.

APRIL
Yoko veröffentlicht ihre erste Platte, mit der Lennon weder technisch noch musikalisch etwas zu tun hatte, die rein japanische Single, „Josei Joi Banzai“. Sie beginnt auch noch an einem Album zu arbeiten, obwohl die Veröffentlichung ihrer Doppel-LP gerade ein paar Wochen her ist. Lennon hat nur ganz oberflächliches Interesse an diesen Sessions.

1. APRIL
John und Yoko halten eine Pressekonferenz in New York, um die Gründung des fiktiven Staates Nutopia, ein Land ohne Grenzen, bekannt zu geben. Das bizarre Ereignis signalisiert Lennons längst vollzogenen Rückzug aus dem aktiven politischem Leben. Bei der Gelegenheit informiert das Paar auch über die Entwicklung seines Einwanderungs-Problems.

2. APRIL
Apple veröffentlicht die ersten offiziellen „Greatest Hits“-LP-Sets der Beatles: „1962-1966“ und „1967-1970“. Lennon wird später bedauern, die Mischungen und Überspielungen der Platten nicht beaufsichtigt zu haben. Ihn ärgern vor allem die fehlerhaften Stereo-Überspielungen der Original-Mono-Mixes einiger Singles. Dennoch kommen die Kompilationen auf Platz 3 bzw. Platz 1.

Lennons Rechtsanwalt Leon Wildes legt noch einmal Berufung gegen den Abschiebungsbescheid ein.

10. APRIL
Ringo Starr und John Lennon besuchen eine Privat-Party von Daniel Ellsberg, der nach seiner Verwicklung in die Enthüllung der „Pentagon Papers“ landesweite Bekanntheit erreicht hat.

12. APRIL
Eine weitere Nacht in der Stadt mit dem Party-Löwen Ringo Starr, der Lennon im Haus des Capitol Records-Chefs Bhaskar Menon trifft.

16. APRIL
Der amerikanische Journalist Elliot Mintz, der von seinem letzten Sender gefeuert worden war, weil er im vorigen Jahr die komplette „Some Time In New York City“-LP übers Radio gesendet hatte, interviewt die Lennons im Beverley Hills Hotel. Er wird schnell zu einem nahestehenden Vertrauten des Paares. Mit dem Gerücht konfrontiert, daß seine Ehe auf Eis liege, antwortet Lennon: „Sie ist jetzt viel besser. Alle reden einem ein, zu sagen, daß man einander nicht mehr ertragen kann. Aber es ist völlig anders – es wächst!“ Er versichert Mintz, daß „1973 unser Jahr ist – das ganze Spiel wird anders gespielt werden. Yoko wird wieder sie selbst sein.“

Und so ist es dann auch.

20. APRIL
Die Beatles-Kompilation-Alben werden in England veröffentlicht.

ENDE APRIL
Die Lennons mieten ihre erste richtige US-Wohnung im Dakota Building in der 72. Straße Ecke Central Park West – einer exklusiven Upper West Side Wohngegend New Yorks. Das Dakota bleibt Yokos Heim bis zum heutigen Tag. Inzwischen ist May Pang, eine ehemalige Angestellte von Allen Kleins ABKCO, zur persönlichen Assistentin des Paares ernannt worden.

4. MAI
Zu spät, um das Album noch promoten zu können, bringt Apple in England Yokos Single „Death Of Samantha“ heraus.

MITTE MAI 1973
Yoko gibt, begleitet von Elephant's

Memory, ein einzelnes Konzert in New York. Lennon ist nicht anwesend. Er beginnt jedoch mit der Vorbereitung neuer Songs wie „Rock And Roll People", „Intuition" und „I Know".

3. JUNI
Die Lennons besuchen eine Zusammenkunft der „International Feminist Planning Conference" in der Harvard University nahe Boston. Im Laufe des Tages werden sie von dem Journalisten Danny Schechter zum Thema Feminismus interviewt. Lennon versucht auch, seinen Mangel an musikalischer Aktivität in den vergangenen 10 Monaten zu kaschieren: „Entweder schreibe ich Songs oder ich tue es nicht. Es wird zur Arbeit. Es zerstört die Musik. Jedes Mal, wenn ich mir eine Gitarre umschnalle, ist es der gleiche alte Jazz. Ich hole im Moment nur ein bißchen Luft.."

28. JUNI
Ein letzter Ausflug in den politischen Aktivismus: Die stoppelhaarigen Lennons nehmen an einer Demonstration vor der südvietnamesischen Botschaft in Washington für einen politischen Gefangenen in Saigon teil.

29. JUNI
Die Lennons bleiben noch einen Tag in Washington und besuchen die Watergate-Hearings. Lennon verfolgt die Bestechungsaffäre, in die die US-Regierung verwickelt ist, mit scharfem Interesse und erkennt, daß seine eigene Verfolgung durch die Einwanderungsbehörde mit dem zu weit gegangenen Ehrgeiz und arroganten Mißbrauch der Macht von Nixons Regierung zusammenhängt.

ENDE JULI
Yoko nimmt ihre „Feeling The Space"-LP mit dem Gitarristen/ Produzenten David Spinozza auf, während John Songs für sein „Mind Games"-Album sammelt.

Lennon startet auch eine Kampagne für den Strafaufschub des Aktivisten Michael X , der in Trinidad wegen einer umstrittenen Mordanklage zum Tode durch den Strang verurteilt worden war. „Wir bitten Sie inständigst, alles zu tun, was Sie für diesen Menschen tun können," schreibt er in einer Erklärung, die der königlichen Familie, Politikern, Presse und seinen Freunden zugesandt wird. „Jedes Mal, wenn wir jemandem, der unsere Hilfe braucht, den Rücken zukehren, gehen wir einen Schritt in der Zeitgeschichte zurück. Helfen Sie bitte, ein Leben zu retten."

AUGUST
Die Sessions für Lennons nächstes Album „Mind Games" werden im Record Plant in New York abgehalten. In diesen Tagen wird May Pang, die Assistentin der Lennons, von Yoko Ono (die inzwischen eine Affäre mit David Spinozza hat) aufgefordert, sich an John heranzumachen. Die Ereignisse entwickeln sich für Yoko bald wie geplant.

May Pang: „Ich wußte, daß es für sie um das Geschäft ging. Yoko ging es immer um das Geschäft. Ihre Kälte entsetzte mich. Ich wurde von der Leichtigkeit schockiert, mit der sie versuchte, ihren Mann loszuwerden. Ich konnte einfach nicht glauben, was mir da passiert."

Studio-Aufnahmen:
„Mind Games", „Tight A$", „Aisumasen", „One Day At A Time", „Bring On The Lucie", „Intuition", „Out The Blue", „Only People", „I Know (I Know)", „You Are Here", „Meat City", „Rock And Roll People".

ANFANG SEPTEMBER
John Lennon zieht mit Yokos Erlaubnis mit May Pang nach Los Angeles. Anfänglich bleiben sie in der Wohnung von Harold Seider, Lennons Buchhalter, bevor der ehemalige Stones-Manager Andrew Oldham ihnen ein Haus zur Miete besorgt, das dem Plattenproduzenten und Chef von Ode-Records, Lou Adler, gehört. Yoko ruft regelmäßig aus New York an, um die Lage zu checken.

18. SEPTEMBER
Lennon verkauft Ringo Starr sein englisches Heim „Tittenhurst Park".

24. SEPTEMBER
Yoko Onos neue Single, „Woman Power"/ „Men, Men, Men", zeigt nur sporadische musikalische Beiträge von Lennon. Bedeutungsvoller ist der Vermerk, daß Yoko als alleinige Produzentin gearbeitet hat. Johns Mitwirkung an „Men, Men, Men" beschränkt sich auf die Rolle eines typischen, unter dem Pantoffel stehenden Ehemannes am Ende des Songs.

Am gleichen Tag bringt die *New York Times* einen bemerkenswerten Essay von Yoko, den sie später auch auf dem Innencover ihrer „Feeling The Space"-LP abdruckt. Der Artikel stellt ihre Unabhängigkeit als feministische Künstlerin heraus und bringt höhnisch den unterdrückten Rassismus auf den Punkt, dem sie sich in Amerika nach wie vor ausgeliefert fühlt.

30. SEPTEMBER
Die heutige Ausgabe des *New York Times Book Review* beeinhaltet Lennons autobiografische Kritik an *The Goon Show Scripts* von Spike Milligan.

OKTOBER
Ein vierjähriger Prozess, in dem der Musikverleger Morris Levy John Lennon beschuldigte, „Come Together" von Chuck Berrys „You Can't Catch Me" geklaut zu haben, wird zu Levys Gunsten entschieden. Lennon stimmt zu, auf seinem nächsten Album, das als eine von Phil Spector produzierte Sammlung diverser Rock'n'Roll-Oldies geplant ist, drei von Levy verlegte Songs zu bringen.

Lennon und Pang besuchen Spector in seinem Beverly Hills-Herrenhaus und besprechen das Projekt. Spector sagt zu, die Platte zu produzieren, wenn er die volle künstlerische Kontrolle bekommt. Lennon stimmt zu. Künstler und Produzent treffen sich regelmäßig, um die Song-Auswahl für das Projekt zu besprechen.

MITTE OKTOBER
Lennon und Pang lassen sich von Elliot Mintz nach Las Vegas fahren, um sich einen Auftritt von Fats Domino anzusehen.

Nach ihrer Rückkehr beginnen die Lennon-Sessions mit Phil Spector in den A&M Studios in Hollywood. Spector versammelt fast 30 Musiker für jede Session und läßt sie einen Take nach dem

John mit Yoko und Mick Jagger im Record Plant-Studio.

anderen einspielen, bis endlich seine berühmte „Wall Of Sound" (Klangmauer) steht. „Bony Moronie" und „Angel Baby" werden mit der Leichtigkeit der früheren Sessions eingespielt – während Hollywood-Stars wie Cher und Joni Mitchell im Studio herumhängen. Aber bald wird Lennons unkontrollierte Sauferei in der Öffentlichkeit unübersehbar und mehrere Sessions müssen – oft nach Gewaltausbrüchen – abgebrochen werden.

Nach einem ganz besonders häßlichen Vorfall bringt Spector Lennon nach Hause und bindet ihn am Bett fest, damit er seinen übermäßigen Alkoholrausch ausschlafen kann. Stattdessen kommt Lennon frei, zerschlägt Lou Adlers persönliche Erinnerungsstücke und rennt schreiend durch die Straßen von Bel-Air, bis er endlich zur Besinnung kommt.

Studio-Aufnahmen:
„Bony Moronie", „Angel Baby", „Be My Baby".

23.-28. OKTOBER
Yoko wird wieder von Musikern der Elephant's Memory begleitet und gibt sechs Nächte lang Konzerte in Kenny's Castaways, einem kleinen Nachtlokal in New York's Greenwich Village. Auf Anfragen der Presse, warum John bei ihren Auftritten durch Abwesenheit glänzt, erklärt sie, daß die beiden beschlossen haben, sich für ein paar Wochen zu trennen.

24. OKTOBER
Lennon verklagt die US Regierung wegen illegaler Angriffe während seiner Einwanderungs-Verhandlung.

Am gleichen Tag, es ist May Pangs Geburtstag, nimmt er einen Werbeclip für die kommende Single „Mind Games" auf, bei dem Apple-Mitarbeiter Tony King in die Rolle der Queen schlüpft. Elton John beobachtet belustigt die Session.

ENDE OKTOBER
In einem Anfall von Paranoia, hervorgerufen durch einen weiteren Alkohol-Exzess, fliegt Lennon zurück nach New York – zu Yoko. Am nächsten Tag kehrt er zu May nach Los Angeles zurück. Dort wird Lennon von Chris Charlesworth für den *Melody Maker* interviewt. Dabei entschlüpfen ihm die ersten öffentlichen Andeutungen, daß seine Ehe auf Eis liegt. Charlesworth hatte Lennon zum ersten Mal am Vorabend im Rainbow Bar& Grill auf dem Sunset Strip getroffen.

29. OKTOBER
Die US-Single" Mind Games" (zum gleichnamigen Album) ist Lennons erste Veröffentlichung seit dem Frühjahr 1972. Sie bleibt auf Platz 18 hängen. Auf der Rückseite ist „Meat City", ein kräftiges Rock-Stück mit einigen geheimnisvollen Gesangs-Segmenten. Spielt man die Single rückwärts ab, enthüllt eine der gesprochenen Passagen die Aufforderung: „Check the album". Die LP-Version dieser Passage entpuppt sich rückwärts als: „Fuck a pig".

31. OKTOBER
Das FBI beantwortet Lennons Angriffe in typisch stumpfem Stil: „Nachforschungen ergaben keinen Hinweis darauf, daß Lennon selbst oder Räumlichkeiten, die sich in seinem Besitz befinden, einer elektronischen Kontrolle unterworfen waren."

ANFANG NOVEMBER
Die Spector-Sessions brechen in einem Dunst aus Alkohol, Drogen und allgemeinem Durcheinander in sich zusammen. Lennon und Pang entscheiden sich, einige Tage in San Francisco zu verbringen. In der Nacht vor ihrer Abreise erklärt John seine Affäre mit May für beendet. Sie fliegt nach New York zurück. Lennon flüchtet sich in einen One-Night-Stand mit einer seiner Chor-Sängerinnen und kehrt anschließend in Harold Seiders Wohnung zurück.

2. NOVEMBER
Ohne nennenswerte Werbung wird das neue Yoko Ono-Album „Feeling The Space" in den Staaten von Apple veröffentlicht. Es steht in direktem Wettbewerb mit Lennons „Mind Games", nur daß dieses Mal – anders als 1970 – der Zusammenstoß von Lennon nicht geplant wurde.

„Mind Games" enthüllt die Leere im Herzen von Lennons schöpferischem und persönlichem Leben in diesem Jahr. Seine Musik ist oft schwunglos, und seine Songtexte reflektieren eher Desillusionierung als Johns üblichen Optimismus. „Es ist nur ein Album" gesteht Lennon in einem Interview, „ es ist Rock'n'Roll in unterschiedlichen Geschwindigkeiten. Es hat keine tiefgehenden Aussagen. Ich habe das Album nur gemacht, weil alle ein Album von mir wollten."

Der Veröffentlichungs-Plan für Apple New York wird komplettiert von Ringo Starrs „Ringo"-LP, die an diesem Tag mit Lennons „I'm The Greatest" als Lead-Track erscheint. „Ringo" erreicht Platz 2, „Mind Games" nur Platz 9.

Zur gleichen Zeit wird Apple von der Nachricht getroffen, daß Manager Allen Klein herausgeworfen wurde und Lennon, Harrison und Starr Kleins ABKCO-Firma wegen der Unterschlagung von Tantiemen-Zahlungen verklagt. Der Vorfall beendet sämtliche Apple-Aktivitäten jenseits einer reinen

Marketing- und Finanz-Organisation der Beatles. Seit dieser Zeit ist auf dem Label kein weiterer Künstler mehr unter Vertrag genommen worden.

9. NOVEMBER
Das englische Apple-Büro offenbart seine Prioritäten, indem es die Veröffentlichung von Lennons LP zugunsten des vorgezogenen „Ringo"-Albums und Yokos „Run, Run, Run"-Single um eine Woche nach hinten schiebt.

16. NOVEMBER
„Mind Games" (Single und Album) erscheint in England.

20. NOVEMBER
Lennon schreibt einem unnachahmlich kryptischen Brief an den ehemaligen Beatles-Pressereferenten Derek Taylor: „Bin in L.ost A.rsoles, ohne wirklichen Grund, bleibe bei LOU Goldene Schallplatte ADLER. . . es ist umsonst, was mich noch immer beeindruckt. Yoko und ich sind in der Hölle, aber das werde ich ändern, wahrscheinlich schon heute."

23. NOVEMBER
„Feeling The Space" erreicht endlich die britischen Veröffentlichungs-Listen.

DEZEMBER
Lennon setzt seinen Kampagne gegen die Todesstrafe für Michael X fort und schreibt einen persönlichen Brief an die Familie von Trinidads Premierminister Eric Williams.

Er lädt May Pang ein, nach Kalifornien zurückzukehren, angeblich, damit sie sich auch um seinen Sohn Julian und seine Ex-Frau Cynthia kümmert, die über Weihnachten zu Besuch kommen wollen. Sie kehrt zurück und John nimmt die Phil Spector-Sessions wieder auf, wie gehabt gepaart mit seltsamen Verhaltensweisen: Eines Nachts läßt Spector eine Pistole im Studio liegen, in einer anderen landen Lennon, Pang, Harry Nilsson and Cher in Hugh Heffners „Playboy"-Herrenhaus. Immerhin – Spector und Lennon bekommen Johns Song „Here We Go Again" gemeinsam auf die Reihe.

Studio-Aufnahmen:
„Here We Go Again", „Sweet Little Sixteen", „You Can't Catch Me", „Just Because", „To Know You Is To Love You", „My Baby Left Me".

MITTE. DEZEMBER
„Der Jim Keltner Fan-Club" (so bezeichnet sich eine Reihe von Musikern der Lennon/ Spector-Sessions) versammelt sich im Record Plant ohne den unzuverlässigen Phil. Lennon endet als Produzent für die Nacht, in der Mick Jagger den Soul-Hit „Too Many Cooks" singt.

ENDE DEZEMBER
Cynthia und Julian Lennon kommen in Kalifornien an. Die komplette Lennon- Familie besucht Disneyland. Laut May Pang sagt Cynthia Lennon, daß sie noch ein Kind von John haben will. Lennon entgegnet, ein Arzt habe ihm erzählt, daß er steril sei.

1974

JANUAR
John schreibt angeblich der Queen einen Brief, um eine königliche Begnadigung in der Drogen-Sache von 1968 zu erbitten, die seinen Einwanderungs-Konflikt sofort lösen würde. Die Königin kommt der Aufforderung nicht nach.

ANFANG JANUAR
Lennon, May Pang, Cynthia, Jesse Ed Davis und Jim Keltner besuchen eine Ann Peebles-Show im Troubadour in LA. Lennon verhält sich wie immer voll daneben und endet mit einer auf die Stirn geklebten Kotex-Monatsbinde.

Eine Kellnerin weigert sich, ihm noch mehr Alkohol zu bringen. „Weißt du nicht, wer ich bin?" herrscht er sie an. „Du bist das Arschloch mit einer Kotex auf dem Kopf", antwortet sie. Später in der Nacht schlägt Lennon Jesse Ed Davis bewußtlos, greift Pang an, zerstört die Wohnung und muß sich mit einem Besuch der Polizei auseinandersetzen, die wegen einer Schießerei im Haus von Nachbarn gerufen worden war.

MITTE JANUAR
Phil Spector bittet Lennon, ihn zu seiner Scheidungsverhandlung zu begleiten; die beiden streiten sich, und die Album-Sessions werden abrupt abgesagt. Lennon und Pang kehren nach New York zurück, wo John mit der Nachricht begrüßt wird, daß Yoko die Scheidung will. Er nimmt auch an einer Reihe von Treffen teil, bei der die Beilegung des Konfliktes zwischen den Ex-Beatles und Allen Klein besprochen wird.

FEBRUAR
Lennon verkauft das Klavier, auf dem er viele Songs geschrieben hat, um weitere Gelder für seine Michael X-Kampagne aufzutreiben.

18. FEBRUAR
John und May Pang kommen für einen 20-minütigen Besuch von Yokos 41. Geburtstag ins Dakota. Die Spannungen sind unübersehbar, aber es wird nicht mehr über eine Scheidung gesprochen.

20. FEBRUAR
Lennon und Pang kehren nach Los Angeles zurück. Sie versuchen, Phil Spector zu kontaktieren, um die Sessions wiederaufzunehmen. Sie erfahren, daß er einen Autounfall erlitten hat und sich erholen muß.

1. MÄRZ
Der Kampf gegen die Einwanderungsbehörde wird fortgesetzt: Lennon geht erneut vor Gericht, um gegen den erneuten Sieg der Regierung in ihrer Ausweisungs-Kampagne anzugehen.

ANFANG MÄRZ
Bei einer Hollywood-Party stellt die Schauspielerin Elizabeth Taylor Lennon David Bowie vor.

12. MÄRZ
Lennon und Harry Nilsson besuchen eine nächtliche Aufführung der Comedy-Truppe The Smothers Brothers im Troubadour in Los Angeles. Durch etliche „Brandy Alexander"-Drinks weitgehend benebelt, stören die beiden die Smothers durch Zwischenrufe, so daß sie schließlich gebeten werden, das Lokal zu verlassen. Der Vorfall mündet in eine Handgreiflichkeit: Lennon windet sich aus den Armen der Ordner, die ihn zur Tür geleiten sollten und schlägt angeblich eine Kellnerin – ein Vorwurf, der bei einer späteren Gerichtsverhandlung allerdings fallen gelassen wird.

Tommy Smothers: „Es war eine große Hollywood-Premiere. Während unseres ersten Programmes hörte ich jemanden gellende Schreie wie von Schweinen ausstoßen. . . es war ziemlich eklig. Ich konnte nicht ausmachen, wer es war. Aber ich wußte, daß Harry und John da waren. Die Zwischenrufe wurden so schlimm, daß unsere Show schnell den Bach hinab ging. Keiner kümmerte sich darum, weil alle dachten, es sei eine Art Happening. Als es dann aber ein Handgemenge gab, mußten wir die Show unterbrechen."

„Meine Frau hielt zum Schluß Lennons Brille in der Hand – sie war ihm in dem Trubel heruntergefallen. Dann ging er nach draußen, weil er immer noch wütend war und schlug den Parkwächter. Am nächsten Tag kamen Blumen mit der Bitte um Entschuldigung."

John Lennon: „Ich war stockbesoffen und schrie herum; es war meine erste Nacht mit ‚Brandy Alexanders', das ist Weinbrand und Milch, Leute! Ich war mit Harry Nilsson unterwegs, der nicht so bekannt ist wie ich – der Penner. Er stachelte mich an. Also wurde ich immer besoffener. Wenn Errol Flynn so etwas passiert, sagen die Klatschreporter: ‚Das waren die Tage, als Männer noch Männer waren'. Wenn ich es tue, bin ich ein Arschloch."

13. MÄRZ
Lennon und Nilsson schicken den Smothers Brothers Blumen und ein Entschuldigungsschreiben. Die örtliche Presse spielt die „Ex-Beatle besoffen in Schlägerei"-Karte erbamungslos aus..

ENDE MÄRZ
Das Spector-Projekt scheint dauerhaft auf Eis gelegt zu sein , so daß Nilsson und Lennon sich entscheiden, ihre überschüssigen Energien in das neue Nilsson-Album zu stecken, das Lennon produzieren wird.

Nach einem Suff-Abend im Beverly Wilshire Hotel geht Lennon May Pang an den Hals, nachdem sie versuchte, ihn am Trinken zu hindern. Nilsson löst Johns Würgegriff. Als das Saufgelage draußen weitergeht, wird die Lennon-Crew höflich gebeten, das Hotel-Areal zu verlassen. Sie treffen sich in einem gemieteten Haus am Santa Monica Beach wieder.

Elton John: „Ich sagte zu John: ‚Ich möchte gerne einen deiner Songs aufnehmen. Welchen willst du von mir hören?' Und er sagte: ‚Noch niemand hat jemals ‚Lucy In The Sky With Diamonds' gemacht, noch niemand hat das jemals aufgenommen'."

ANFANG APRIL
Die Aufnahmesessions für Nilssons LP beginnen im Record Plant West. Harte Trinker aus der ganzen Welt, wie Ringo Starr, Jesse Ed Davis und Keith Moon versammeln sich auf dieser Party.

Die erste der nächtlichen Sitzungen wird von einer Alkohol-genährten Jam Session von Lennon und den Gästen Paul McCartney und Stevie Wonder belebt. Die letzte musikalische Zusammenarbeit von John und Paul erweist sich – in künstlerischen Dimensionen – als nicht gerade historisch. Die Sessions dauern mehrere Wochen an, bis Nilsson ernsthafte Probleme mit seiner Kehle bekommt: er spuckt Blut beim Singen. Lennon entscheidet, daß Nilsson das hedonistische Klima Kaliforniens nicht verträgt und die Sessions nach New York verlegt werden sollen. John besteht darauf, daß May Pang in Santa Monica bleibt. Sie gehorcht wie immer.

MAI
Die Nilsson-Sessions gehen im Record Plant in New York weiter. Mitte des Monats trifft May Pang Lennon im Pierre Hotel wieder.

1. MAI
Ein US-Amtsgericht weist Lennons Einspruch gegen die Entscheidung der Einwanderungsbehörde zurück.

17./ 18. MAI
Gemeinsam mit Harry Nilsson besucht Lennon die alljährlichen „March Of Dimes" Benefiz-Aktion in Philadelphia und fungiert an beiden Tagen als Gast-DJ bei der Radiostation WFIL-FM.

JUNI
Harry Nilsson's „Pussy Cats"-Album wird vollendet.

Nachdem sie seit dem Abbruch der Session im vergangenen September keinen Kontakt mehr miteinander hatten, liefert Phil Spector plötzlich die Bänder ihrer Zusammenarbeit in Lennons Büro. Lennon will mit dem Klang-Chaos auf diesen Bändern nichts mehr zu tun haben und schiebt sie zur Seite. Er arbeitet bereits an neuen Heim-Demos, darunter „Whatever Gets You Through The Night", „Goodnight Vienna", „So Long", „Move Over Ms L", „What You Got" und „Surprise Surprise".

13. JUNI
Im Anschluß an ein Who-Konzert im Madison Square Garden werden Lennon und May Pang in ihrer Suite im Pierre Hotel von dem Who-Schlagzeuger Keith Moon und dem US-Redakteur des *Melody Maker*, Chris Charlesworth, besucht. Alles, was John tun muß, ist seinen Gästen eine Flasche äußerst teueren, hervorragenden Rotweins hinzustellen – ein Geschenk von Allen Klein. Ungeachtet Moons Gier, den Wein zu probieren, warnt John seine Gäste davor, daß Klein – mit dem er zu dieser Zeit immerhin im Rechtsstreit lag – den Tropfen vielleicht vergiftet haben könnte. Nach einigem Hin und Her wird Charlesworth als Vorkoster ausgewählt. Der Wein war hervorragend.

8. JULI
Lennons meisterhaftes Arrangement von Jimmy Cliffs „Many Rivers To Cross" wird die erste US-Single des von ihm produzierten neuen Nilsson-Albums.

13. JULI
John veranstaltet im Record Plant Probe-Sessions für sein kommendes Album.

18. JULI
Das Einwanderungs-Drama geht weiter: Lennons Einspruch vom Oktober 1973 wird abgewiesen, er hat wieder 60 Tage Zeit, das Land zu verlassen. Lennon versucht eine erneute Revision.

ENDE JULI
Im Record Plant beginnen die Aufnahmen des „Walls And Bridges"-Albums. Lennon schickt ein Demo-Band von „Goodnight Vienna" zu Ringo Starr nach Kalifornien.

AUGUST
Julian und Cynthia Lennon besuchen John und May in ihrer New Yorker Wohnung. Julian bleibt für mehrere Tage, während auch Paul und Linda McCartney mal vorbeischauen. Julian und John jammen im Studio kurz auf Lee Dorseys „Ya Ya". Ein weiterer regelmäßiger Besucher ist Elton John, den Lennon überredet, ihm bei den Album-Sessions zu helfen. Elton fügt Gesang-Takes zu zwei Stücken hinzu: „Whatever Gets You Through The Night" und „Surprise, Surprise".

Inzwischen absolviert Yoko ihre erste Japan-Tour, auf der sie die brave Öffentlichkeit mit ihrem Verhalten auf der Bühne und der Offenheit ihrer Interviews schockiert.

Studio-Aufnahmen:
„Going Down On Love", „Whatever Gets You Through The Night", „Old Dirt Road", „What You Got", „Bless You", „Scared", „No. 9 Dream", „Surprise Surprise", „ Steel And Glass", „Beef Jerky", „Nobody Loves You When You're Down And Out", „Ya Ya", „Move Over Ms L".

19. AUGUST
Nilssons „Pussy Cats" erntet in den USA nur lauwarme Reaktionen. Sein Publikum hatte sich wohl eher üppige Balladen denn diesen zum Teil anarchischen,

aber dennoch kontrollierten Rock'n'Roll aus der Produktions-Küche John Lennons erwartet. Das Album kommt nur auf Platz 60.

23. AUGUST
Lennon schaut aus dem Fenster seiner New Yorker Wohnung und sieht ein UFO.

ENDE AUGUST
Nach der Fertigstellung von „Walls And Bridges" fliegt Lennon mit May Pang nach Kalifornien zu einer weiteren Ringo Starr-Session. Wie schon im letzten Jahr klopft er auch dieses Mal einen Song für seinen früheren Kollegen fest: „Goodnight Vienna". Und wieder beaufsichtigt er die Session und nimmt eine Pilotspur für Ringos späteren Gesang auf. Er arrangiert und spielt akustische Gitarre auf Ringos Coverversion des Platters-Hits „Only You". Lennon und Pang fliegen nach Norden zu den Caribou Ranch Studios, wo John mit Elton John gemeinsam eine Version des Beatles-Songs „Lucy In The Sky With Diamonds" erarbeitet. Für die Rückseite greift Elton respektvoll Lennons „One Day At A Time" auf.

Elton John: „Ich sagte zu John: ‚Ich möchte gerne einen deiner Songs aufnehmen. Welchen willst du von mir hören?' Und er sagte: ‚Noch niemand hat jemals ‚Lucy In The Sky With Diamonds' gemacht, noch niemand hat das jemals aufgenommen'."

Studio-Aufnahmen:
„Only You", „Goodnight Vienna", „Lucy In The Sky With Diamonds", „One Day At A Time"

30. AUGUST
UK-Veröffentlichungstag von „Pussy Cats".

31. AUGUST
Lennon sagt vor einem Bundesgericht aus, daß ihm das Aufenthaltsrecht aus rein politischen Gründen verweigert werde, weil die Nixon-Regierung 1972 fürchtete, er würde gegen die Wiederwahl des Präsidenten agitieren.

12. SEPTEMBER
In der heutigen Ausgabe des *Melody Maker* putzt der Musiker Todd Rundgren in einem Interview John Lennon als Heuchler herunter.

13. SEPTEMBER
„Many Rivers To Cross" erscheint verspätet in England.

23. SEPTEMBER
„Whatever Gets You Through The Night", ein Duett mit Elton John, wird Lennons erste US-Single des Jahres – und die erste amerikanische Nr. 1-Single seiner Solo-Karriere.

26. SEPTEMBER
Drei Tage nach der Single kommt das „Walls And Bridges"-Album mit seiner geteilten Plattenhülle in die Läden, die mit Malereien aus Lennons Kindertagen bedruckt ist. Im Aufwind der Single segelt auch die LP auf Platz 1. Nur ein Zuhörer ist nicht glücklich: Verleger Morris Levy, der sich mit Lennon im Vorjahr vor Gericht darauf geeinigt hatte, daß auf Johns kommenden Album drei von ihm verlegte Songs kommen, wurde mit einem einzigen („Ya Ya") abgespeist.

Das Album wird von Lennon 1980 als das Werk eines „halbkranken Handwerkes" abgekanzelt. Dennoch – die traumwandlerische Beherrschung aktueller Soul-Stile, die erwachsene Art, den Konflikt mit Yoko und May Pang zu verarbeiten, der Umgang mit Freude und Leid – all das macht das Album zu Lennons bestem Werk seit 1971. Seine späteren Kommentare reflektieren eher die offizielle John & Yoko-Version, nach der er ohne sie unfähig war, ordentliche Arbeit zu produzieren. In Wahrheit ist diese von Yoko getrennte Periode eine der fruchtbarsten Perioden seines Arbeitslebens.

Inzwischen antwortete Lennon auch auf Todd Rundgrens Kritik vor zwei Wochen mit einem versöhnlichen offenen Brief im *Melody Maker.*

27. SEPTEMBER
Während einer rasanten Werbe-Woche für „Walls And Bridges" besucht Lennon die Radiostation KHJ-AM in Los Angeles als Gast der Morgen-Show. Er klingt, als ob er eine Woche lang mit reinem Adrenalin gefüttert worden wäre. Kaum einer der anrufenden Zuhörer ist in der Lage, Lennons surrealen Einfällen Paroli zu bieten.

28. SEPTEMBER
24 Stunden später, auf der anderen Seite von Amerika, ist ein weitaus entspannterer Lennon Gast von Dennis Elsas auf WNEW-FM in New York. Er hatte Elsas im Record Plant getroffen und von ihm eine vage Einladung bekommen, in seine Show hereinschauen zu können – wann immer er wolle. Lennon bringt einen Koffer mit seinen Lieblings-Oldies (z.B. Ritchie Barretts „Some Other Guy" und Derek Martins „Daddy Rolling Stone") mit, stürzt sich mit vollem Herzen in den Alltag eines Radio-DJ und rumpelt vollmundig durch Werbeclips und Station-Jingles.

OKTOBER
Yoko Ono veröffentlicht ohne Lennons Hilfe eine neue Single in Japan. „Yume O Motou (Let's Have A Dream)" hat auf der Rückseite die ursprüngliche Version von „It Happened", die in gespenstisch modifizierter Form 1981 neu herausgegeben wird.

ANFANG OKTOBER
John ist zurück in Kalifornien und taucht auf KSAN-FM in San Francisco bei dem DJ-Veteran Tom Donahue auf. In einer kultivierten Diskussion sprechen sie über Plattenproduktion. Danach enthüllt Lennon den unveröffentlichten, von ihm für Mick Jagger produzierten Song „Too Many Cooks".

1. OKTOBER
Lennons schwer verhalltes, spielerisches und chaotisches Arrangement von Bob Dylans „Subterranean Homesick Blues" wird als die zweite US-Single von Nilssons „Pussy Cats"- LP veröffentlicht.

4. OKTOBER
UK-Veröffentlichungstag von „Whatever Gets You Through The Night" und „Walls And Bridges".

8. OKTOBER
Morris Levy trifft Lennon im Cavallero-Club in New York, um eine Lösung für ihren Rechtsstreit zu suchen. Levy behauptet später, Lennon habe eingewilligt, Johns nächstes Album über seinen Versandhandel „Adam VIII Records" vertreiben zu lassen. Lennon dagegen meint, die Sache sei nur besprochen, aber nicht abgesegnet worden.

Wie auch immer, auf jeden Fall wird entschieden, daß Lennon das „Oldies But Goldies"-Projekt wiederbeleben wird, das er eigentlich aufgegeben hatte, nachdem 1973 die Spector- Sessions abgebrochen wurden. Er entscheidet sich, so viele Songs wie möglich von den Bändern, die Spector geliefert hatte, zu retten, und noch einen Schub von Rock'n'Roll-Lieblingsliedern aus neuen Sessions hinzuzufügen.

MITTE OKTOBER
Auf Morris Levys Farm im Staat New York werden die Probe-Sessions für Lennons Oldies-Album abgehalten. Die sogenannten „May Pang Tapes", veröffentlicht auf verschiedenen Bootlegs, stammen von der Arbeit an diesem Wochenende.

21.-25. OKTOBER
Nachdem er sich im geschäftlichen Erfolg seiner neuen Single und seines Albums sonnen konnte, fühlt sich Lennon sicher genug, zu dem traumatischen „Oldies But Goldies"- Projekt zurückzukehren, das er mit Phil Spector im letzten Herbst begonnen hatte. Er trommelt die „Walls& Bridges"-Band noch einmal zusammen und steuert sie durch eine Woche professioneller und gelegentlich sehr inspirierter Sessions. Darüberhinaus singt er die Vocals auf drei alten Spector-Tracks neu ein und murmelt ein eindrucksvolles Lebewohl an die Platten-Branche in den dem Fade-Out von „Just Because".

Studio-Aufnahmen:
„Be-Bop-A-Lula", „Stand By Me", „Rip It Up", „Ready Teddy", „Ain't That A Shame", „Do You Wanna Dance", „Slippin' And Slidin'", „Peggy Sue", „Bring It On Home To Me", „Send Me Some Lovin'", „Ya Ya", „Sweet Little Sixteen", „Be My Baby", „You Can't Catch Me".

NOVEMBER
Die neue Ausgabe von Andy Warhols *Interview*-Magazin bringt ein Selbst-Interview von und mit Lennon.

ANFANG NOVEMBER
Lennon liefert Morris Levy die Rough-Mixes seines „Oldies"-Albums ab. Yoko Ono beschäftigt angeblich einen Tarot-Karten-Spezialisten, der ihr helfen soll, Johns Zuneigung zurückzugewinnen.

1. NOVEMBER
Lennon schlägt einen weiteren Haken in seinem Einwanderungs-

Kampf und versucht, einige Regierungsbeamte zu den politischen Hintergründen ihrer Ausweisungs-Kampagne zu befragen.

11. NOVEMBER
Johns akustische Gitarre ist das Rückgrat für Ringo Starrs neue US-Single „Only You (And You Alone)“, die auf Platz 6 landet.

12. NOVEMBER
Nach Jahren der Kontroversen und der völligen Feindseligkeit der Medien ist Lennons Beliebtheit in den USA wieder hergestellt: „Whatever Gets You Through The Night“ und „Walls And Bridges“ landen auf Platz 1 in den Charts.

14. NOVEMBER
Lennon, Pang und Ono besuchen die Premiere von „Sgt. Pepper's Lonely Hearts Club Band On The Road“, ein Broadway-Musical, das auf der Musik der Beatles basiert. Lennon verschwindet nach der Show. Als Pang Ono anruft und nach seinem Verbleib fragt, sagt Yoko ihr: „Ich denke, ich werde ihn wieder zurücknehmen“.

15. NOVEMBER
An der Seite von „Only You“ wird auch Ringos „Goodnight Vienna“-Album in England veröffentlicht – mit einem vergessenswerten Titel-Song, der von Lennon um eine alte Liverpooler Slang-Phrase herum geschrieben wurde.

Am gleichen Tag escheint auch Elton Johns „Lucy In The Sky With Diamonds“, auf dem Lennon singt und Gitarre spielt. Lennon ist auf „One Day At A Time“, der Rückseite seines „Mind Games“-Songs, zu hören .

18. NOVEMBER
US-Veröffentlichungstag von „Goodnight Vienna“ und „Lucy In The Sky With Diamonds“, das Anfang 1975 auf Platz 1 kommt.

24. NOVEMBER
Elton John hatte Lennon das Versprechen abgerungen, daß dieser, sollte „Whatever Gets You Through The Night“ Nr. 1 erreicht, den Song an seiner Seite auf der Bühne singt. Jetzt pocht er auf Johns Bringschuld und überredet ihn, ihn bei den Proben für sein kommendes New York-Konzert zu besuchen.

25. NOVEMBER
Johnny Winter beschert der Außenwelt auf seinem „John Dawson Winter III“- Album die Premiere des Lennon-Songs „Rock'n'Roll People“. Lennon hatte Winter ein Band seiner eigenen Aufnahmen des Stückes von den „Walls& Bridges“-Sessions überlassen.

28. NOVEMBER
An die 20.000 Elton John-Fans werden im Madison Square Garden in New York Zeugen von John Lennons allerletztem Konzert-Auftritt: er unterstützt Elton bei den Zugaben. Die beiden spielen überschwengliche, wenngleich nicht besonders fehlerlose Versionen von „Whatever Gets You Through The Night“, „Lucy In The Sky With Diamonds“ und „I Saw Her Standing There“, das von Lennon als „ein Song von meinem alten aber entfremdeten Verwandten Paul“ angesagt wird. Das Publikum reagiert tumultartig.

Elton John: „Es war eine Gelegenheit, in der gestandene Männer, sogar schottische Road-Manager, die schon alles gesehen haben, weinten. Ich habe noch nie erlebt, daß einer solche Ovationen bekommt. Als er auf die Bühne kam, schüttelte es ihn. Er war physisch krank, als er in dieser Nacht auf die Bühne kletterte, er war völlig verschreckt. Doch er behielt seine Fassung.“

Nach der Show treffen sich Lennon und Yoko Ono hinter der Bühne. Das Paar behauptet später, Lennon habe nicht gewußt, daß Yoko bei der Show sein würde, und daß in diesem Augenblick ihre Liebe ein zweites Mal aufblühte. May Pang dagegen berichtet, Yoko sei tagelang hinter Lennon her gewesen, weil er ihr gute Sitzplatzkarten für das Konzert besorgen sollte. Nach der Show, sagt sie, hätten Lennon und Ono nur kurz miteinander geschwätzt: „Er sagte noch nicht einmal Gute Nacht zu Yoko“.

9. DEZEMBER
Noch eine Nilsson-US-Single, die von Lennon produziert wurde: das trällernde „Loop De Loop“, wieder

Listen To
This Button.

Oben: John mit Yoko bei den Grammy Awards;
unten: Das Dakota Building;
Großes Foto: John mit Sean und Yoko.

John Lennon: „Das letzte Jahr war für mich persönlich sehr außergewöhnlich. Ich stand dermaßen unter Schock, daß ich fast nichts mehr mitbekommen habe. Es muß etwas mit dem Alter oder weiß Gott was zu tun haben. Aber jetzt bin ich da durch, es ist 1975, und ich fühle mich besser, und ich sitze hier und liege nicht an irgendeinem seltsamen Ort mit einem dicken Kopf herum. Ich fühle mich, als wäre ich auf Sindbads Reise gewesen und hätte gegen all diese Ungeheuer gekämpft und nun bin ich wieder zurück."

von der „Pussy Cats"- LP.

Lennon schlurft in die Halbzeit der ABC-Live-Übertragung der Montagnacht-Football-Spiele und wird von Sportkommentator Howard Cosell interviewt.

14. DEZEMBER
Lennon und George Harrison treffen sich im Plaza Hotel in New York. Lennon bietet an, Harrison bei dessen Madison Square Garden-Show Ende der Woche zu begleiten. Harrison reagiert bitterlich: „Wo warst du, als ich dich gebraucht habe?"

15. DEZEMBER
John und George legen ihren Streit bei. John besucht Georges Show im Nassau Coliseum auf Long Island.

16. DEZEMBER
Lennon schiebt seinem Nr. 1-Hit „Whatever Gets You Through The Night" die Single „No. 9 Dream" hinterher. Angemessenerweise kommt sie bis auf Platz 9 in den Charts.

19. DEZEMBER
George Harrison lädt John schließlich ein, mit ihm die Bühne im Madison Square Garden zu teilen. Lennon, Harrison und McCartney sollen eigentlich am Nachmittag die offizielle Auflösung der Beatles Geschäftspartnerschaft unterschreiben, aber Lennon tritt in der letzten Minute zurück. Harrisons Antwort soll May Pang übermitteln: „Sage ihm, daß ich diese Tour ohne fremde Hilfe anfing und sie auch ohne fremde Hilfe beenden werde."

20. DEZEMBER
Lennon trifft Lee Eastman, Paul McCartneys Schwiegervater, und versucht, aus der Sackgasse der Beatles-Geschäftsverhandlungen herauszukommen. Eastman setzt Lennon unter Druck, endlich zu unterschreiben. Ihr Treffen endet jedoch damit, daß John erfährt, Harrison habe sich seit der vorigen Nacht wieder beruhigt und ihn sogar zur Tour-Abschlußparty eingeladen. John und George geben ein kurzes gemeinsames Interview für KHJ-FM in Los Angeles.

1975

2. JANUAR
Richter Richard Owen entscheidet zugunsten Lennons: ihm wird erlaubt, Beamten der Einwanderungsbehörde zu befragen und Einsicht in deren Akten zu nehmen, um herauszufinden, ob

tatsächlich politische Motive eine Rolle in Lennons Ausweisungsverfahren gespielt haben.

ANFANG JANUAR
John nimmt Julian für einen seltenen Besuch bei Yoko ins Dakota mit.

9. JANUAR
Auf einer Reise mit Julian zum Disneyworld in Florida überwindet Lennon seine Zweifel bezüglich des Auflösungsvertrages der Geschäftsbeziehungen mit den restlichen Beatles-Mitgliedern und unterschreibt das Dokument. „The Beatles & Company", die Firma, in der sich Lennon, McCartney, Harrison und Starr rechtlich aneinander gebunden hatten, ist somit formell aufgelöst. Von diesem Punkt an existieren die Beatles nur noch als eine Erinnerung.

MITTE JANUAR
David Bowie lädt Lennon zu seinen Abschluß- Sessions für das „Young Americans"-Album ein. John soll eine Coverversion des Beatles-Songs „Across The Universe" beitragen. Während einer Jam-Session kommen Lennon, Bowie und Gitarrist Carlos Alomar auf ein nettes, kleines Funk-Riff, aus dem Bowies Hit „Fame" entsteht.

Studio-Aufnahmen:
„Across The Universe", „Fame".

ENDE JANUAR
Lennon hat erst zwei Songs für sein nächstes Album-Projekt fertig gestellt: ein Tribut an den Schriftsteller Tennessee Williams („Tennessee") und das spielerische „Popcorn".

31. JANUAR
UK-Veröffentlichung von Lennons „No. 9 Dream"-Single und Zeit für einen letzten Hit-Versuch aus Nilssons „Pussy Cats"-Album: mit Lennons mattem, Spectoresquen Arrangement der Single „Save The Last Dance For Me".

8. FEBRUAR
Morris Levy beginnt einen TV-Werbefeldzug für das Album „Roots: John Lennon Sings The Rock'n'Roll Hits". Es besteht aus dem Rough-Mix von Lennons „Oldies"-LP, so wie er ihn letzten November bei Levy abgegeben hatte. Die Vorschußlorbeeren dieser Veröffentlichung spornen Lennon dazu an, eine „offizielle" LP von diesen Sessions unter dem Titel „Rock'n'Roll" herauszubringen.

13. FEBRUAR
Lennon erscheint (uneingeladen, aber sehr willkommen), als Gast-DJ für drei Stunden auf Scott Munis WNEW-FM-Show in New York. Er bringt eine Vorab-Kopie seiner „Rock'n'Roll"- LP mit und enthüllt für jeden einzelnen Song den Grund, warum er ihn ausgewählt hat.

MITTE FEBRUAR
Yoko redet immer wieder auf Lennon ein, er solle eine revolutionäre Form von Hypnose versuchen, die ihm angeblich hilft, mit dem Rauchen aufzuhören. Lennon erteilt ihrem Drängen anfänglich eine Absage, stimmt dann aber doch zu, für eine Sitzung ins Dakota zu kommen. May Pang ruft am nächsten Tag dort an, weil John über Nacht nicht zurückgekommen ist. Yoko fertigt sie damit ab, daß Lennon jetzt zu müde zum Sprechen sei.

Drei Tage später treffen sich Lennon und Pang im Büro ihres Zahnarztes. „Yoko hat mir erlaubt,

nach Hause zu kommen", sagt er zu ihr. „Yoko weiß, daß ich dich noch immer liebe. Sie hat mir erlaubt, dich weiter zu sehen." Das Paar trifft sich regelmäßig bis Ende März – dann wird Pang von Apple nach England versetzt.

In dieser Zeit wird Yoko schwanger.

17. FEBRUAR
Weniger als fünf Monate nach „Walls And Bridges" drückt Lennon das „Rock'n'Roll"-Album auf den Markt – als Blitz-Reaktion auf die TV-Werbung für die „unautorisierte" „Roots"-LP aus Levis Versandhandel. Es verkauft sich nicht schlecht und erreicht Platz 6 in den Charts.

20. FEBRUAR
Der New Yorker Richter Griesa erläßt eine einstweilige Verfügung, daß „Roots" bis zur Klärung im Hauptverfahren nicht mehr verkauft weren darf. Darüberhinaus hat Capitol auf die TV-Stationen Druck ausgeübt, keine Werbespots für das „inoffizielle" Album anzunehmen.

21. FEBRUAR
„Rock'n'Roll" wird auch in England veröffentlicht, wo „Roots" nicht vertrieben wurde.

24. FEBRUAR
Drei Monate nach dem Konzert im Madison Square Garden bringt Elton John sein Live-Duett mit Lennon, „I Saw Her Standing There", auf die Rückseite seiner „Philadelphia Freedom"-Single.

26. FEBRUAR
„Es geht mir großartig", schreibt Lennon seinem Freund Derek Taylor über die Wiedervereinigung mit Yoko, „wie ein Kücken, das in sein Ei zurück durfte."

28. FEBRUAR
UK-Veröffentlichungstag der Elton John-Single.

1. MÄRZ
John erscheint in der TV-Übertragung der Grammy Awards-Verleihung als ein Gast-Moderator. Yoko ist mit dabei – es ist ihr erster gemeinsamer öffentlicher Auftritt nach mehr als 18 Monaten.

6. MÄRZ
„Die Trennung hat nicht funktioniert", verkündet Lennon der Welt in einer Presseerklärung seine Versöhnung mit Yoko Ono. Das Paar hat gerade eine Trink-Diät hinter sich, die von dem strikten Regiment einer makrobiotischen Ernährung abgelöst wird. Yoko entdeckt in diesen Tagen, daß sie schwanger ist – so, wie es der Akupunkteur, der ihre Diäten seit ihrer Versöhnung beaufsichtigt, versprochen hatte.

9. MÄRZ
Lennon wird von Pete Hamill für den *Rolling Stone* interviewt.

John Lennon: „Dieses letztes Jahr war für mich persönlich sehr außergewöhnlich. Ich stand dermaßen unter Schock, daß ich fast nichts mehr mitbekommen habe. Es muß etwas mit dem Alter oder weiß Gott was zu tun haben. Aber jetzt bin ich da durch, und es ist 1975, und ich fühle mich besser, und ich sitze hier und liege nicht an irgendeinem seltsamen Ort mit einem dicken Kopf herum. Ich fühle mich, als wäre ich auf Sinbads Reise gewesen und hätte gegen all diese Ungeheuer gekämpft und nun bin ich wieder zurück."

10. MÄRZ
Lennon versucht, „Philadelphia Freedom" in den Single-Charts einzuholen und bringt seine Coverversion von „Stand By Me" aus dem „Rock'n'Roll"-Album als Single heraus. Sie erreicht Platz 20. Der Song ist auf ein ähnliches akustisches Gitarren-Riff wie das Riff von Ringo Starrs „Only You" aufgebaut, für die Rückseite wurde das Session-Ausschußprodukt „Move Over Ms L" ausgesucht. Dieser Song klingt wie ein Lebewohl an Yoko Ono und wird ironischerweise erst Wochen nach der Vesöhnung des Paares veröffentlicht.

Am selben Tag kommt eine weitere Platte mit Lennon-Beiträgen in die amerikanischen Läden: David Bowies „Young Americans"-LP mit Lennon als Sänger und Co-Autor von „Fame", sowie als Gitarrist auf seinem eigenen Song „Across The Universe".

MITTE MÄRZ
Bob Harris interviewt Lennon für *The Old Grey Whistle Test* (BBC TV). Während ihrer Unterhaltung wird Lennon in den Record Plant East-Studios dabei gefilmt, wie er neue Gesangs-Spuren auf die Playbacks von „Stand By Me" und „Slippin' And Slidin'" singt. Er wagt einen kurzen Ausflug in Labelles „Lady Marmalade" (der nicht gesendet wurde) und nutzt die Gelegenheit, seinen Verwandten in England Guten Tag zu sagen.

20. MÄRZ
Die Lennons feiern ihren sechsten Hochzeitstag mit einer Erneuerung ihrer Gelübde bei einer Pseudo-Druiden-Zeremonie im Dakota.

28. MÄRZ
Bowies „Young Americans"-LP mit Lennons Gast-Auftritten wird in England veröffentlicht.

18. APRIL
Am Tag der Ausstrahlung des Lennon-Auftrittes bei *The Old Grey*

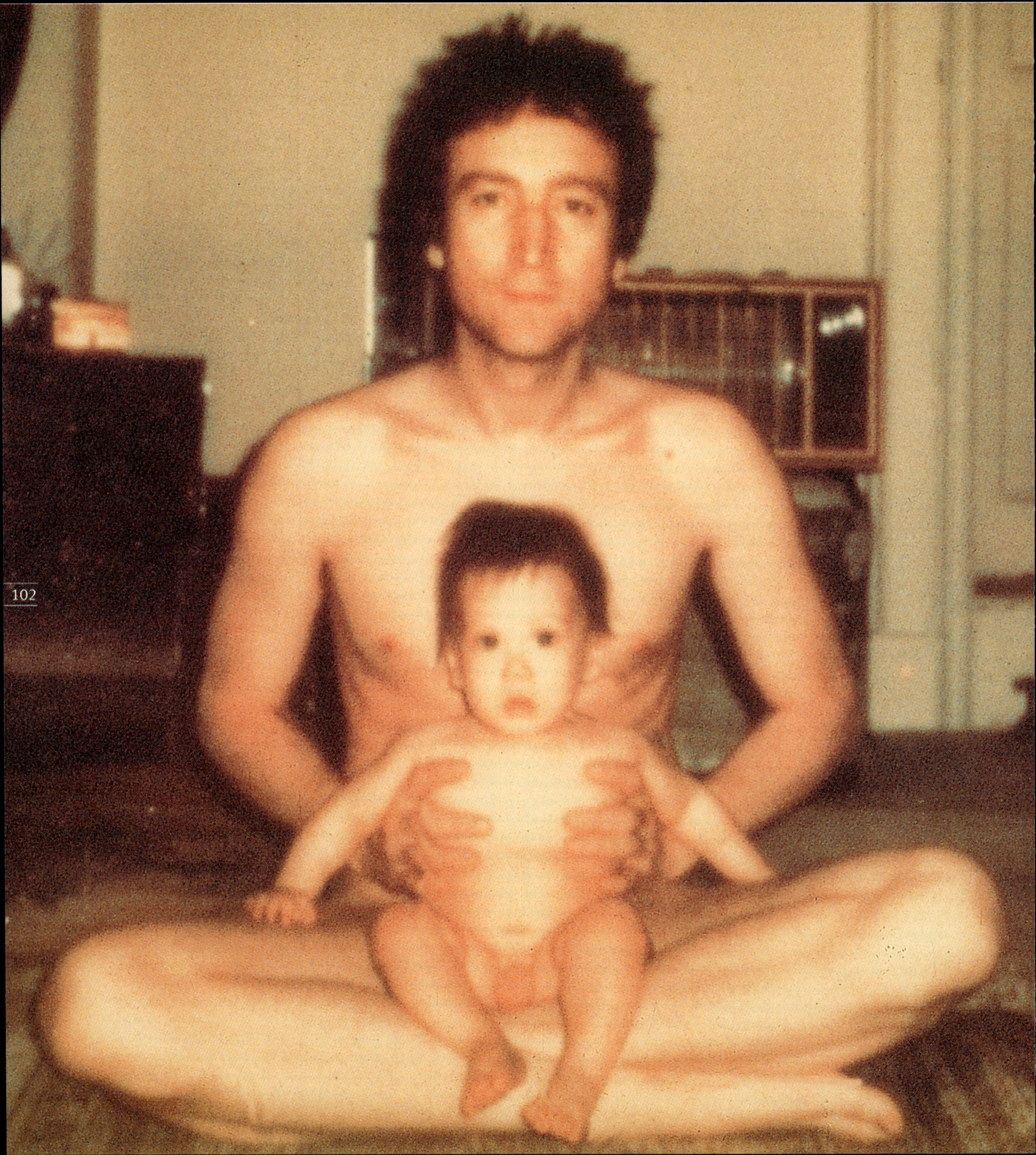

Whistle Test erscheint „Stand By Me" als verspätete UK- Single.

MITTE APRIL
Lennon trifft die aus London zurückgekehrte May Pang. Sie setzten ihre Affäre fünf Monate lang fort, treffen sich jedoch weniger häufig als in der Vergangenheit.

28. APRIL
Lennon und sein Einwanderungs-Rechtsanwalt Leon Wildes erscheinen auf Tom Snyders Talk-Show *Tomorrow* (NBC-TV) und sprechen über die Entwicklung des Falles. John schafft es, trotz der oberflächlichen Fragerei des Moderators geistreich und höflich zu bleiben. Es ist Lennons letztes bedeutendes TV-Interview.

ANFANG SOMMER
Lennon schreibt Derek Taylor noch einen Brief: „Ich hab mich entschieden, noch ein paar Jahre zu sein oder nicht sein? Langeweile setzt ein...wieviele Rückschläge gibt es noch? Ich frage mich... schreibe ich 'In His Own Wife' Teil neunzig? Es ist gut, aber ich fürchte, ich werde mit diesen Arschlöchern verhandeln müssen."

2. JUNI
Lennons Song „Goodnight Vienna" ist die letzte US-Single-Auskoppelung von Ringo Starrs gleichnamigem Album. Am gleichen Tag kommt David Bowies „Fame" -Single heraus. Sie wird die dritte Nr.1-Single in weniger als einem Jahr, bei der Lennon seine Finger im Spiel hatte.

13. JUNI
Unterstützt von einer Gruppe namens „Etcetera" (alle tragen doppelgesichtige Masken), bestreitet Lennon seinen letzten musikalischen TV-Auftritt in der Show *A Salute To Sir Lew Grade*. Sein Drei-Song-Programm („Slippin' And Slidin'", „Stand By Me" und „Imagine") ist Teil einer verspäteten Beilegung des Verlag-Streites um das von Lennon und Ono geschriebene Material, der die UK-Veröffentlichung mehrerer Lennon-Platten in den frühen Siebzigern verzögert hatte. Das juwelenbehängte Publikum jedenfalls zeigt sich höchst amüsiert von einem langhaarigen, in einen roten Strampelanzug gekleideten, Ex-Beatle, der über die „Bruderschaft und Schwesterschaft des Menschens" singt.

19. JUNI
Lennon geht in die Offensive und verklagt die früheren Generalstaatsanwälte John Mitchell und Richard Kleindienst mit der Anschuldigung, sie hätten sein Visum aus politischen Gründen blockiert.

13. JULI
Wieder vor Gericht, aber diesmal gegen Morris Levy in Sachen „Roots"-LP: Richter Griesa entscheidet, daß beide Seiten den Schaden des anderen bezahlen sollen.

John Lennon: „Der Grund, warum ich das durchkämpfen wollte, war, andere von ähnlich lächerlichen Klagen gegen mich abzuhalten. Sie dachten nicht, daß ich mich zeigen oder gar kämpfen würde. Sie dachten, daß ich nachgebe, aber das werde ich nicht tun."

18. JULI
„Fame" wird als UK-Single veröffentlicht.

ENDE SOMMER
Zum ersten Mal seit seinem Umzug nach Amerika sucht Lennon den Kontakt zu seiner Halbschwester Julia. Die Geschwister telefonieren in den kommenden Jahren regelmäßig, verlieren sich dann aber wieder aus den Augen.

SEPTEMBER
„Ich habe keine Eile, bei irgendjemanden zu unterschreiben... oder irgendetwas zu tun", schreibt Lennon an Derek Taylor. „Genieße meine Schwangerschaft... Zeit zum Nachdenken... wozu es jetzt langsam Zeit ist. Ich habe einige wunderbare Songs... aber (zum ersten Mal) fühle ich nicht diesen UNGLAUBLICHEN DRANG... Ich werde meine Dämonen auf vielerlei Arten ausleben (egal, wie alt sie sind)... Mein Kopf und mein Körper sind so klar wie eine Glocke... eine nette Fensterscheibe... und einige unglaubliche LEGALE PILZE. Habe ein NEUES BUCH fertiggeschrieben... gleicher Stil (fast...) muß es herausbringen... will aber nicht mit ARSCHLÖCHERN verhandeln."

7. OKTOBER
Sieg für John Lennon gegen die US Regierung: ein Berufungsgericht hebt den ursprünglichen Deportations-Beschluß gegen ihn auf und weist den Einwanderungsdienst an, Lennons Antrag auf eine unbefristete Aufenthaltsgenehmigung erneut zu prüfen. Das Gericht: „Lennons vierjähriger Kampf darum, in unserem Land zu bleiben, ist ein Beweis für seinen Glauben an den amerikanischen Traum."

9. OKTOBER
Eine folgenschwere Woche geht weiter: An Lennons 35. Geburtstag (und sieben Jahre nach ihrem ersten Versuch) bringt die 42-jährige Yoko Ono in New York doch noch einen Sohn zur Welt. Nachdem bei Yoko während der Arbeit Wehen einsetzten, erfolgte die Geburt per Kaiserschnitt. „Ich habe schon immer Ihre Hand schütteln wollen", begrüßte der Chirurg Lennon. „Verpiß dich", antwortet John brüsk, „und rette Yokos Leben!" Die Lennons nennen den knapp sechs Pfund schweren Jungen Sean Taro Ono Lennon. „Ihr sollt das Kind nicht brandmarken", beklagt sich Johns Tante Mimi, als sie den Namen ihres Enkels erfährt. Die Geburt seines Sohnes zwingt Lennon, endlich seine Affäre mit May Pang zu beenden.

21. OKTOBER
Nach zwei Wochen intensiver ärztlicher Versorgung dürfen Yoko und Sean aus dem Krankenhaus nach Hause kommen.

24. OKTOBER
Obwohl der Symbolismus in diesem Moment noch nicht offensichtlich ist, macht Lennon einen fetten Schlußstrich unter seine musikalische Karriere: Er veröffentlicht das retrospektive „Shaved Fish"-Album und erlaubt, „Imagine" zum ersten Mal in England als Single herauszubringen. „Shaved Fish" faßt alle US-Solo-Singles von John zusammen. Dennoch wird nur ein kleiner Teil von „Give Peace A Chance" als Anfang des Albums genutzt, eine ebenso kurze Passage des Songs (die Version der „One To One"-Konzerte von 1972) beendet die Platte, die in den USA Platz 12 erreicht.

29. DEZEMBER
Der schwarze Aktivist Michael X wird in Trinidad wegen Mordes gehängt. Wiederholte Gnadensgesuche der Lennons waren von der Insel-Regierung ignoriert worden.

1976

1. JANUAR
Elliot Mintz, der weiterhin in nahem Kontakt mit den Lennons steht, interviewt John, während Baby Sean zufrieden im Hintergrund herumgluckst.

5. JANUAR
Ein ehemaliger Beatles-Mitarbeiter und naher Freund Lennons, Mal Evans, wird von Polizisten in Los Angeles erschossen, nachdem er seine Freundin als Geisel genommen hatte und sie mit einem Gewehr bedrohte. Lennon weint, als er die Nachricht hört.

MITTE JANUAR
Lennon nimmt, ohne weitere Pläne damit zu haben, ein Heim-Demo von „Mucho Mungo" auf, einen Song, den er 1974 mit Harry Nilsson fertig gemacht hatte. Er brütet auch noch einen Song für Ringo aus – „Cookin"(In The Kitchen Of Love)".

26. JANUAR
Der 9-Jahres-Vertrag der Beatles mit EMI, der sie als Band und als Einzel-Musiker seit 1967 an die Firma gebunden hat, läuft endgültig aus. Die anderen drei verhandeln sofort wegen neuer Verträge, während Lennon es vorzieht, ohne festen Vertrag zu bleiben.

FEBRUAR
Die Verantwortlichen von Capitol Records schreiben Lennon an und fragen, wann sie sein nächstes Album mit neuem Material erwarten können. Lennon reagiert nicht.

In dieser Zeit und für die nächsten 18 Monate treffen sich Lennon und May Pang sporadisch und lassen so ihre Affäre wieder aufleben.

5. MÄRZ
EMI entfacht eine sofortige Wiederbelebung der Beatlemania: Alle 22 Original UK-Singles der Gruppe werden neu herausgeben, eine Neuveröffentlichung („Yesterday"/" I Should Have Known Better") wird dem Katalog hinzugefügt.

John mit seiner „Green Card“.

1. APRIL
Lennons Vater Freddie stirbt im Alter von 63 Jahren im Brighton General Hospital. Während der letzten Wochen seines Lebens haben John und Freddie schließlich noch so etwas wie Stabilität in ihrer Beziehung erreicht, wenn auch nur per Telefon auf gegenüberliegenden Seiten des Atlantiks.

APRIL
John erscheint zum letzten Mal für die nächsten vier Jahre in einem professionellen Plattenstudio und hilft Ringo bei der Aufnahme des albernen „Cookin“.

Studio-Aufnahme:
„Cookin“.

31. MAI
Capitol Records veröffentlicht seine erste Beatles-Single seit 1968: „Got To Get You Into My Life“ ist ein Vorgeschmack auf eine kommende Kompilation.

JUNI – JULI
Während Yoko und Sean im Dakota bleiben, verbringt Lennon mehrere Wochen im Haus der Familie auf Long Island. Dort diktiert er einige Teile von „Skywriting By Word Of Mouth“, das Buch, an dem er im vorigen Jahres zu schreiben angefangen hat. Er schreibt auch ein Vorwort für das Buch „Rock’n’Roll Times“, eine Sammlung von Fotos seines alten Hamburger Freundes Jürgen Vollmer.

Die Lennons kündigen für diesen Sommer ein Buch mit dem Titel „365 Days Of Sean“ an, das Fotos ihres Sohnes von jedem Tag seines ersten Lebensjahres enthalten soll. Das Buch wird nie erscheinen.

7. JUNI
Capitol veröffentlicht die Doppel-LP „Rock’n’Roll Music“ mit bereits erschienenen Beatles-Songs. Lennons Angebot, die Plattenhülle zu entwerfen, wird abgelehnt. Er ist entsetzt, als er beim Hören des Albums feststellt, daß viele der Songs neu abgemischt worden sind.

11. JUNI
„Rock’n’Roll Music“ wird in England veröffentlicht.

25. JUNI
Parlophone veröffentlicht „Back In The USSR“ und führt damit die Serie von Post-Beatles-Singles fort, bei denen McCartney und nicht Lennon im Mittelpunkt steht.

27. JULI
Lennon siegt in Sachen Einwanderung auf der ganzen Linie: Die Richterin Ira Fieldsteel erteilt ihm die unbefristete Aufenthaltsgenehmigung für die USA und gewährt ihm zugleich das Recht, im Jahr 1981 die vollwertige Staatsangehörigkeit zu beantragen. Die Anhörung vor Gericht ist kaum mehr als eine Formsache, aber nur, um wirklich sicher zu gehen, führt Lennon eine erlesene Reihe berühmter Zeugen an, einschließlich Norman Mailer, Gloria Swanson und Geraldo Rivera. Sie bestätigen seinen guten Ruf als Künstler und sein Engagement für internationalen Frieden und Gerechtigkeit. Auf die Frage der Richterin nach seinen Absichten, antwortet Lennon, daß er in Amerika bleiben will: „Ich hoffe, daß ich hier weiter mit meiner Familie leben und Musik machen kann.“

Im Laufe des Verfahren fragt die Richterin auch, ob Lennon eines Tages dem „Staat zur Last fallen“ könne, woraufhin Leon Wildes dem Gericht versichert, daß Lennons Vermögen in einer Höhe liegt, daß dies höchstwahrscheinlich nicht der Fall sein wird.

Hinterher posiert ein stolzer, kurzhaariger, gut gekleideter Lennon für Fotografen mit seiner „Green Card“ (Nr. A17-597-321). Es belustigt ihn, daß die „Green Card“ in Wahrheit blau ist. Nach einer Feier kehrt er in die Zurückgezogenheit seiner Dakota-Wohnung zurück.

John Lennon: „Ich habe ein Herz für dieses Land. Vor zweitausend Jahren wollten wir alle in Rom leben. Rom ist heute hier.“

Von diesen Punkt an bricht John seine regelmäßigen Kontakte mit der Musikpresse ab. Als Antwort auf die Bitte seines Medienfreundes Chris Charlesworth um ein Interview für den *Melody Maker,* schickt Lennon ihm eine Postkarte, auf die er schrieb: „Ich bin unsichtbar“.

30. JULI
Polydor bringt auf einer Doppel-LP Interviews mit verschiedenen Mitgliedern der Beatles heraus: „The Beatles Tapes“. Die Platten beinhalten zwanzig Minuten einer Unterhaltung zwischen Lennon und dem Journalisten David Wigg im Juni 1969, sowie weitere neun Minuten aus dem Oktober 1971. Versuche der Beatles, die Veröffentlichung zu verhindern, scheitern.

MITTE AUGUST
Der Fotograf Nishi Saimaru wird persönlicher Assistent der Lennons. Er begleitet sie zu einem Makrobiotik-Spezialisten nach Boston.

In dieser Zeit beginnt Lennon (der später behauptet, seine Gitarre zwischen 1976 und 1980 nicht angefaßt zu haben), Heim-Demos neuer Songs wie „She Is A Friend Of Dorothy“, und eine neue Version von „Tennessee“ aufzunehmen. Er stößt auch auf „Sally And Billy“, eine Komposition von 1970, und nimmt zu seinem eigenen Vergnügen eine akustische Version des Jimmy Cliff-Klassikers „Many Rivers To Cross“ auf.

8. NOVEMBER
In den Staaten wird noch eine von McCartney gesungene Beatles-Single veröffentlicht: „Ob-La-Di, Ob-La-Da“.

19. NOVEMBER
Neun Jahre zu spät kommt endlich die „Magical Mystery Tour“-LP der Beatles in England auf den Markt.

1977

10. JANUAR
Allen Kleins Gerichts-Streit mit den Ex-Beatles endet in einem Vergleich: Klein zahlt der Gruppe 800.000 Dollar, als Gegenleistung müssen die Beatles Kleins Gesellschaft ABKCO ein mehrfaches dieses Betrages an unbeglichenen Management-Gebühren zurückerstatten. Lennon und Ono erscheinen an der Seite von Klein für ein offizielles Pressefoto. Beide Seiten

loben Onos Verhandlungsgeschick als den Schlüssel zur Lösung des komplizierten Rechtsstreites.

MITTE JANUAR
John und Yoko haben einen seltenen Auftritt in der Öffentlichkeit bei Präsident Jimmy Carters Amtsantritts-Ball in Washington DC.

MÄRZ
Der Filmregisseur Francis Ford Coppola bittet Lennon, Soundtrack-Musik für den Film beizutragen, der später „Apocalypse Now" heißen wird. Lennon drückt sich um eine Antwort und behält seine Musik selber.

John, Yoko und Sean verbringen mehrere Tage mit dem Künstler George Maciunas in dessen Bauernhof in Massachusetts, wo sie von ihrem Freund Nishi Saimaru fotografiert werden.

APRIL
Die Lennon-Familie besucht den Zirkus im Madison Square Garden in New York, wo sie unter den Zuschauern auf ihren alten Freund Mick Jagger stoßen. Dabei werden sie von einem TV-Team entdeckt, das die Lennons anschließend interviewt.

4. APRIL
Ohne erkennbaren Anlaß veröffentlicht Capitol eine weitere US-Single von John Lennon, „Stand By Me"/"Woman Is The Nigger Of The World".

8. APRIL
Rechtliche Schritte der Beatles gegen die Veröffentlichung eines Schubes von Hamburger Live-Aufnahmen vom 31. Dezember 1962 können das Erscheinen von „The Beatles live! At The Star Club In Hamburg, Germany, 1962" auf dem deutschen Label Bellaphon nicht verhindern. Obwohl die Klang-Qualität mittelmäßig und einige der Songs eher matt vorgetragen werden, stellt diese Doppel-LP der Welt den Beatles-Live-Sound vor ihrem ersten bedeutenden Hit vor. Die Platten beinhalten einige von Lennons scharfen Kommentaren dem deutschen Publikum gegenüber, sowie einen betäubenden Leadgesang von ihm auf Songs wie „Twist And Shout", „Little Queenie" und „Sweet Little Sixteen". Eine spannende Gesichte, obwohl McCartney auf doppelt so vielen Stücken singt wie Lennon.

MAI
Nachdem Yoko im vergangenen Jahr ohnehin Johns Interessen bei geschäftlichen Treffen wahrgenommen hat, ernennt er sie jetzt zu seiner offiziellen Repräsentantin.

4. MAI
Einer der Gründe für die mangelnde Begeisterung der Beatles an den veröffentlichten Bändern aus Hamburg wird klar, als Capitol „The Beatles At The Hollywood Bowl" herausbringt, eine sorgfältig zusammengestellte Kompilation von Songs ihrer 1964er und 1965er Konzerte in dieser Halle. Die meisten Kritiker entscheiden sich für die Star Club- Veröffentlichung als die aufregendere von beiden.

6. MAI
UK-Veröffentlichungssdatum für die „Hollywood Bowl"-LP.

25. MAI
„The Beatles live! At The Star Club" wird in England veröffentlicht.

ANFANG JUNI
Die Lennons fliegen für einen langen Sommer-Aufenthalt nach Tokio und verbringen drei der vier Monate auf dem Lande in kleinen Hotels weitab von der Hauptstadt. Einige Zeit beansprucht auch der Besuch bei einer ganzen Sammlung von jungen Yoko-Nichten. Sie verbringen auch ein paar Tage bei ihrer Mutter, die ihr Mißfallen an Lennon nicht hinter dem Berg hält.

Die Reise beginnt mit einem Zwischenstop in Hongkong, wo sich die Familie im Mandarin Hotel einquartiert. Während ihres dortigen Aufenthalts essen sie auch einmal mit David Bowie zu Abend.

13. JUNI
In den Staaten erscheint „The Beatles live! At The Star Club" mit vier anderen Songs als bei den europäischen Veröffentlichungen. Dazu gehöhren zwei zusätzliche Lennon-Songs, „Where Have You Been All My Life" und „I' m Gonna Sit Right Down And Cry".

24. JUNI
Lennon bekommt noch einmal das Mikrofon für den Leadgesang auf einer Beatles-Single nach 1970. Pech für ihn: es handelt sich hierbei um eine inoffizielle Veröffentlichung von „Twist And Shout", die von den Star-Club-Bändern stammt.

JULI
Nach ihrem Aufenthalt in Tokio fahren die Lennons nach Karuizawa weiter.

16. AUGUST
Elvis Presley stirbt in Memphis, Tennessee. Lennon wird gedrängt, von Japan aus einen Kommentar abzugeben und läßt sein Statement durch Elliot Mintz in New York verbreiten: „Elvis starb, als er zur Army ging." Zwei Tage später besucht Mintz die Lennons in Japan.

ENDE AUGUST
Lennon ist von die Eintönigkeit seines japanischen Urlaubes derart bedröhnt, daß er zu dem Tarot Kartenleger John Green sagt: „Ich bin tot".

ENDE SEPTEMBER
John steigt mit Yoko, Sean und Elliot Mintz im Hotel Okura in Tokio ab und gibt dort unbeabsichtigt sein letztes „öffentliches Konzert": Als er in seiner riesigen „Imperial Suite" für Mintz „Jealous Guy" singt, betritt ein japanisches Paar versehentlich den Raum in der irrigen Annahme, daß es sich um den Speisesaal handele. Sie halten Lennons Vortrag für die normale Abend-Unterhaltung, warten höflich auf den Kellner und gehen dann voller Empörung, weil keiner kommt, um ihre Bestellung aufzunehmen.

In dieser Zeit nimmt Lennon Gitarren-Demos eines neuen Songs, „Mirror Mirror", auf, von dem er Mintz erzählt, daß es einer der Songs ist, die er für das von ihm und seiner Frau geplante autobiografische Musical „The Ballad Of John And Yoko" beiseite gelegt hat. John Green behauptet, das Musical-Projekt sei in Wahrheit nichts anderes als eine Taktik von Yoko gewesen, um Lennon genügend zu beschäftigen, während sie ihre eigene Interessen verfolgte.

4. OKTOBER
Am Ende ihres viermonatigen Besuches in Japan geben die Lennons eine Pressekonferenz. Ihr erster öffentlicher Auftritt seit mehr als einem Jahr geht fast unbemerkt an den westlichen Medien vorüber. Lennon verkündet, daß er sich weiter darauf konzentrieren wird, sein Kind großzuziehen und keine Absichten hat, zum aktivem künstlerischen Leben zurückzukehren. Es wird berichtet, daß Lennon sich während dieser Pressekonferenz gerühmt habe: „Ich habe meinen Beitrag zur Gesellschaft geleistet", obwohl er später abstreitet, diese Bemerkung gemacht zu haben.

MITTE OKTOBER
Lennon nimmt Klavier-Demos von „Mirror Mirror" im Dakota auf.

Er hat aus Japan ein neues transportables Mischpult mitgebracht, das ihm ermöglicht, eine Reihe von Collagen aufzunehmen, die er „mind movies" nennt. Diese Abmischung von Komödien-Sprengseln und zusammengesammelten Klängen schickt er als Audio-Postkarten an Freunde wie Elliot Mintz.

ENDE OKTOBER
Auf einer Party für Rod Stewart in New York laufen die Lennons May Pang in die Arme. In der Öffentlichkeit werden keine Worte gewechselt, obwohl Pang und Lennon sich noch alle paar Wochen treffen.

21. OKTOBER
Eine weitere alberne Doppel-LP aus dem Beatles-Katalog wird von Capitol ausgeheckt: „Love Songs". „Girl" ist kurz als Single-Auskopplung im Gespräch, das Vorhaben wird aber im November abgeblasen.

NOVEMBER/ DEZEMBER
In einem Durcheinander schöpferischer Aktivität schreibt Lennon mehrere neue Songs und nimmt von einigen Demos auf, u.a. „Real Life", „Emotional Wreck", „Whatever Happened To. . . „, „One Of The Boys", „I Don' t Wanna Face It", „Free As A Bird" und „I Watch Your Face". Ihre überwältigende Stimmung ist geprägt von Depression und Unzulänglichkeit.

11. NOVEMBER
Eine Welle von „Love Songs" überflutet die englischen Läden

ANFANG DEZEMBER
Die Lennons kaufen eine Herde Zuchtkühe in Delaware County, um der Steuer ein Schnäppchen zu schlagen.

ENDE DEZEMBER
Lennon verbringt Weihnachten mit seinem ersten Sohn Julian in Florida, der mit John und Yoko von New York aus dorthin gereist ist.

John beendet jetzt definitiv seine Affäre mit May Pang – zumindest für das nächste Jahr.

1978

JANUAR
John Green erinnert sich, daß Lennon sich in diesem Monat in sein Dakota-Schlafzimmer zurückzog und „dort für die nächsten 15 Monate blieb". Johns öffentliche Aktivitäten während dieser Periode sind tatsächlich auf dem selben Tiefstand wie seine Kreativität. Er verbringt seine Tage mit TV, Lesen, Rauchen und Schlafen. Yoko hat dadurch die Luft, sich auf ihre Geschäftsangelegenheiten und auf das Zusammentragen einer ansehnlichen Sammlung ägyptischer Kunst zu konzentrieren.

Während dieses Jahres schreibt Lennon dennoch den Prosa-Essay „The Ballad Of John And Yoko", der in seinem Buch „Skywriting By Word Of Mouth" abgedruckt wird. Zur Eröffnung eines gleichnamigen Musicals wird es später heißen, daß dieses provozierende, Collage-artige Stück für eine Theater-Umsetzung bestimmt gewesen sei. Es ist aber zumindest unüblich, den Text eines Musicals vor dessen Komponierung zu schreiben. Die fragmentarische Natur des Textes deutet eher darauf hin, daß es sich um unfertige Notizen und Tagebucheintragungen handelt, die erst nach Lennons Tod zusammengefügt wurden.

Wie auch immer – der Text endet unnachgiebig: „Ich bin mit einer zweiten Chance gesegnet. Ein Beatle zu sein, kostete mich beinahe das Leben , sicher aber kostete es mich einen großen Teil meiner Gesundheit . . . alles in der Absicht, ‚die da draußen' zu erreichen. Ich werde den gleichen Fehler nicht ein zweites Mal in meinem Leben machen. Dieses Mal werde ich meine Inspirationen auf althergebrachte Weise für alle zur Schau stellen. Falls ich nie wieder etwas für die Öffentlichkeit „produziere", dann gibt es eben das große „Schweigen". So geschehe es. Amen."

MÄRZ
Lennon verschwendet seine Zeit und seine Phantasie und nimmt drei angeblich lustige Satiren auf, basierend auf den Heldentaten des französischen Detektives Maurice Dupont. Elliot Mintz kann darüber lachen.

JUNI
Die Lennons fliegen in einem Privat-Flugzeug für einen Kurzurlaub auf die karibischen Grand Cayman-Inseln.

JULI
Die Lennons machen noch einen Besuch in Japan: John schließt sich angeblich während des gesamten Urlaubs in seinem Hotelzimmer ein.

7. AUGUST
Als der unglückselige „Sgt. Pepper' s Lonely Hearts Club Band"-Film rings um die Welt ein Flop wird, versucht Capitol, wenigstens aus der Bee Gees-Parodie des Beatles- Konzeptes noch ein wenig Kapital zu schlagen und veröffentlicht das Eröffnungs-Medley des 1967er Albums als eine Single.

22. SEPTEMBER
England hat das zweifelhafte Vergnügen der „Sgt. Pepper"-Single.

9. OKTOBER
Seans dritter Geburtstag wird im New Yorker Lieblingsrestaurant der Lennons, Tavern On The Green, gefeiert.

NOVEMBER/ DEZEMBER
Vielleicht liegt es an der Jahreszeit. . . noch einmal begrüßt Lennon den Anfang eines New Yorker Winters mit einem kurzen Erguß schöpferischen Schaffens: Er verarbeitet das letztjährige „Emotional Wreck" als „People" und packt darüberhinaus zwei neue Songs, „Everybody' s Talkin', Nobody' s Talkin'" und „Stranger' s Room", an.

10. NOVEMBER
Noch mehr Beatles-Verpackungskunst, diesmal allerdings mit ein paar Bonus-Tracks: Parlophones „The Beatles Collection" ist ein opulentes 14-LP-Set, das den gesamten offiziellen Back-Katalog der Band (Kompilationen zählen hier nicht mit) umfaßt und sogar ein „neues" Album mit dem Titel „Rarities" beinhaltet. „Diese Platte wird es nicht einzeln zu kaufen geben", tönen die EMI-Leute und kreuzen ihre Fingern hinter dem Rücken .

DEZEMBER
Die Lennons starten leise die Spirit Foundation, ihre eigene persönliche Benefiz-Organisation. Erster Nutznießer ist die Heilsarmee.

1. DEZEMBER
„The Beatles Collection" überquert den Ozean nach Amerika,

wo „Rarities“ zwei seiner interessanteren Songs beraubt wird. Alte Marketing-Gewohnheiten haben ein langes Leben. John Lennon gibt leider keinen Kommentar.

ANFANG DEZEMBER
Lennon und May Pang treffen sich und machen zum letzten Mal Liebe miteinander.

ENDE DEZEMBER
Lennon heckt einen „komischen“ Sketch über die Heldentaten von „The Greak Wok“ aus – zum Vergnügen von Elliot Mintz.

1979

JANUAR
Zu Beginn einer längeren Reise (bis Mitte Februar) fliegen die Lennons nach Ägypten, um die Pyramiden zu sehen. Ihre exakte Reiseroute während dieser Wochen bleibt ein Geheimnis, obwohl das Paar angeblich in Südafrika und Spanien gesichtet wurde – Lennons engste Annäherung an England seit seiner Auswanderung im September 1971.

Die Chronologie von Lennons Reisen Ende der Siebziger bleibt auch nach der Doppeldeutigkeit seiner Kommentare in seinen 1980er-Interviews verworren. Er erwähnt nur einen Solo-Trip nach Hongkong. Elliot Mintz erinnert sich an eine gemeinsame Reise nach Deutschland. Die meisten Hinweise gibt es für einen Besuch in Südafrika Anfang 1979, den May Pang jedoch in den Mai 1980 datiert.

Alle diese Aktivitäten suggerieren ein sorgloses Jet-Set-Dasein, aber Lennon-Insider stimmen in einem Punkt überein: Johns Reisezeiten und -ziele bestimmte einzig und allein Yoko – und ihre Tarotkarten.

19. FEBRUAR
Yoko Ono ernennt Fred Seaman als Johns persönlichen Assistenten. Über die ganzen verbleibenden 22 Monate von Johns Leben wird Seaman sein engster alltäglicher Vertrauter außerhalb des inneren Familienkerns sein.

MÄRZ
Die Lennon-Familie macht Urlaub in Palm Beach, Florida, wo sie Johns Sohn Julian und drei von Yokos Nichten treffen.

Fred Seaman: „Abends nach dem Essen setzten sich Vater und Sohn manchmal mit zwei Gitarren hin und John zeigte Julian neue Akkorde – als ob er einen Teil seines Vermächtnisses weitergeben wollte. Die meiste Zeit jedoch zeigte John keine Anstrengung, irgendwelchen bedeutungsvollen Kontakt mit Julian aufzubauen. Sie wirkten immer wie getrennte Menschen in getrennten Träumen.“

11. MAI
Die Verpackungsindustrie boomt wieder und wirft die amerikanische „Hey Jude“-LP von 1970 endlich auf den britischen Markt.

27. MAI
Eine ganzseitige Anzeige wird in Zeitungen in London, New York und Tokio abgedruckt. Ihr Titel: „A Love Letter From John And Yoko To People Who Ask Us What, When And Why“. Sie trägt alle Merkmale von Onos (nicht von Lennons) Stil. Ihr Kern, die Idee eines sorglosen und naiven Idealismus und angenehmer Gelassenheit, gaukelt vor, das Paar führe (im Gegensatz zu den Beobachtungen ehemaliger Freunde und „Insider“) ein idyllisches Familienleben.

JUNI
John, Yoko und Sean fliegen von New York nach Japan, wo sie den Sommer über bis Anfang September bleiben.

5. SEPTEMBER
Während der kommenden Monate diktiert Lennon seine Memoiren, die in einen bitteren Angriff auf viele der wichtigen Figuren seiner Vergangenheit, einschließlich Mitglieder seiner Familie und die anderen Ex-Beatles münden.

OKTOBER
Der frühere Beatles-Veranstalter Sid Bernstein macht einen seiner regelmäßigen Versuche, die Beatles für ein Benefiz-Konzert wieder zusammenzubringen – dieses Mal zugunsten der vietnamesischen Boat People. Lennon reagiert als einziger der vier positiv, läßt aber nach der Übersendung von angefordertem Info-Material nichts mehr von sich hören.

Der UN-Generalsekretär Kurt Waldheim ist in einer ähnlichen Mission unterwegs, auch er wendet sich an die Beatles. Dieses Mal weigert sich Yoko, offiziell zu reagieren, obwohl das Angebot Lennon offensichtlich gefällt. Er schreibt einem Freund: „Wenn die anderen mitmachen, werde ich für diese Segel-Freaks, die Boat People, spielen.“

Lennon macht einen Rückzieher und McCartney übernimmt allein die Last der Rettung der Boat People. Immerhin beginnt Lennon mit seinem alljährlichen Komponier-Schub. Bis zum Ende des Jahres schreibt er einen Song für Sean („Beautiful Boy“), baut „Real Life“ von 1977 zu „Real Love“ um und legt die Fundamente für zwei der „Double Fantasy“-Songs, „Starting Over“ (Arbeitstitel: „My Life“) und „Watching The Wheels“ (hier noch „I' m Crazy“)

9. OKTOBER
John und Yoko feiern erneut in dem exklusiven New Yorker Restaurant Le Roy' s Tavern On The Green (im Central Park) Seans Geburtstag – es ist sein vierter. Lennon verbringt die nächsten drei Wochen abgeschieden von der Außenwelt im Dakota.

15. OKTOBER
Die Lennons spenden 1.000 Dollar an die „Patrolmen' s Benevolent Association“ für den Kauf von kugelsicheren Westen für die New Yorker Polizei – ein weiter Weg seit der Anti-Polizei-Rhetorik der frühen Siebziger mit Songs wie „Attica State“ and „John Sinclair“.

19. OKTOBER
Elf Monate nach der Versicherung, das Beatles- „Rarities“-Album werde es ausschließlich im sündhaft teuren Set „The Beatles Collection“ geben, bringt EMI das Produkt als einzelne LP heraus

31. OKTOBER
Lennon verläßt kurz die Zurückgezogenheit des Dakota und betritt die wirkliche Welt bei einer Broadway-Aufführung von „Peter Pan“.

ENDE NOVEMBER
Die Lennons kaufen „Cannon Hill“, ein Herrenhaus in Cold Spring Harbor, Long Island. Fred Seaman: „John suchte die Annehmlichkeiten eines Landhauses, in dem er in Ruhe LSD und psychedelische Pilze nehmen konnte.“

12. NOVEMBER
John Lennon unterzeichnet sein Testament und vermacht sein riesiges Vermögen an Yoko Ono.

ENDE DEZEMBER
Weihnachten wird im Palm Beach-Wohnsitz der Lennons gefeiert.

31. DEZEMBER
Etliche gemeinsame Gesellschaften der Lennons, darunter Bag Productions, werden an diesem Stichtag offiziell aufgelöst.

Lennon feiert das Neujahrsfest gemeinsam mit Elliott Mintz – sein erster und einziger Besuch des hauseigenen Dakota-Club. Bekleidet mit schwarzem Schlips und Smokings laden sie ihre Gäste zu einem förmlichen Abendempfang ein. Allerdings verschickten sie zuvor nur eine einzige Einladung – an Yoko Ono.

1980

JANUAR
Fred Seaman berichtet: „Yokos Verhalten wurde zunehmend seltsamer, begleitet von einer merkbaren Verschlechterung ihres körperlichen Befindens. Ihr Gesicht war verhärmt, ihre Augen glasig mit verengten Pupillen, und sie verbrachte viel Zeit im Badezimmer mit lauten, schnaufenden Geräuschen, häufig gefolgt von einem schrecklichen Würgen. Ich merkte, daß sie das Heroin wieder gepackt hatte.“

„Wenn John – selten genug – Yoko einmal traf, umkreisten sie einander argwöhnisch. John griff Yoko wegen ihres Vampir-Gehabes und ihrer ungepflegten, Zombieartigen Erscheinung an.“

13. JANUAR
Noch eine „neue“ Beatles LP kommt in die US-Läden: „Hear The Beatles Tell All“, ein Interview-Album, das 1964 ausschließlich an Radio-DJs bemustert worden war.

14. JANUAR
Paul McCartney weilt in New York. Er ruft Lennon an und schlägt ein Treffen vor, bei dem sie sich „etwas Dynamit-Stoff“ teilen könnten. Lennon tobt, als er hört, daß Paul in Johns Tokioter Lieblings-Hotelsuite nächtigen will.

16. JANUAR

Paul McCartney wird wegen Drogenbesitzes verhaftet, als er nach Japan für eine Wings-Tour einreist. Einige Beobachter von Lennons Karriere gehen so weit, daß sie behaupten, Yoko Ono wäre in der Lage gewesen, die Verhaftung aus weiter Entfernung fernzusteuern.

Fred Seaman: „John glaubte fest daran, daß Yoko Paul mit einem Zauber belegt hatte."

FEBRUAR

Lennon und Ono machen mit dem Schauspieler Peter Boyle und seiner Frau Loraine Alterman Urlaub in Palm Beach. John kommt erholt nach New York zurück und erzählt seinen Freunden, jetzt reif für eine Periode der „permanenten Wiedergeburt" zu sein.

Um das zu beweisen, kehrt er zu mehreren der Songs zurück, die er in den vergangenen Jahren angefangen hatte. „My Life" von 1979 mutiert zu „Don't Be Crazy", „The Worst Is Over" zu „Starting Over". „Beautiful Boy" und „Watching The Wheels" sind so gut wie vollendet und Lennon schreibt mit ähnlichen Akkorden zusätzlich die Songs „Across The River" und „Memories". Er beendet fast „Clean-Up Time" und verarbeitet das „Real Love"-Thema ein weiteres Mal – zu „Girls And Boys".

Der mächtigste Song dieser Schreib-Sessions jedoch bleibt das unveröffentlichte „Serve Yourself" – eine direkte Antwort auf Bob Dylans verschlagenes Stück missionarischen Eifers, „Gotta Serve Somebody", in dem er seinen Banner an ein Christus-Kreuz nagelt. Lennons Revanche ist bitter und sarkastisch und setzt die skeptizistische Tradition des 1970er-Songs „God" fort. Er spielt ein Dutzend bluesiger Klavier-Demos des Songs ein, an denen er im Sommer weiterarbeiten wird.

20. MÄRZ

John und Yoko feiern ihren elften Hochzeitstag in verschwenderischem Stil. Sie kauft ihm ein Rolls-Royce-Sondermodell. Er kontert mit 500 Gardenien und einem in Herzform geschliffenen Diamanten.

24. MÄRZ

Capitol-USA gräbt die „Rarities"-LP von „The Beatles Collection" hervor und bringt sie als eigenständiges Album heraus.

9. APRIL

Yoko, John und Sean verbringen einen weiteren Urlaub in seinem Haus auf Long Island.

19. APRIL

Lennon beginnt auf Yokos Vorschlag ein zehntägiges „Schweigegelübde" – um „seinen Kopf zu reinigen".

30. APRIL

Lennon beendet seine Schweigeperiode mit einer rituellen Bartrasur, die erste seit dem vorigen

„Ich bin mit einer zweiten Chance gesegnet. Ein Beatle zu sein, kostete mich beinahe das Leben , sicher aber kostete es mich einen großen Teil meiner Gesundheit . . . alles in der Absicht, ‚die da draußen' zu erreichen. Ich werde den gleichen Fehler nicht ein zweites Mal in meinem Leben machen. Dieses Mal werde ich meine Inspirationen auf althergebrachte Weise für alle zur Schau stellen. Falls ich nie wieder etwas für die Öffentlichkeit ‚produziere', dann gibt es eben das große ‚Schweigen'. So geschehe es. Amen."

Sommer.

ENDE MAI
May Pang berichtet, Lennon habe sie aus Südafrika angerufen und ihr eine Postkarte aus Kapstadt geschickt. Diese Reise wird in anderen Insider-Listen über Lennons letztes Jahr nicht erwähnt, aber Pangs Buch zeigt die Postkarte als Beweismaterial. Andere Quellen bestätigen, daß John zu dieser Zeit im Mount Nelson Hotel in Kapstadt eingebucht war, angeblich unter dem Namen John Green, dem Tarokartenleger der Lennons.

2. JUNI
Bei einer Auktion in Syracuse, New York, bezahlt der Milchbauer Steve Potter 265.000 Dollar für eine einzige Holsteiner Kuh aus dem Besitz der Lennons.

4. JUNI
Lennon und mehrere Freunde segeln von Newport, Rhode Island, zu den Bermuda-Inseln. Unterwegs gerät ihr Boot in einen schweren Sturm, und John ist als einziges Besatzungsmitglied fit genug, das Ruder zu ergreifen. Aufgeregt erzählt er später Freunden, diese Erfahrung habe ihn besser „seine Mitte finden lassen" als alle vorangegangenen zehn Jahre.

12. JUNI
Lennons Reise auf der Jacht „Megan Jaye" geht zuende.

16. JUNI
Sean Lennon und Fred Seaman treffen Lennon auf den Bermudas.

21. JUNI
Inspririert von Bob Marleys „Burnin"-Album komponiert Lennon „Borrowed Time".

22. JUNI
Lennon produziert akustische Zweispur-Demos von „Watching The Wheels", einem Song, an dem er seit mehreren Jahren immer wieder gearbeitet hatte, sowie „I Don't Want To Face It" und „Borrowed Time", beide auf den Bermudas geschrieben. In der Nacht besucht er mit Seaman das örtliche Nachtlokal Flavors und hört zum ersten Mal „Rock Lobster" der B-52s. Er stellt eine Ähnlichkeit mit Yokos Arbeit aus den frühen Siebzigern fest.

23. JUNI
Die Erfahrung der letzten Nacht erzeugen den Lennon-Song „I'm Steppin"Out".

24. JUNI
Im Botanischen Garten der Bermudas findet Lennon eine Fresien-Kreuzung namens Double Fantasy. Er borgt sich den Titel für das Album, das er bei der Rückkehr nach New York bereits im Kopf hat.

25. JUNI
Lennon kauft sich auf den Bermudas eine teurere Heimstudio-Anlage und nimmt Demos von Songs wie „Serve Yourself", „Beautiful Boy" und „Watching The Wheels" auf.

27. JUNI
Yoko kommt auf den Bermudas an. Lennon spielt ihr – auf der Suche nach ihrer Anerkennung – das gesamte neue Material vor, einschließlich der von Kraftausdrücken strotzenden Aufnahme von „Serve Yourself". Der Song kocht vor Zorn und Sarkasmus und steckt voller unsagbarer Schimpfworte. In seiner schieren Wildheit überragt er sogar „How Do You Sleep".

29. JUNI
Lennon ist sauer, weil Yoko ohne ihn nach New York zurückkehrt.

1. JULI
Unfähig, Yoko telefonisch zu erreichen, komponiert Lennon den Song „I'm Losing You". Er nimmt auch „Dear Yoko" zum ersten Mal auf.

4. JULI
Fred Seaman kehrt nach New York zurück und hört Gerüchte aus Yokos Umfeld, daß sie sich von John scheiden will.

18. JULI
Während Lennon auf den Bermudas für ein Porträt Modell sitzt, das er Yoko schenken will, verbringt sie das Wochenende mit ihrem engen Freund, dem Kunsthändler Sam Green.

MITTE BIS ENDE JULI
Yoko spielt John ihre neuen Songs über das Telefon vor. Allmählich nimmt das Konzept von „Double Fantasy" als eine musikalische Unterredung von John und Yoko feste Gestalt an. Lennon spricht bereits von einem Produktionsplan für die nächsten Monate mit der Veröffentlichung ihres gemeinsamen Albums im Herbst als Ziel. Anschließend wollen sie an einer Broadway-Show zusammenarbeiten. Er schreibt er den letzten Song seines Bermuda-Urlaubs, „Woman", und beginnt mit der Arbeit an dem Pseudo-Country-Stück „Life Begins At 40".

29. JULI
John und Sean fliegen zurück nach New York, wo (so Fred Seaman) „Yoko ihren Plan aufgegeben hat, sich von John scheiden zu lassen."

31. JULI
Die Lennons arrangieren ein Treffen mit dem Plattenproduzenten Jack Douglas, um mit ihm ihr neues Projekt zu besprechen. Douglas, der schon als Toningenieur auf einigen von John und Yokos früheren Projekten arbeitete, weigert sich anfänglich, den Job zu übernehmen, es sei denn, daß er der alleinige Produzent ist. Schließlich stimmt er zu, die Rolle mit seinen Kunden zu teilen.

1. AUGUST
Jack Douglas bucht sofort die Hit Factory Studios für die Lennons, um mit den Aufnahmen zu beginnen, wird aber von Lennon versetzt, der fühlt, daß Yokos Songs noch nicht vollständig ausgereift sind. Inzwischen arbeitet John an dem Songtext eines neuen Songs, „Forgive Me, My Little Flower Princess", angeblich für May Pang geschrieben.

2. AUGUST

Die Lennons veranstalten eine Probe mit de Musikern Hugh McCracken, George Small und Tony Davilio im Dakota, beaufsichtigt von Jack Douglas. Unter den Songs, die sie anspielen, sind „Beautiful Boy", „I'm Your Angel" und „Borrowed Time".

3. AUGUST
John und Yoko verbringen die nächsten zwei Tage in Sam Greens Haus auf Fire Island.

4. AUGUST
Die Lennons kehren rechtzeitig für eine Abend-Probe ins Dakota zurück, während der sie „Kiss Kiss Kiss", „Every Man Has A Woman Who Loves Him" und „I'm Moving On" spielen.

7. AUGUST
Die Aufnahmesessions „Double Fantasy" beginnen in der Hit Factory in New York. Anfänglich spielen die Lennons mit den Musikern Earl Slick, Tony Levin, Arthur Jenkins und Andy Newmark – nicht die Männer, mit denen sie zuvor geprobt hatten. Während der Arbeit flirtet Lennon fortwährend mit einem Gitarren-Riff, das in seinen unveröffentlichten Song „Gone From This Place" mündet.

Studio-Aufnahmen:
„I'm Stepping Out", „Borrowed Time".

8. AUGUST
Lennon raucht demonstrativ Haschisch, während die Band die Sessions fortsetzt.

Studio-Aufnahmen:
„Nobody Told Me", „Kiss Kiss Kiss".

9. AUGUST
Als Yoko ihren Gesang ein paar Mal zu oft aufplustert, herrscht Lennon sie an: „Erinnere dich an die Brücke über den River Kwai, du Miststück!"

Studio-Aufnahme:
„Don't Be Scared"

12. AUGUST
Lennon und Ono veröffentlichen eine Presseerklärung, die ihr Comeback ankündigt und eines der Themen ihres Albums mit den Worten „die Erforschung sexueller Phantasien zwischen Männern und Frauen" bezeichnet.

In der zweiten Session-Woche stoßen Bun E. Carlos und Rick Nielsen von Cheap Trick dazu, obwohl sich ihr Beitrag auf einen Song beschränkt. Danach übernimmt wieder die Besetzung der Vorwoche das Ruder.

Studio-Aufnahmen:
„I'm Losing You", „ Beautiful Boy".

13. AUGUST
George Harrison läutet am Dakota und schlägt eine Zusammenarbeit mit John vor. John ignoriert ihn, denn er ist noch immer sauer über Harrisons Entscheidung, ihn in seiner kürzlich veröffentlichten Autobiographie „I Me Mine" kaum zu erwähnen.

Studio-Aufnahme:
„Cleanup Time".

14. AUGUST
Yoko schwänzt die Session und verbringt den Tag lieber mit ihrem Freund Sam Green

Studio-Aufnahme:
„Forgive Me, My Little Flower Princess".

15. AUGUST

Studio-Aufnahme:
„Beautiful Boys".

18. AUGUST
Yoko rekrutiert eine Video-Crew, um die abendliche Session zu filmen. Aufgenommen werden improvisierte Versionen mehrerer Rock-Oldies und Versuche der Band, Lennon zum Spielen einiger hervorragender Beatles-Songs zu bewegen. Die Aufnahmen sollen für den „Starting Over"-Promo-Clip verwendet werden.

19. AUGUST
Studio-Aufnahme:
„Hard Times Are Over".

20. AUGUST – 3. SEPTEMBER
Der Durchschnitt von etwa einem Song pro Tag wird gehalten.

Das Glanzlicht dieser Sessions ist „Woman", das Lennon der Band so erklärt: „frühe Motown/Beatles-Zeit, circa 1964. Es ist für eure Mutter oder Schwester, für die gesamte Weiblichkeit. Das ist das Publikum, zu dem ihr singen sollt." Während der Sessions bemerkt er: „Ich fühle mich wie ein Scheiß- Beatle mit dem Song." Als ihm Yoko das nachplappert, stichelt er: „Wie ein Ex-Beatle, du Scheiß-Fotze. In Wirklichkeit klinge ich wie Smokey Robinson, mein Schatz."

Studio-Aufnahme:
„Woman", „Beautiful Boy", „I Don't Wanna Face It", „Watching The Wheels", „Dear Yoko", „Every Man Has A Woman Who Loves Him", „Real Love", „(Just Like) Starting Over".

24. AUGUST
Sean Lennon ist in der Hit Factory, um seinen Vater bei den Gitarren-Overdubs für „(Just Like) Starting Over" zu beobachten.

5. SEPTEMBER
Bläser-Overdubs werden für die „Double Fantasy"-Songs aufgezeichnet.

9. SEPTEMBER
Der *Playboy*-Reporter verbringt drei Wochen in Lennons Gesellschaft und sammelt Material für ein langes Interview für die Ausgabe vom Januar 1981. In ausgedehnter Form erscheint es im Dezember1981 auch als Buch. Neben Berichten über die Aufnahmesessions und der vollen Wucht des John&Yoko-Mythos vom ewigen Glück und der nie versegenden Kreativität bekommt Sheff auch Lennons Analysen zu jedem Song aus dem Beatles- und Solo-Katalog Johns auf Band.

10. SEPTEMBER
Ein Chor mit schwarzen Teenager-Mädchen fügt seinen kollektiven Gesang der Yoko-Nummer „One World, One People", dem geplanten Höhepunkt des Albums, hinzu.

Studio-Aufnahme:
„Hard Times Are Over".

19. SEPTEMBER
Yoko Ono trifft den Platten-Mogul David Geffen, nachdem sie zunächst sein Horoskop studiert hatte, um herauszufinden, ob er es wert wäre, ihn zu treffen. Er will das „Double Fantasy"-Album veröffentlichen – ohne zuvor einen Ton gehört zu haben.

22. SEPTEMBER
Lennon, Ono und Geffen unterschreiben den schicksalhaften Plattenvertrag.

24. SEPTEMBER
Die Sessions werden von der Hit Factory ins Record Plant East verlegt, wo Douglas mit der letzten Abmischung beginnt.

25. SEPTEMBER
Yoko trifft sich mit Seans Leibwächter Doug MacDougall und bespricht mit ihm die Verstärkung der Sicherheitsmaßnahmen für die Lennons – als Antwort auf die wachsende Fanschar, die in der Hoffnung vor dem Dakota campiert, John beim Verlassen des Hauses auf dem Weg ins Studio zu treffen. Sie entscheiden, das Problem noch ein paar Nächte zu überschlafen und verabreden sich für den 9. Dezember zu einem weiteren Treffen.

26. SEPTEMBER
Jack Douglas bereitet die Single-Abmischungen von „(Just Like) Starting Over" und „Kiss Kiss Kiss" vor. Der Klang einer japanischen Wunsch-Glocke wird dem Anfang von Lennons Song hinzugefügt – als Echo auf die düsteren Glocken, die „Mother" auf Johns 1970er-LP einläuteten.

29. SEPTEMBER
Das *Newsweek*-Magazin gewinnt das Rennen um das erste Interview zum Comeback der Lennons. In Honolulu liest der langjährige Beatles-Fan Mark Chapman Barbara Graustarks Artikel und gelangt zu der Überzeugung, daß Lennon „ein Schwindler" ist. Das wiederholte Anspielen diverser alter

John und Yoko simulieren den Geschlechtsakt vor den Kameras für eine Szene des „Walking On Thin Ice“-Videos.

Beatles-und Lennon-Alben beweist Chapman das Ausmaß von Johns Heuchelei.

Obwohl John von all dem keine Ahnung hat, ist der Schwindler-Vorwurf so weit nicht hergeholt. Beginnend mit dem *Newsweek*-Interview versetzt Lennon bis zu seinem Tod die Medien in den Glauben, daß er zwischen 1975 und Sommer 1980 keinen Kompositions-Versuch unternommen habe und daß alle „Double Fantasy"-Songs ausschließlich und in voller Länge während seiner Zeit auf den Bermudas entstanden seien. Erst nach seinem Tod, als Dutzende akustische Demos aus den Siebzigern unter seinem Nachlaß entdeckt werden, wird dies als eine bestenfalls interessante PR-Masche enttarnt.

Inzwischen werden Klang-Effekte, die in den Straßen New Yorks von Toningenieur Jon Smith und Fred Seaman aufgenommen worden waren, den Songs „Watching The Wheels" und „I'm Your Angel" hinzugefügt.

30. SEPTEMBER
Die Abmischung verzögert sich, weil Yoko Ono darauf besteht, die ganze Gesellschaft in die Hit Factory zurückzubewegen.

3. OKTOBER
Die Beatles-Industrie lotet neue Tiefen aus: Parlophone bereitet „The Beatles Ballads" vor. Fast die Hälfte der Songs dieses Albums waren bereits auf „Love Songs" erschienen.

9. OKTOBER
Lennons 40. Geburtstag wird von einer Versammlung von Fans draußen vor dem Dakota Building begleitet. Lennon verschläft die Festlichkeiten, während ein von Yoko gechartertes Flugzeug den Glückwunsch „Happy Birthday John & Sean, Love Yoko" neunmal in den Himmel schreibt. Sprecher Fred Seaman bestätigt, daß das Paar im Frühjahr Japan, Europa und die USA betouren will.

12. OKTOBER
John und Sean feiern eine verspätete Geburtstagsparty in der Tavern On The Green.

17. OKTOBER
Die erste neue Single mit Musik von John Lennon seit mehr als fünf Jahren wird in den USA von Geffen veröffentlicht. „(Just Like) Starting Over" zeigt Lennon in unerwartet leichtmütiger Stimmung und bringt auch die Gesang-Manieriertheiten von Rocksongs aus den Fünfzigern in Erinnerung. Die Kombination von Humor und Sentimentalität entwaffnet und verwirrt viele Zuhörer, die die Rückkehr des politisierten und hochgradig ironischen Lennon erwartet hatten. Die Rückseite, Yokos orgastisches „Kiss Kiss Kiss", erfüllt diese Erwartungen schon eher.

18. OKTOBER
Mark Chapman leiht sich Anthony Fawcetts Buch „John Lennon: One Day At A Time" in der Volksbücherei von Honolulu aus. In dem Buch findet er Stellen, die ihn in seiner Theorie bestätigen, daß Lennon ein Heuchler ist, der all seine ursprünglichen Ideale und Prinzipien verkauft hat. Chapman, der seit mehr als zehn Jahren psychologisch gestört ist, entscheidet sich im Laufe der kommenden Wochen, daß die „Lösung" seiner geistigen Verwirrung in der Tötung von John Lennon liegt.

20. OKTOBER
Endlich sind die Lennons mit der Abmischung von „Double Fantasy" zufrieden.

23. OKTOBER
Mark Chapman kündigt seine Arbeit als Wartungsmonteur in Honolulu. Er unterschreibt die Kündigung mit „John Lennon".

24. OKTOBER
„(Just Like) Starting Over" wird in England veröffentlicht und erntet eher unzufriedene Kritiken.

29. OKTOBER
Mark Chapman fliegt von Honolulu nach New York. Er hat eine Handfeuerwaffe ohne Munition dabei.

30. OKTOBER
Chapman geht zum ersten Mal zum Dakota und kommt an den nächsten fünf Tagen jeden Morgen wieder. Er versucht vergeblich, Munition zu kaufen.

NOVEMBER
Mit einem fertigen Album und genug Rohmaterial für ein nächstes in der Tasche komponiert Lennon dennoch weiter. In diesem Monat nimmt er Heimdemos von „Gone From This Place" und dem elegischen „Grow Old With Me" auf.

3. NOVEMBER
Passend zu Lennons Comeback bringt die Mailorder-Abteilung der britischen EMI das 8-LP-Set „The Beatles Box" mit hochgejubelten, aber nicht besonders spektakulären „Raritäten" heraus.

5. NOVEMBER
Mark Chapman ist frustriert, daß er in New York keine Munition kaufen kann und besucht einen alten Freund in Atlanta, Georgia.

9. NOVEMBER
Chapman kehrt nach New York zurück. Im Flugzeug liest er einen *Esquire*-Artikel von Laurence Shames, der sarkastisch John Lennon radikale Glaubensgrundsätze mit seiner exklusiven Lebensart gegenschneidet. Nach der Ankunft kehrt Chapman zu seiner Dakota-Nachtwache zurück, obwohl ihm wiederholt erzählt wurde, daß die Lennons für eine Woche die Stadt verlassen haben.

11. NOVEMBER
Chapman ruft seine Frau in Hawaii an und erklärt ihr, daß er John Lennon ermorden will. Sie überredet ihn, am nächsten Tag heimzufliegen.

14. NOVEMBER
„Double Fantasy" signalisiert die vollblütige Rückkehr von John und Yoko ins Rampenlicht, auch wenn

die künstlerische Renaissance nicht so sicher ist. Es hat zwei Songs, die zu Lennons besten Arbeiten gehören („Woman" und „Watching The Wheels"), aber die verbleibenden fünf Kompositionen klingen mehr wie Flickwerke denn wie ein vollwertiges Zeugnis seiner Genialität. Yokos Material aktualisiert dagegen nur den Klang ihrer Platten aus den frühen Siebziger Jahren und bewegt sich weiterhin in den Wellen zwischen New Wave und Disco.

17. NOVEMBER
UK-Veröffentlichungsdatum von „Double Fantasy". Die meisten britischen Rock-Kritiker loben Yoko im Gegensatz zu Lennon, verreißen aber die Platte als Ganzes.

Melody Maker: „Das ganze stinkt angenehm nach gelassener Sterilität. . . es ist ein göttliches Gähnen."

New Musical Express: „Das Album dreht sich in seiner absoluten Egozentriertheit um sich selbst . . es ist eine lausige Platte."

25. NOVEMBER
„Double Fantasy" steigt in die US-Album-Charts auf Platz 25 ein. Die Lennons feiern mit einem kleinen Mittagessen im Café La Fortuna und gehen anschließend zu einer weiteren Session zurück in die Hit Factory.

26. NOVEMBER
Yoko organisiert einen Video-Dreh in der Sperone Gallery in Soho, für den die Lennons nackt posieren und einen Geschlechtsakt für die Kameras simulieren.

28. NOVEMBER
Lennon unterzeichnet eine eidesstattliche Erklärung zu dem Sachverhalt, daß die vier Beatles angeblich einem Wiedervereinigungskonzert Anfang der Achtziger Jahre zugestimmt hätten, das als „Beatlemania" nun veranstaltet werden soll. Die Zusammenkunft sollte die Krönung der „The Long And Winding Road"-Kampagne werden, ein offizieller Apple-Dokumentarfilm über die Beatles-Karriere.

ANFANG DEZEMBER
John und Yoko unterstützen eine Demonstration, die in San Francisco zugunsten japanischer Arbeiter geplant wird, die sich im Lohnstreik gegen ihre Arbeitgeber (örtliche Lebensmittel-Importeure) befinden.

Die Lennons veröffentlichen eine Erklärung: „Wir sind im Geiste bei euch. Wir beide wurden als asiatische Familie in der westlichen Welt vorverurteilt und mißbraucht. Boykott muß sein, wenn es der einzige Weg ist, Gerechtigkeit zu erzwingen und die Würde der Verfassung zum Heil aller Bürger der USA und ihrer Kinder wiederherzustellen. Frieden und Liebe. John Lennon und Yoko Ono, New York, Dezember 1980."

Das Paar will bei einem Protestmarsch mitmachen, der für die zweite Woche des Monates geplant wird und bucht schon mal die Flüge nach San Francisco.

1.-5. DEZEMBER
Die Lennons vermischen Werbepflichten und Aufnahmesessions für Yokos neuen Song „Walking On Thin Ice", der als ihre nächste Single geplant ist.

Zu Hause nimmt Lennon zwei unerledigte Songs auf: „Dear John" ist ein harmloses Stück Selbstermutigung, aber „You Saved My Soul" ist eine bemerkenswerte Beichte, in der er enthüllt, daß er einmal Selbstmord (er wollte sich aus dem Fenster seiner Dakota-Wohnung stürzen) verüben wollte, bis ihn Yokos Einschreiten gerettet hat. Leider hat keiner seiner letzten Interviewer den Song gehört, oder ist fähig, ihn zu diesen Vorfall zu befragen, der völlig im Gegensatz zu seiner Darstellung in der Presse steht, in den vergangenen fünf Jahren sein Leben als ein glücklicher Hausmann und Vater verbracht zu haben.

2. DEZEMBER
Mark Chapman besteigt ein Flugzeug in Honolulu. Es fliegt nach Chicago.

3. DEZEMBER
Das Lokal-Blatt *SoHo News* bringt eine Titelgeschichte über Yoko mit der fetten Schlagzeile: "Yoko Only".

Annie Leibovitz fotografiert Lennon im Dakota für den *Rolling Stone*.

5. DEZEMBER
John und Yoko werden von Jonathan Cott für den *Rolling Stone* interviewt. Cott spricht einige der exotischeren Auswüchse in Lennons PR-Geschichte an, erntet darauf jedoch nur bissige Kommentare

Das Interview wird im Record Plant fortgesetzt, wo Lennon „Every Man Has A Woman Who Loves Him", „Open Your Box", „Kiss Kiss Kiss" und „Walking On Thin Ice" für eine Yoko Ono-EP neu abmischt.

Mark Chapman kommt nach drei Tagen im Haus seiner Großmutter in Chicago in New York an.

6. DEZEMBER
BBC-DJ Andy Peebles interviewt die Lennons für Radio One im Record Plant Studio. Anders als Cott am Tag zuvor findet er Lennon in nachsichtiger, nostalgischer Stimmung vor, bereit für ein höfliches, unkontroverses Schlendern durch seine letzten elf Jahre. Der Text dieses Interviews wird 1981 unter dem Titel „The Lennon Tapes" in Buchform veröffentlicht.

Mark Chapman schreibt sich in der Jugendherberge an der 63. Straße ein und geht dann zum Dakota, in der Hoffnung, John Lennon zu treffen. Er kauft auch ein Exemplar von „Double Fantasy". Er verläßt das Dakota kurz bevor die Lennons von ihrem BBC-Interview heimkehren.

7. DEZEMBER
Mark Chapman geht ins teure Sheraton Hotel und von dort aus zum Dakota weiter. Im Laufe des Tages kauft er ein Exemplar der Januar-Ausgabe des *Playboy* mit dem umfangreichen Lennon-Interview. Zurück in seinem Hotelzimmer beschäftigt er eine Prostituierte und fügt anschließend das Wort „Lennon" dem Titel von „The Gospel According To John" (Johannes-Evangelium) in der Hotel-Bibel hinzu.

8. DEZEMBER
New Yorker Ortszeit:
7:30 Uhr: Lennon verläßt das Dakota, um sein Frühstück in einem Stadt-Restaurant einzunehmen.
8:00 Uhr: Mark Chapman verläßt das Sheraton Hotel, sortiert zuvor in seinem Zimmer sorgfältig sein Hab und Gut (darunter befindet sich sein Paß und seine verunstaltete Ausgabe der Bibel) und fährt dann los.
10:00 Uhr: Chapman geht wieder zum Dakota und verwickelt den Wachmann in eine belanglose Unterhaltung. Anschließend geht er gerade noch rechtzeitig in den Central Park, um Lennon knapp zu verpassen.
11:00 Uhr: Die *Rolling Stone*-Fotografin Annie Leibovitz beginnt eine zweite Fotosession mit den Lennons, bei der auch das berühmte

Nachdem die Tragödie bekannt geworden war, laufen vor dem Dakota Menschenmassen zusammen

Bild entsteht, auf dem sich der nackte Lennon wie ein Foetus krümmt und Yoko völlig bekleidet neben ihm posiert. „Das ist das Cover", ruft John aufgeregt, als er das Polaroid sieht. „Das ist unsere Beziehung." Das Foto wird später das Titelbild für die Lennon- Tribut-Ausgabe des Magazins Anfang 1981.

12:00 Uhr: Fotograf Paul Goresh hat ein nervendes Gespräch mit Chapman, der sein Exemplar von „Double Fantasy" vor dem Dakota festhält.

14:00 Uhr: Die Lennons beginnen im Dakota mit einem dreistündigen Interview mit vier Journalisten von RKO Radio New York. Vor dem Haus stellt ein regelmäßiger Dakota-Besucher Chapman Sean Lennon und sein Kindermädchen vor.

Das RKO-Interview fängt weder den entspannten Lennon vom 6. Dezember noch den zanksüchtigen Gesprächspartner am Tag zuvor ein. Stattdessen hechelt Lennon wie ein Geschwindigkeits-Fanatiker durch ausgedehnte Analysen seines spirituellen Weiterkommens und wiederholt dabei immer wieder seinen Glauben an ein Leben nach dem Tod.

17:00 Uhr: Die Lennons tauchen von dem Dakota auf und fahren mit den Rundfunk-Leuten zum Record Plant East. Vor dem Verlassen des Dakota gibt John ein Autogramm auf ein Exemplar von „Double Fantasy" für seinen Fan Mark Chapman aus Hawaii und wird dabei von Paul Goresh fotografiert. Chapman bleibt gaffend und schweigend nach dem Treffen zurück, als ob ihn die Gegenwart des Ex-Beatle betäubt habe. „Ist das alles, was du wolltest", fragt ihn Lennon. „Danke, John" – mehr kann Chapman nicht antworten.

17:30 Uhr: Yokos „Walking On Thin Ice" wird weiter remixt, bevor die Lennons auf der Suche nach einer passenden B-Seite sich durch einen Haufen von alten Bändern aus der Mitte der Siebziger wühlen, die Yoko damals mit David Spinozza aufgenommen hatte.

20:00 Uhr: Paul Goresh beendet trotz der drängenden Bitte Chapmans seine Dakota-Nachtwache „Was ist, wenn du ihn nie wieder siehst?", fragt Chapman. „Was ist, wenn ihm etwas geschieht?"

22:30 Uhr: John und Yoko beenden die Arbeit für „Walking On Thin Ice" und sagen beim Verlassen des Studios den Toningenieuren, daß sie jetzt im Stage Deli zu Abend essen werden. Stattdessen fahren sie zum Dakota.

22:50: Die Lennons kehren mit dem Auto vom Studio zum Dakota zurück und gehen über den Bürgersteig zum Eingang des Gebäudes. Im Schatten wartet Mark Chapman und ruft: „Mr Lennon." John dreht sich zu ihm hin und wird von einem Kugelhagel begrüßt, der ihn im Rücken und an der Schulter trifft. Er schleppt sich noch bis zum Dakota-Wachmann, bis er hinfällt und schreit: „Ich bin getroffen, ich bin getroffen!" Die Polizei fährt vor und Lennon, schwer blutend und die Augen rollend, wird in einen Polizeiwagen getragen. „Weißt du, wer du bist?" fragt ihn ein Beamter. Lennon versucht zu antworten, doch seine zerfetzten Stimmbänder bringen kein Wort heraus. Schließlich verliert er das Bewußtsein.

Mark Chapman: „John Lennon stieg aus der Limousine aus. Er hielt etwas in seinen Händen. Ein paar Musikkassetten. Niemand sagte ein Wort. Es herrschte Totenstille in meinem Kopf und John Lennon ging an mir vorbei. Er beschleunigte seinen Gang, als er unter der Markise angelangt war. Yoko ging ein kleines Stück vor ihm her. Die Stimme, sagte: „Tu es! Tu es! Tu es!".

„Ich zielte auf seinen Rücken. Ich drückte fünfmal auf den Abzug. Die Explosionen betäubten mich. Nach dem ersten Schuß duckte sich Yoko und rannte um die Ecke in den Hof. Dann war das Magazin leer und John Lennon war verschwunden. Innerhalb des Dakota, hinter der Tür, schrien einige Leute. Irgendjemand weinte. Der Portier, Jose, stand vor mir mit Tränen in seinen Augen. ‚Weißt du, was du getan hast?', fragte er mich."

Mark Chapman: „Die Stimme, sagte: 'Tu es! Tu es! Tu es!'. Ich zielte auf seinen Rücken. Ich drückte fünf Mal auf den Abzug. Die Explosionen betäubten mich. Nach dem ersten Schuß duckte sich Yoko und rannte um die Ecke in den Hof. Dann war das Magazin leer und John Lennon war verschwunden. Innerhalb des Dakota, hinter der Tür, schrien einige Leute. Irgendjemand weinte. Der Portier, Jose, stand vor mir mit Tränen in den Augen. 'Weißt du was du getan hast?' fragte er mich."

Yoko Ono (aus der Niederschrift ihres Polizei-Verhöres nach der Schießerei): „Ging zum Record Plant. Blieb bis ungefähr 22:30 Uhr. Wir wollten in ein Restaurant gehen, aber taten es nicht. Wir kamen zurück. Wir gehen normalerweise durch das Tor, aber taten es nicht. Stiegen aus, gingen zur Tür. John ging zur Tür, er ging schneller. Ich hörte Schüsse. Ich hörte Schüsse. Er ging die Treppen zur Tür hinauf. Sagte: „Ich bin getroffen". Ich folgte ihm. Er stand, wankte aber. Ich sagte ihm, er solle sich hinlegen. Manchmal ging er voran, manchmal ich. Ich sah einen Mann bei dem Wächter-Kasten. Es war dunkel und Nacht. Er nickte mir zu, dunkle, gräuliche Kleidung. Männlich, weiß. Er war nicht klein."

22:52 Uhr: Während Lennon ins Roosevelt Hospital transportiert wird, wird Chapman ohne Gegenwehr verhaftet. Er umkrallt ein Exemplar von J.D. Salingers Roman „The Catcher In The Rye".

23:00 Uhr: Lennon kommt im Roosevelt Hospital an, wo hektische Anstrengungen gemacht werden, sein Leben zu retten. Der Schaden, den Chapmans ausgehöhlte Kugeln verursacht haben, ist zu schwerwiegend, und John Lennon wird um 23:15 Uhr offiziell für tot erklärt. Yoko, die ihrem Mann ins Krankenhaus gefolgt ist, wird über Johns Tod informiert: „Sie meinen, daß er schläft?" reagiert sie hysterisch.

9. DEZEMBER

England erwacht mit der Nachricht, daß John Lennon erschossen

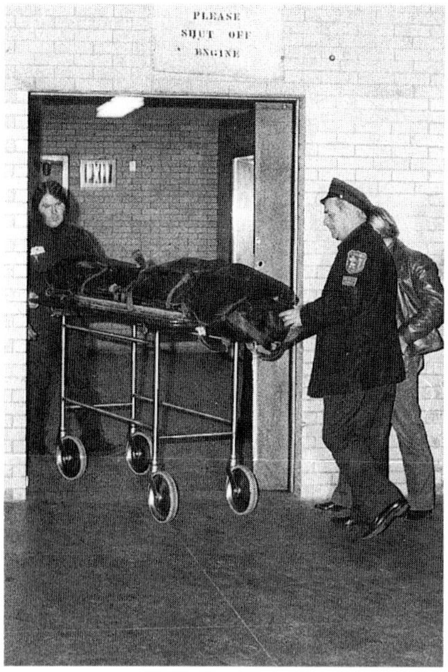

wurde. Rundfunkstationen spielen seine Musik und die der Beatles rund um die Uhr. Alle Tageszeitungen machen mit der tragischen Nachricht auf. Alte Freunde telefonieren miteinander und teilen ihren Schmerz. Die ganze Nation trauert.

10. DEZEMBER
New Yorker Ortszeit:

0:30 Uhr: Yoko Ono und David Geffen kehren zum Dakota zurück. Yoko bittet den Manager des Lenono Musik-Büros, Rich De Palma, die Nachricht Johns Tante Mimi, seinem Sohn Julian und Paul McCartney zu überbringen. Mehrere tausend Menschen strömen vor dem Dakota zusammen und singen Lennon-Songs.

1:05 Uhr: Mark Chapman unterzeichnet im Polizei-Hauptquartier des 20. Bezirkes das Geständnis, Lennon erschossen zu haben: „Ich kann nicht glauben, es getan zu haben", sagt er den Beamten. Nach einem Telefonat mit seiner Frau in Hawaii wird in das Bellevue Hospital zu psychiatrischen Untersuchungen gebracht.

3:00 Uhr: Elliot Mintz versucht, das Chaos im Dakota zu ordnen und Yoko zu trösten. Sie sagt ihm gleich, daß sie sich entschieden hat, Johns Leiche auf dem Friedhof von Hartsdale einäschern zu lassen. Anschließend verfolgt sie die TV-Berichte über den Mord.

3:30 Uhr: David Geffen spricht mit Yoko, und sie diktiert daraufhin einen Aufruf an die Fans, in Gedenken an John der von den Lennons ins Leben gerufenenen Benefiz-Organisation „The Spirit Foundation" Geld zu spenden. Die eingehenden Gelder werden später an Anti-Krieg-Gruppen, New Yorks Gesundheitsfürsorge und an Aktionen gegen Kindesmißbrauch weitergeleitet.

6:00 Uhr: Ein Mann ruft aus Kalifornien im Büro des Dakota an und sagt, er werde jetzt „nach New York fliegen und die Arbeit von Chapman zu Ende führen." Der Anrufer wird von der Polizei am Flughafen von Los Angeles abgefangen. Bei seiner Verhaftung brüllt er angeblich: „Yoko Ono – ich erwische dich noch!"

7:00 Uhr: Sean Lennon wacht auf. Weitere 24 Stunden lang wird ihm niemand erzählen, was geschehen ist.

Yoko geht nach oben und schreibt einen öffentlichen Aufruf, John mit einer schweigenden Nachtwache zu gedenken.

„Es gibt keine Beisetzung von John. Gegen Ende der Woche werden wir einen Termin für eine nächtliche Schweigeminute bekannt geben, um für seine Seele zu beten. Wir laden euch dazu ein, wo auch immer ihr euch zu diesem Zeitpunkt befindet. Wir danken euch für die vielen Blumen, die ihr John geschickt habt. Aber für die Zukunft spendet anstatt Blumen bitte lieber in seinem Namen an die Spirit Foundation Inc., Johns persönliche Wohltätigkeitsorganisation. Er hätte das sehr gewürdigt. John liebte und betete für die menschliche Rasse. Betet bitte nun genauso für ihn. In Liebe, Yoko& Sean."

10:30 Uhr: Eine Autopsie wird an John Lennons Körper durchgeführt.

11:00 Uhr: Yoko erfährt, daß ein untröstlicher Lennon-Fan Selbstmord begangen hat. Sie schickt eine Mitteilung an die New Yorker Presse, in der sie Johns Fans darum bittet, ihre Trauer nicht gegen sich selbst zu richten. Ringo Starr kommt mit seiner Freundin Barbara Bach in New York an. Sie werden ins Dakota gefahren und verbringen zwei Stunden mit Yoko.

3:00 Uhr: Mark Chapman wird dem Manhattaner Haftrichter vorgeführt. Auf Anraten seines Rechtsanwaltes sagt er kein Wort.

9:30 Uhr: Julian Lennon landet auf dem New Yorker Flughafen. Als er am Dakota ankommt, ist Yoko (laut einiger „Insider") mit David Geffen und Calvin Klein gerade in einem plüschigen Harlemer Restaurant .

7:00 Uhr: Sean wacht auf und Yoko sagt ihm, daß sein Vater getötet wurde und zeigt ihm den Tatort. Sean fragt, warum sein Vater erschossen wurde. Yoko kann nichts sagen.

LENONO
STUDIO ONE
1 WEST 72ND STREET
NEW YORK, NEW YORK 10023

I TOLD SEAN WHAT HAPPENED. I SHOWED HIM THE PICTURE OF HIS FATHER ON THE COVER OF THE PAPER AND EXPLAINED THE SITUATION. I TOOK SEAN TO THE SPOT WHERE JOHN LAY AFTER HE WAS SHOT. SEAN WANTED TO KNOW WHY THE PERSON SHOT JOHN IF HE LIKED JOHN. I EXPLAINED THAT HE WAS PROBABLY A CONFUSED PERSON. SEAN SAID WE SHOULD FIND OUT IF HE WAS CONFUSED OR IF HE REALLY HAD MEANT TO KILL JOHN. I SAID THAT WAS UP TO THE COURT. HE ASKED WHAT COURT - A TENNIS COURT OR A BASKETBALL COURT? THAT'S HOW SEAN USED TO TALK WITH HIS FATHER. THEY WERE BUDDIES. JOHN WOULD HAVE BEEN PROUD OF SEAN IF HE HAD HEARD THIS. SEAN CRIED LATER. HE ALSO SAID "NOW DADDY IS PART OF GOD. I GUESS WHEN YOU DIE YOU BECOME MUCH MORE BIGGER BECAUSE YOU'RE PART OF EVERYTHING"

I DON'T HAVE MUCH MORE TO ADD TO SEAN'S STATEMENT. THE SILENT VIGIL WILL TAKE PLACE DECEMBER 14TH AT 2 P.M. FOR TEN MINUTES.

OUR THOUGHTS WILL BE WITH YOU.

Love,

Yoko & Sean
Dec. 10 '80
N.Y.C.

2:00 Uhr: John Lennon wird in der Aussegnungshalle von Ferncliff eingeäschert. Später wird bekannt, daß die Einäscherung mitgefilmt wurde, und daß ein Leichenhallen-Assistent heimlich Fotos von Lennons Körper auf der Pritsche gemacht hat. Diese werden der Presse für 10.000 Dollar verkauft.
9:00 Uhr: Doug MacDougall kehrt mit Lennons Asche aus dem Krematorium zurück und gibt sie Yoko. Ihr nachfolgendes Schicksal ist unbekannt, obwohl es Berichte gibt, daß sie in England heimlich begraben wurde.

11. DEZEMBER
Fred Seaman wird von seinen Pflichten als Lennon-Assistent im Dakota vorläufig entbunden.

Fred Seaman: „Ich wachte mit dem Gefühl auf, verloren, hilflos und von einer wachsenden Furcht überwältigt zu sein. Ich sah eine völlig andere Yoko als diese tief trauernde Witwe, die sie für die Medien und für die Detektive, die Johns Mord untersuchten, spielte. Sie hatte sich entschieden, diese einmalige Gelegenheit auszunutzen, um ihr Bild in der Öffentlichkeit zu verbessern und eine Menge Geld zu scheffeln. Ich wollte mit diesem schmutzigen Geschäft nichts zu tun haben und rief sie an und sagte ihr, daß ich nicht mehr für sie arbeite."

Andere Quellen vermuten dagegen, daß Seaman darauf scharf gewesen sei, aus seiner Insider-Information Kapital zu schlagen und einen Buch-Vertrag zu bekommen. Wie auch immer – er verbringt einen Kurzurlaub mit Julian in Lennons Haus in Cold Spring Harbor.

12. DEZEMBER
Yoko kehrt mit Produzent Jack Douglas für eine emotionale Geisterbeschwörung ins Record Plant zurück. „Wir gingen in das Studio und setzten einige Collagen aus Johns Stimme und Musik zusammen," erklärt Douglas. „Es war fast wie eine Beisetzungsfeierlichkeit. Wir schwankten zwischen Hysterie und Konzentration. Wir arbeiteten zwei Nächte lang. Es war für uns wie eine Art von Therapie oder Befreiung."

14. DEZEMBER
Um 14 Uhr amerikanischer Ortszeit trauert die ganze Welt 10 Schweigeminuten lang. Die Aktion wird von Gedenkfeiern in New Yorks Central Park und in Liverpool be-

gleitet, beide werden live rings um den Globus ausgestrahlt. Rundfunkstationen senden zehn Minuten Stille als Beitrag zu dem Tribut. Yoko veröffentlicht anschließend eine Erklärung: „Gott segne euch für eure Tränen und Gebete. Ich sah John im Himmel lachen. Ich sah, wie sich Kummer in Reinheit wandelt. Ich sah, wie wir alle zu einem Geist verschmelzen. Danke, in Liebe, Yoko."

23. DEZEMBER
„Double Fantasy" und „(Just Like) Starting Over" erreichen die Spitze der US-Charts.

24. DEZEMBER
Sean bekommt sein letztes Weihnachtsgeschenk von seinem Vater: einen Akita-Welpen, den der Junge Merry nennt.

31. DEZEMBER
„(Just Like) Starting Over" steht an der Spitze der britischen Charts.

1981

JANUAR
Die israelische Regierung erklärt, daß ein John Lennon-Friedenswald nahe Safad gepflanzt werden soll.

ANFANG JANUAR
Yoko schickt Sean mit seinem Kindermädchen nach Palm Beach, damit er von der morbiden Atmosphäre in ihrem Haus wegkommen kann. Sie vollendet „Walking On Thin Ice", das Lennon als Roh-Mix in Arbeit hatte, als er erschossen wurde.

5. JANUAR
„Woman" ist planmäßig die zweite „Double Fantasy"-Single in den USA ; es gibt nur wenige Geldscheffel-Vorwürfe , da Lennon schon vor seinem Tod für einen Promo-Clip zu der Single gefilmt worden war.

7. JANUAR
„(Just Like) Starting Over" übertrifft in England „Imagine" als meistgekaufte Single.

11. JANUAR
Yoko gibt eine Presseerklärung mit der Überschrift „In Dankbarkeit" heraus: „Ich danke euch für eure Briefe, Telegramme und Gedanken. Sie sind aus der ganzen Welt gekommen... Es war ein Trost für mich, da sowohl John als auch ich an Bruder- und Schwesternschaft glaubten, die jenseits von Rasse, Hautfarbe und Religion liegt."

„Ich danke euch für eure Bedenken jenen Leuten gegenüber, die mit Johns Namen nach seinem Tod Geld machen. Es gibt einige unter euch, die sich schuldig fühlen, weil sie sich für Informationen von den Medien haben bezahlen lassen. Fühlt euch nicht schuldig. Menschen, die ihr in kleinem Rahmen John zu Ehren Geschäfte machen möchtet und seinem Namen für gute Zwecke benutzt: Ihr habt meinen Segen."

„Ich danke euch für euren Zorn über John Tod. Ich teile euren Zorn. Ich bin wütend auf mich selbst, weil ich nicht fähig war, John zu beschützen. Ich bin wütend auf mich und uns alle, weil wir unsere Gesellschaft so weit herunterkommen ließen."

„Als John neben mir hinfiel, fühlte ich mich wie in einem Guerilla-Krieg, nicht wissend wer oder wo der Feind ist. Ich sagte meinen Mitarbeitern, die Rasiermesser und Zeitungsartikel vor mir verbargen, daß sie mir alles zeigen sollen. Um mich herum war Dunkelheit. Ich hätte es wissen müssen. Ich sah das Todesfoto. John sah friedlich aus, wie auf der Rückseite des Imagine Cover. John, versuchst Du, mir etwas sagen? Ich sah das Foto, auf dem er das Autogramm gab. Irgendwie war das Foto für mich schlimmer als das Todesfoto. John beugte sich nach vorne, offensichtlich, um seinen Namen zu schreiben. Aber es war eine seltsame Haltung, die John da zeigte. Dann wurde mir klar, daß er für die Himmelspforte unterzeichnete."

„ Ich fühlte, daß ich euch diesen Brief schuldig war. Er mag nicht all eure Fragen beantworten, aber es ist das Beste, was ich jetzt tun kann. Es soll auch stellvertretend sein für Interviews, persönliche Auftritte und private Gespräche, um die mich viele von euch gebeten haben. Ich möchte gern etwas Zeit für mich selbst haben."

„Vergeßt nie: Alles, was ihr tun wollt, kann auch getan werden. Imagine. In Liebe, Yoko."

16. JANUAR
„Woman" kommt in die englischen Läden.

17. JANUAR
Fred Seaman reist nach London und liefert ein Videoband für die „Woman"-Single bei der BBC ab, das in *Top Of The Pops* gesendet werden soll. Er sortiert einige Aufzeichnungen von Lennons Tagebüchern aus der zweiten Hälfte der Siebziger aus und bringt sie Julian mit – angeblich auf Johns persönlichen Wunsch hin. Angeblich wird er von einem Freund dazu angestiftet, ein Buch aus dem Material der Lennon-Manuskripte zusammenzustellen

Seaman gibt auch Demos unveröffentlichter Lennon-Songs weiter, die er ohne Yokos Wissen aus dem Dakota mitgenommen hatte. Er ermutigt Julian, diese Songs aufzunehmen.

18. JANUAR
Die BBC startet eine sechsteilige Rundfunk-Serie, *The Lennon Tapes*, die auf Andy Peebles Interview vom 6. Dezember mit dem Paar aufgebaut ist.

1. FEBRUAR
Yoko Ono veröffentlicht „Walking On Thin Ice", den Song, den sie und John weniger als eine Stunde vor seinem Tod fertiggestellt hatten. Seine frostige Stimmung des emotionalen Rückzuges als Mantel für einen schrecklichen Schmerz gibt den Ereignissen von 8. Dezember einen dämonischen Nachgeschmack. Die B-Seite ist sogar noch anstößiger: „It Happened" beginnt mit einem zweiminütigen Dialog zwischen den Lennons, der während der Video-Produktion von „Woman" mitgeschnitten wurde. „John Lennon – ich kann es nicht glauben," flachst Lennon an einer Stelle, als er den verblüfften Gesichtsausdruck eines Passanten sieht. Diese Bemerkung nimmt die Gedanken der meisten Leute vorweg, die sich die Platte im Februar kaufen. Der nach den gesprochenen Worten folgende Song scheint sich direkt auf die Tragödie zu beziehen, obwohl er bereits 1973 aufgenommen wurde.

5. FEBRUAR
Es tauchen Berichte auf, daß sich die überlebenden Beatles wiedervereinigen wollen, um ein Tribut für Lennon aufzunehmen.

8. FEBRUAR
Roxy Music bringen eine Cover-Version von Lennons „Jealous Guy" als eine Tribut-Platte auf dem Markt. Sie wird zum Spitzenreiter der UK-Charts.

MÄRZ
Yoko Ono arbeitet in New York an einer Solo-LP, die Phil Spector produzieren muß, nachdem die Musiker – hauptsächlich die Besetzung, die bei „Double Fantasy" mitgewirkt hat – sich weigerten, Anweisungen von Yoko entgegenzunehmen. Spector bleibt nur kurz dabei und Yoko nimmt das Projekt selbst wieder in die Hand.

Yoko plant angeblich auch ein Magazin mit dem Titel *Imagine*, um die Ideale Lennons am Leben zu erhalten.

13. MÄRZ
Geldschneiderei oder Gedenkfeier? Die Reaktionen sind gemischt, als Lennons gesamter Auftritt mit Elton John im Madison Square Garden vom November 1974 in England als Single veröffentlicht wird.

16. MÄRZ
Die dritte US-Single von „Double Fantasy" wird veröffentlicht. Wie „Walking On Thin Ice", scheint auch „Watching The Wheels" irgendwie auf die Tragödie hinzuweisen – und pellt damit eine weitere schmerzende Hautschicht von der noch nicht verheilten Wunde, die Lennons Tod gerissen hat.

27. MÄRZ
UK-Veröffentlichung von „Watching The Wheels".

29. MÄRZ
Ein Gedenkgottesdienst für Lennon wird in der Liverpooler Anglican Cathedral gegen den Protest von örtlichen konservativen Politikern abgehalten.

APRIL
Die Plattenfirma der Lenonns, Lenono Music, wird von Yoko in Ono Musik umbenannt.

16. APRIL
Ed Koch, der Bürgermeister von New York, unterzeichnet eine Verordnung, nach der ein Teil des Central Parks in der Nähe des Dakota zum Andenken an Lennon in „Strawberry Fields" umbenannt wird.

21. APRIL
The National Enquirer behauptet, daß Lennon (durch das Medium David Guardino) im Grab noch immer Songs schreibe. Unter den „neuen" Kompositionen sei „To Be One Again", das die restlichen Beatles aufruft, sich zu reformieren .

MAI
Lennons blutbefleckte Kleidungsstücke werden von der Gerichtsmedizin zum Dakota zurückgebracht.

4. MAI
George Harrison veröffentlicht einen überraschend lebhaften Tribut an seinem ehemaligen Kollegen, „All Those Years Ago". Die Single ist eigentlich eine 1981er Beatles-Wiedervereinigung, weil sie Beiträge von Paul McCartney und Ringo Starr enthält.

22. MAI
Yoko Ono nimmt stellvertretend für John den „Handel-Medallion" entgegen, New Yorks höchste Ehren-Auszeichnung. „Diese Stadt bedeutete ihm sehr viel." sagt sie sagt weinend. „Sie war unsere Stadt, und sie ist es noch."

8. JUNI
Yoko Ono erstes Album seit Lennons Tod (ihre erste Solo-LP seit 1974) wird in den Staaten veröffentlicht. Das Cover von „Season Of Glass" zeigt Lennons blutverschmierte Brille im Fenster ihrer Dakota-Wohnung. Yoko hat die Fotografie selbst aufgenommen.

Wie die Verpackung sorgt auch die Platte selbst für Kontroversen – zumindest durch das frostige, beunruhigende „No, No, No", das mit dem Klang von Schüssen anfängt und dann ein Bekenntnis äußersten psychologischen und körperlichen Einigelns aufzeichnet.

12. JUNI
„Season Of Glass" wird in England veröffentlicht.

15. JUNI
In „The John Lennon Boxed Set" verpackt Apple die wichtigste Veröffentlichungen Lennons, von „Live Peace In Toronto 1969" bis zu „Shaved Fish". Es enthält zwar viele später aufgenommene „Tribute", Lennons Avantgarde-Arbeit mit Yoko Ono hingegen wird ignoriert.

MITTE JUNI
Yoko und Lenono Music stehen unter Plagiat-Vorwurf wegen der Ähnlichkeit zwischen dem „Double Fantasy"-Song „I'm Your Angel" und dem 1928er-Traditional „Makin' Whoopee".

22. JUNI
Mark Chapman wird des vorsätzlichen Mordes an John Lennon schuldig gesprochen.

JULI
Jack Douglas zieht gegen Yoko mit dem Vorwurf, daß er keine Tantiemen für seine Produktions-Arbeit bei „Double Fantasy" bekommen hat, vor Gericht. Yoko kontert, indem sie ihm Betrug und Lügnerei vorwirft.

6. JULI
Die Verpackungskunst macht auch vor dem Tod nicht halt: Geffen bringt „Starting Over" und „Woman" als eine doppelte A-Seiten-Single in den Staaten neu heraus.

19. AUGUST
Yoko schickt Freunden und anderen möglichen Wohltätern einen offenen Brief, um für die Unterstützung der Umwidmung eines Teils von New Yorks Central Park zur Gedenkstätte für John Lennon zu werben: „Es wird als Strawberry Fields bekannt sein. Es soll dort sein, wo John und ich unseren letzten gemeinsamen Spaziergang gemacht haben. John wäre sehr stolz darauf: eine Insel, die nach seinem Song benannt wird, hätte ihn viel mehr gefreut als eine Statue oder ein Denkmal."

„Als wir uns vor über zehn Jahren getroffen haben, pflanzten wir in England eine Eichel als Symbol unserer Liebe. Wir schickten Eicheln an alle Staatsoberhäupter dieser Welt und luden sie ein, es uns gleich zu tun. So möchte ich noch einmal im Namen von John und Yoko und im Geiste der Liebe alle Nationen der Welt dieses Mal darum bitten, Pflanzen, Felsbrocken und/oder Steine ihres Landes für Strawberry Fields zur Verfügung zu stellen."

24. AUGUST
Mark David Chapman wird von einem New Yorker Gericht zu einer 20jährigen Gefängnisstrafe verurteilt, die er im Attica State Gefängnis verbüßen muß.

26. AUGUST
Yoko wählt den am wenigsten Radio-freundlichen Song von „Season Of Glass", das psychodramatische „No, No, No", als erste Single aus.

19. SEPTEMBER
Paul Simon führt zum ersten Mal seinen Tribut-Song zu Ehren Lennons, „The Late Great Johnny Ace", bei einem gemeinsamen Konzert mit Art Garfunkel in New Yorks Central Park auf, der in Sichtweite zum Tatort von Lennons Ermordung liegt. Bizarrerweise wird der Song von einem Fan unterbrochen der mit den Worten „Paul, ich will mit dir sprechen" auf die Bühne stürzt. Später bekennt Simon, daß er glaubte, gleich so wie Lennon ermordet zu werden.

30. SEPTEMBER
Eine zweite Single wird aus Yokos „Season Of Glass" ausgekoppelt: „Goodbye Sadness".

9. OKTOBER
An dem Tag, der Lennons 41. Geburtstag gewesen wäre, verkündet

Yoko Ono: „Der 9. Oktober ist von der ‚Foundation for World Peace' zum Internationalen Weltfriedenstag proklamiert worden. Diese Entscheidung wurde sofort von vielen Organisationen in der Welt unterstützt. Hört nicht auf zu wünschen.Wünschen ist magisch."Yoko schließt mit einer Songzeile aus „Imagine": „Stellt euch vor, daß alle Leute ihr Leben in Frieden leben. In Hoffnung und Liebe, Yoko Ono Lennon."

In Los Angeles wird eine lebensgroße Bronze-Statue von Lennon vor der City Hall enthüllt.

28. OKTOBER
Das biografische Theaterstück „Lennon" von Bob Eaton öffnet im Everyman Theatre in Liverpool.

NOVEMBER
Mark Chapman schreibt Yoko und deutet an, daß er plant, ein Buch über seine Ermordung von Lennon zu schreiben. Er hofft, daß sie das Projekt unterstützt, wenn er alle Einkünfte für wohltätige Zwecke spendet.

9. NOVEMBER
Wieder alter Wein in neuen Schläuchen: es erscheint noch eine US-Geffen-Single, „Watching The Wheels" und „Beautiful Boy".

DEZEMBER
Julian Lennon beklagt sich, daß Yoko Ono ihm nur 150 Pfund pro Woche aus dem Nachlaß seines Vaters gibt. „Dad stand immer völlig unter ihrem Einfluß", beklagt er sich. „Sie hat sehr viel Energie. Sie ist aber auch bißchen ängstlich."

7. DEZEMBER
EMI „feiert" den ersten Jahrestag von Lennons Tod (ein Tag hin oder her) mit „The Beatles EP Collection", einer teuren Box, die vier angeblich exklusive Stereo-Abmischungen präsentiert.

8. DEZEMBER
Zum Jahrestag von Lennons Tod veröffentlicht Yoko einen kurzen Film, der das das Paar bei einem Spaziergang im Central Park zeigt. Gemäß eines japanischen Trauerrituals schneidet sie ihr Haar um gut 70 Zentimeter kürzer ab.

1982

JANUAR
Yoko schmeißt ihren Assistenten Fred Seamann endgültig raus. Er verläßt das Dakota mit einem Packen von Lennons Manuskripten, Tagebüchern sowie einigen Aufnahmegeräten. Schnell beginnt er zusammen mit einigen Komplizen, die definitive Geschichte von Lennons letzten Lebensjahren anhand dessen täglichen Aufzeichnungen niederzuschreiben.
Einer der Verschwörer schlägt vor, die Tagebücher dahingehend zu frisieren, daß der Eindruck entsteht, Lennon selbst würde Seamans Anspruch unterstreichen, der nahestehendste Höfling an seinem Thron gewesen zu sein.

24. FEBRUAR
„Double Fantasy" gewinnt den Grammy als bestes Album des Jahres. Yoko und viele der versammelten Stars weinen bei der Überreichung.

MÄRZ
Yoko Ono verkauft angeblich die Rechte an einem geplanten Buch über John Lennon für runde fünf Millionen Dollar an den G. P. Putnam-Verlag. Der Deal platzt, als herauskommt, daß sie sich 1970 im Zuge ihres „Grapefruit"-Buches verpflichtet hat, alle nachfolgenden Bücher zuerst dem Verlag Simon & Schuster anzubieten. Simon& Schuster sehen sich außer Stande, Putnam's Angebot gleichzukommen. Die Folge: Yoko gibt ihre literarischen Pläne auf.

1. MÄRZ
Rhino Records sieht sich gezwungen, ein Album mit aktuellen Beatles-Tributs, „Beatlesongs", zurückzuziehen, nachdem Lennon Fans sich wegen der Verwendung einer Karikatur von Mark Chapman auf dem Cover beschwert hatten.

8. MÄRZ
Der vielleicht treffendste aller Tribut-Songs an Lennon (Yokos Arbeiten ausgenommen) erscheint: Elton Johns „Empty Garden (Hey Hey Johnny)".

15. MÄRZ
Die dümmste US-Beatles-Single aller Zeiten, „The Beatles Movie Medley", erscheint.

22. MÄRZ
Noch ein hirnloses Stück Verpackungskunst: „Reel Music", eine Kompilation von Beatles-Film-Songs, kommt in die US-Läden.

29. MÄRZ
UK-Veröffentlichung von „Reel Music".

19. APRIL
Auch Queen bringen einen Tribut-Song an Lennon heraus: „Life Is Real (Song For Lennon)".

20. APRIL
Yoko eröffnet feierlich die „Strawberry Fields" im Central Park.

26. APRIL
Paul McCartney zollt seinem ehemaligen Partner mit dem elegischen „Here Today" auf seinem "Tug Of War"-Album musikalischen Tribut.

24. MAI
„The Beatles Movie Medley" wird der britischen Öffentlichkeit zum Fraß vorgeworfen.

27. JUNI
Lennon-Freund Harry Nilsson nimmt den Song „With A Bullet" auf, dessen Erlöse an die „National Coalition To Ban Handguns" gehen. Nilsson ist seit Lennons Tod ein Vorreiter der Kampagne gegen Handfeuerwaffen.

AUGUST
Yoko und die verbliebende Dakota-Crew entdecken das Ausmaß der Diebstähle und Täuschungen von den ehemaligen Lennon- Mitarbeitern und deren Komplizen. Nach langwierigen Rechtsstreitigkeiten bekommt Yoko bis auf Lennons 1980er Tagebuch alle vermißten Dokumente wieder.

Yoko und Sean singen gemeinsam mit Elton John dessen Lennon-Tribut „Empty Garden" auf der Bühne des Madison Square Garden in New York.

10. SEPTEMBER
Jahrelang nur als Bootleg erhältlich, erscheinen 12 Songs des Vorspiel-Nachmittages der Beatles vom 1.1. 1962 bei der Decca auf einer „offiziellen" (oder halblegalen) LP. Drei der Lennon/ McCartney-Songs, die an diesem Tag gespielt wurden, fehlen. Die Firma Audiofidelity, die das Album veröffentlicht, beteuert, die künstliche Verlängerung einiger Songs bei späteren Wiederveröffentlichungen des Materials sei aus rein historischen Gründen erfolgt.

20. SEPTEMBER
Billy Joel bringt auf seiner „The Nylon Curtain"-LP den Lennon-Tribut-Song „Scandinavian Skies". Kritiker stellen fest, daß das gesamte Album unter großem Lennon-Einfluß geschrieben wurde.

3. OKTOBER
Yoko Ono wechselt von Geffen Records zu Polygram. Sie wird dort die unveröffentlichten Songs aus den „Double Fantasy"-Sessions als LP unter dem Titel „Milk And Honey" herausbringen.

11. OKTOBER
Zum 20. Jahrestag der ersten Beatles- Veröffentlichung auf EMI stellt die Firma „20 Greatest Hits" (mit geringfügig unterschiedlichen Song-Auswahlen in England und Amerika) zusammen. Am selben Tag erscheint das Buch „The Ballad Of John And Yoko" mit Material über die Lennons aus dem *Rolling Stone*-Archiv und einigen neuen Artikeln von Autoren des Magazins.

29. OKTOBER
Aus den Decca-Bändern wird die Single „Searchin'" ausgekoppelt.

1. NOVEMBER
Mit mehrwöchiger Verspätung bringt EMI zum 20. Jahrestag von „Love Me Do" die Single erneut in die Läden. Sie erreicht Platz 4 in den UK-Charts, was dazu führt, daß in Zukunft sämtliche Beatles-Singles möglichst in der Nähe ihrer jeweiligen Jahrestage wiederveröffentlicht werden. Ebenfalls an diesem Tag erscheint eine „neue" John Lennon-Single, ein Remix von „Love" aus den 1970er „Plastic Ono Band"-Sessions. Sie soll die dritte an diesem Tag veröffentlichte Lennon-Platte promoten – „The John Lennon Collection". Diese Retrospektive mischt elf Apple Aufnahmen (von" Give Peace A Chance" bis hin zu „Stand By Me") mit sechs von Lennons sieben Songs auf „Double Fantasy". Verpackt in eine Plattenhülle, die Fotos des Paares wenige Tage vor

Johns Tod zeigt, zollt das Album einen vernünftigen Tribut an Lennons Arbeit, obwohl die Auslassung von „umstrittenen" Songs wie „Cold Turkey" und „Woman Is The Nigger Of The World" darauf hindeutet, daß geschäftliche Erwägungen den künstlerischen Motiven voran gestellt wurden.

8. NOVEMBER
„The John Lennon Collection" erscheint in Amerika. Zwei Songs der britischen Ausgabe fehlen. Am selben Tag kommt auch Yoko Onos neue Single, das ergreifende „My Man", auf den Markt.

29. NOVEMBER
„Happy Xmas (War Is Over)" soll als Single in den USA die „Collection"-LP anschieben. Ironischerweise ist ausgerechnet dieser Song auf der US-Ausgabe des Albums nicht vertreten.

Yoko Ono veröffentlicht ihr zweites Album seit Johns Tod, „It's Alright". Das Rück-Cover zeigt sie und ihren Sohn Sean, wie sie den Astralleib Lennons grüßen. Mutter und Kind werden als die „Hüter des Zauberbrunnens" bezeichnet. Auch John tritt auf der Platte in Erscheinung: Er ruft (von einer Bandaufnahme eingespielt) Yokos Namen in den Song „Never Say Goodbye".

3. DEZEMBER
Yokos „My Man"-Single wird in England veröffentlicht.

6. DEZEMBER
Es scheint langsam zur alljährlichen Tradition zu werden: EMI bringt mit „The Beatles Singles Collection" ein weiteres opulentes Box-Set auf den Markt.

10. DEZEMBER
Yokos „It's Alright"-LP erscheint in England.

25. DEZEMBER
Yoko schreibt den Essay „Surrender To Peace", der einen Monat später von der *New York Times* abgedruckt wird. Darin erinnert sie sich an die Gründung von Nutopia mit John im Jahre 1973 und beschreibt den imaginären Banner des Landes als „die weiße Fahne der Kapitulation. Eine Kapitulation vor dem Frieden." Sie erklärt, daß John („ein Mann, der sich der Welt, dem Leben und schließlich dem

Yoko und Sean in den „Strawberry Fields" in New Yorks Central Park.

Universum ergab") damals zu ihr gesagt habe: „Mach' dir keine Sorgen, Yoko. Eines Tages werden wir die Fahne da oben hissen. Du und ich. Ich verspreche es dir."

Yoko fährt fort: „Es ist Zeit, euch zu erheben. Ihr seid es, die die Fahne hissen werden. Ich fühle, daß John und ich, als eine Einheit, unseren Anteil daran geleistet haben. Der Rest meines Lebens gehört unserem Sohn Sean. Erinnert euch – We Are Family! Ihr und ich sind eine Einheit. Bekennt euch zur Liebe und fürchtet euch nicht. Wir werden es hören. Amerika The Beautiful. Surrender To Peace. Ich liebe euch, Yoko Ono Lennon."

1983

19. JANUAR
„The Day They Shot Lennon", ein Theaterstück von James NcLure, wird im NJ Theater in Princeton, New York, aufgeführt.

7. FEBRUAR
„Never Say Goodbye" (mit minimalen Beiträgen von Lennon) wird Yokos neue US-Single.

21. MÄRZ
„Not Now John" ist der späte Lennon-Tribut von Pink Floyd.

APRIL
Die Verleger Simon& Schuster geben bekannt, Fred Seaman 90.000 Dollar Vorschuß für ein Buch über Lennon bezahlt zu haben.

MAI
Der ehemalige Beatles-Mitarbeiter Peter Brown, namentlich erwähnt im Song „The Ballad Of John And Yoko", veröffentlicht sein Buch „The Love You Make" – mit giftigen „Enthüllungen" über die Beziehung der Lennons.

6. MAI
Mike Oldfields „Moonlight Shadow" ist der nächste Tribut-Song an Lennon.

27. MAI
Fred Seaman wird wegen schweren Diebstahles zu fünf Jahren auf Bewährung verurteilt. Auflage: Er darf niemals den Inhalt von Lennons Dokumenten und Manuskripten bekanntgeben, die er kurzfristig in seinen Besitz gebracht hatte.

JULI
Yoko Ono arbeitet an den unvollständigen „Milk And Honey"- Bändern von 1980 weiter. Sie will daraus ein Album machen.

6. JULI
Die Welle von Büchern spült eine ihrer dämlichsten Exemplare an: „Dakota Days" von John Green, der Yoko Onos Tarotkartenleger in der zweiten Hälfte der Siebziger war, wird angekündigt.

AUGUST
Simon& Schuster geben bekannt, daß sie nun doch kein Buch von Fred Seaman veröffentlichen werden. Seaman hilft statt dessen Albert Goldman, der seit 1981 an seiner Lennon-Biographie arbeitet. 1991 bringt Seaman schließlich „John Lennon: Living On Borrowed Time" heraus, ein überraschend genaues und überzeugendes Porträt von den Lennons und seinen Jahren an deren Seite.

13. SEPTEMBER
The Young Vic Theatre in London führt ein Bühnenstück mit dem Titel „John, Paul, George, Ringo" auf.

9. OKTOBER
Während einer Party anläßlich Sean Lennons 8. Geburtstag im Dakota, dringt ein Mann in das Gebäude ein und stößt Drohungen gegen Yoko aus äußert. Doch er ist nur einer von vielen krankhaften Anrufern und geistig verwirrten Personen, die Yoko und Sean seit Johns Tod belästigen oder angreifen wollen.

DEZEMBER
Zum dritten Todestag Lennons bringt Yoko Ono in den USA das Album „Heart Play-Unfinished Dialogue" heraus. Es umfasst 40 Minuten von Interview-Auszügen mit dem Paar, die der *Playboy*-Autor David Sheff in den Monaten vor Johns Tod geführt hatte. Die Tatsache, daß die LP am gleichen Tag wie das neue Paul McCartney-Album erscheint, ist – natürlich – ein Zufall.

16. DEZEMBER
„Heart Play" kommt in die britischen Läden.

1984

5. JANUAR
„ Nobody Told Me", ein vorwitziges, geistreiches Rock-Stück Lennons, kommt als Trailer für die „Milk And Honey"-LP in den USA auf den Markt.

9. JANUAR
UK-Veröffentlichung von „Nobody Told Me".

19. JANUAR
„Milk And Honey", als der Nachfolger von „Double Fantasy" beworben, wird in den USA veröffentlicht. Das Cover-Foto der sich küssenden Lennons ist der 1980er-LP ähnlich. Die Platte mischt Johns spontane Demos aus den Anfangstagen der „Fantasy"-Sessions mit Songs, die Ono nach 1980 komponierte.

27. JANUAR
„Milk And Honey" erscheint in England.

FEBRUAR
In der März-Ausgabe des

„*Playboy*“ ist ein Artikel von David Sheff mit der Überschrift „The Selling Of John Lennon“. Er enthüllt zum ersten Mal die Details von Fred Seamanns Diebstahl von Lennons Tagebüchern und Demo-Bänder aus dem Dakota, sowie die zahlreichen Drohungen, die Yoko und Sean seit Johns Tod gemacht wurden.

13. FEBRUAR
Capitol feiert den 20. Jahrestag des ersten US-Besuches der Beatles mit der Wiederveröffentlichung von „I Want To Hold Your Hand“.

9. MÄRZ
„Borrowed Time“ wird in England als Nachfolger von „Nobody Told Me“ veröffentlicht.

15. MÄRZ
In den Staaten erscheint „I'm Stepping Out“ als neue Lennon-Single.

2. APRIL
Yoko Ono wird dazu verurteilt, dem Co-Produzenten von „Double Fantasy“, Jack Douglas, mehr als eine Million Pfund an unbezahlten Tantiemen nachzubezahlen und ihn auch an den Erlösen von „Milk And Honey“ zu beteiligen.

11. MAI
„Borrowed Time“ erscheint in den Staaten.

24. MAI
Tarotkartenleger John Green veröffentlicht „Dakota Days“, das als ein kontroverses Aufdeckungsbuch über Lennons letzte Lebensjahre angekündigt wird. Die Fans lachen nur leise darüber.

JUNI
Der Random House-Verlag veröffentlicht „Come Together: John Lennon In His Own Time“, Jon Wieners bemerkenswerte Analyse von Lennons politischem Leben. Es beinhaltet eine Menge neuer Fakten aus den FBI-Akten über die Ausweisungs-Kampagne der US-Regierung in den frühen Siebziger Jahren.

Die US-Plattenfirma Silhouette Music veröffentlicht „Reflections& Poetry“ mit Auszügen von Lennons RKO Radio- Interview am Tag seines Todes, plus Aufnahmen von Johns Gedichlesungen Mitte der Sechziger Jahre.

28. JUNI
Ray Colemans Biographie „John Winston Lennon 1940-1966“ erntet den Applaus der Kritiker für seine ehrliche und genaue Schilderung des Lebens der frühen Beatles.

15. JULI
Geffen koppelt verspätet in England „I'm Stepping Out“ als dritte Single von „Milk And Honey“ aus.

13. SEPTEMBER
„Every Man Has A Woman“, eine Kompilation von Yoko Ono-Songs, die von John eigentlich als Geschenk für Yokos 50. Geburtstag gedacht war, erscheint in den Staaten. Sie beinhaltet eine bislang unveröffentlichte Lennon-Version des Titelstücks, das von Yoko auf „Double Fantasy“ gesungen worden war. Das Album ist zugleich das musikalische Debüt des jungen Sean Lennon.

21. SEPTEMBER
UK-Veröffentlichung von „Every Man Has A Woman“

5. OKTOBER
Lennons „Every Man Has A Woman“ erscheint als US-Single.

15. OKTOBER
Johns Sohn Julian Lennon bringt seine erste Solo-LP, „Valotte“, heraus. Wie nicht anders zu erwarten, wird sie von den Medien sofort mit der Arbeit seines Vaters verglichen. Die erste Single-Auskoppelung, „Too Late For Goodbyes“, wird dennoch ein weltweiter Hit.

30. OKTOBER
Der zweite Band von Ray Colemans definitiver Lennon-Biographie, „John Ono Lennon 1967-1980“, wird veröffentlicht.

16. NOVEMBER
UK-Veröffentlichung der „Every Man Has A Woman“-Single.

DEZEMBER
Auf Druck der restlichen Beatles verschrottet EMI das Album „Sessions“, eine Zusammenstellung bislang unveröffentlichten Materials der Gruppe. Die Bootlegger reiben sich erfreut die Hände.

7. DEZEMBER
Ein unveröffentlichtes Interview mit John und Yoko aus dem Sommer 1971, geführt von Peter McCabe und Robert Schonfeld, erscheint in Buchform unter dem Titel „John Lennon: For The Record“.

Yoko mit Julian und Sean Lennon.

8. DEZEMBER
Lennons Todestag wird in England mit der Austrahlung des TV-Specials *Yoko Ono: Then And Now* begangen.

9. DEZEMBER
Johns Biograph Ray Coleman weiht eine Lennon-Gedächtnis-Bank inden Edinburghs East Princes Street Gardens ein.

1985

MITTE. FEBRUAR
Yoko Ono, George Harrison und Ringo Starr verklagen Paul McCartney: Er habe seine Tantiemen-Quoten an den Beatles Platten heimlich erhöht, ohne die anderen zu informieren.

MÄRZ
„Genesis Publications“ veröffentlichen Derek Taylors Autobiographie „Fifty Years Adrift“, die Reproduktionen vieler Briefe und Postkarten einschließt, die ihm von John geschickt worden waren.

Noch ein Buch: „Listen To These Pictures: Photographs Of John Lennon“ ist eine Sammlung von mehr als 100 Fotos, die zwischen 1971 und 1980 von ihrem Freund Bob Gruen aufgenommen wurden.

4. APRIL
In der britischen Presse kursieren Gerüchten über eine bevorstehende Wiedervereinigung der Beatles – mit Julian Lennon an der Stelle seines Vaters. Nichts geschieht.

13. MAI
Die britische Bahn tauft bei einer Zeremonie in Liverpools Lime Street Station eine neue Pullmann-Lokomotive auf den Namen „John Lennon“.

25. JUNI
Der Schauspieler Mark Lindsay wird von der Besetzungsliste des NBC-TV-Films *John And Yoko: A Love Story* gestrichen. Er sollte die Rolle von John Lennon spielen, wurde aber gefeuert, nachdem Yoko Ono heraus bekam, daß er mit bürgerlichem Namen Mark Chapman heißt.

29. JUNI
Lennons psychedelisch angemalte Rolls Royce-Limousine wird von Sothebys in New York für 2,2 Millionen Dollar versteigert.

10. AUGUST
Michael Jackson kauft die Rechte an allen Lennon/ McCartney-Songs

für 34 Millionen Dollar vom Musikverlag Northern Songs.

20. SEPTEMBER
Bei der Sichtung von Archiven für ein amerikanisches Radio-Projekt werden 20 unveröffentlichte Lennon-Songs entdeckt. Angeblich wurden sie alle 1980 komponiert, in Wahrheit reichen sie zum Teil bis 1975 zurück. Zwei der Songs stammen noch nicht einmal von Lennon: „Lullaby“ (von den Grapefruits) und „Have You Heard The Word“ (von den Futz).

3. OKTOBER
Ein weiterer Lennon-Bildband erscheint: Eine Sammlung von Bildern aus der Mitte der Siebziger Jahre, fotografiert vom Beatles-Kameramann Dezo Hoffmann.

4. OKTOBER
Elton John bringt seinen zweiten Lennon-Tribut-Song heraus: „The Man Who Never Died“.

9. OKTOBER
An Lennons 45. Geburtstag werden die „Strawberry Fields“ im Central Park endlich von New Yorks Stadtoberen offiziell eingeweiht. Yoko und Sean führen die Öffnungszeremonie an.

11. NOVEMBER
Eine bearbeitete Version von John und Yokos 1971er Film „Imagine“ wird von EMI als Video-Kaufkassette veröffentlicht.

18. NOVEMBER
EMI hängt sich an den Erfolg des „Imagine“-Videos und bringt die Single „Jealous Guy“ heraus.

22. NOVEMBER
Yoko drittes Solo-Album seit Johns Tod, „Starpeace“, erscheint.

2. DEZEMBER
Der sentimentale, von allen Anstößigkeiten bereinigte, aber dennoch manchmal rührende TV-Film *John And Yoko: A Love Story* wird auf NBC-TV erstausgestrahlt.

6. DEZEMBER
John Lennon: A Journey In The Life mit Bernard Hill in der Hauptrolle ist der TV-Tribut, den die BBC dem Ex-Beatle zollt.

8. DEZEMBER
Am fünften Todestag Lennons sendet der BBC-Rundfunk ein einstündiges Special, das seine Lebensgeschichte anhand von Interview-Auszügen nacherzählt.

1986

23. JANUAR
Lennons Söhne Sean und Julian führen an der Stelle ihres Vaters Elvis Presley in die Rock'n'Roll Hall Of Fame ein.

24. JANUAR
„John Lennon: Live In New York City“, ein Kauf-Video mit dazugehörigem Album, ist die erste offizielle Veröffentlichung des Material von den1972er „One To One“ -Konzerten. Die Bänder wurden für die Veröffentlichungen von Yoko neu abgemischt, die ihren eigenen Gesang wohlweislich nach hinten mischt, einige ihrer Songs ganz herausnimmt und darüber hinaus die rohe Intensität von Lennons ursprünglichen Versionen glättet.

24. FEBRUAR
„Live In New York City“ erreicht UK.

28. FEBRUAR
Yoko Ono beginnt ihre erste Solo-Welttournee in Brüssel. Der US-Teil der Tour wird wegen armseliger Kartenverkäufe abgesagt.

24. MÄRZ
Julian Lennon veröffentlicht sein zweites Solo-Album: „The Secret Value Of Daydreaming“.

MAI
Viele von Lennons Skizzen und Lithographien werden in der kalifornischen Kunstausstellung „This Is My Story Both Humble And True“ gezeigt.

17. JUNI
Musiker von Elephant's Memory verklagen Yoko Ono, weil sie die Einnahmen für ihren Beitrag zu den „One To One“-Konzerten ursprünglich wohltätigen Zwecken zufließen lassen wollten, und weil sie für ihren Einsatz für“ Live In New York City“ (Video und Album) keine Tantiemen erhalten haben.

6. OKTOBER
„Skywriting By Word Of Mouth“, eine Sammlung von Lennons Geschichten, Gedichten und Artikeln vorwiegend aus dem Jahr 1975 und später, wird weltweit veröffentlicht. Das Buch beweist, daß Lennon nichts von der verbalen Schärfe seiner ersten beiden Bände Mitte der Sechziger Jahre verloren hatte. Die Kritik konzentriert sich eher auf „The Ballad Of John And Yoko“, ein autobiografisches Werk, das als Begleittext für Lennons gleichnamiges unvollendetes Musical gehalten wird.

27. OKTOBER
Noch ein posthumes Lennon-Album wird in den USA veröffentlicht: „Menlove Avenue“, eine Mischung aus Papierkorb-Aufnahmen während der Sessions für das „Rock'n'Roll“- Album 1973/74 und Mitschnitten von Proben für die „Walls And Bridges“-LP von 1974. Das Cover stammt von Andy Warhol.

3. NOVEMBER
UK-Veröffentlichung von „Menlove Avenue“.

1987

26. FEBRUAR
Mit dem ersten Schub von Beatles-CDs kehrt eine lange Reihe von Original-Alben auf beiden Seiten des Atlantiks in die Charts zurück.

MÄRZ
Yoko Ono gewährt dem Filmproduzenten David Wolper Zugang zu ihren Archiven. Wolper möchte „den definitiven Film über das berufliche und private Leben von John Lennon“ machen; Arbeitstitel: „In My Life“.

9. MÄRZ
Lennon kommt als Songschreiber posthum in die Hall Of Fame. Yoko nimmt die Auszeichnung entgegen.

27. MÄRZ
Die Schuhmarke Nike benutzt den Beatles-Song „Revolution“ für TV-Werbespots. Fans sind über diesem Mißbrauch von Lennons Polit-Hymne empört, obwohl der Clip von Yoko Ono abgesegnet wurde.

4. APRIL
Yoko übergibt den ersten „John Lennon New Age Award“ an den Konzert-Mogul Bill Graham.

24. APRIL
Im Londoner Sadler's Wells steigt die Welt-Premiere von „The Dream Is Over“, ein Ballett-Stück, das von Christopher Bruce zur Musik des „John Lennon Plastic Ono Band“-Albums choreographiert wurde.

1. JUNI
Die Beatlemania wird ein weiteres Mal wiederbelebt: „Sgt. Pepper“ erscheint am 20. Jahrestag des Albums als CD und verursacht prompt weltweite Retrospektiven von Journalisten einer gewissen Altersgruppe.

10. SEPTEMBER
Macmillan veröffentlicht „The Lennon Companion“, eine Anthologie von Artikeln über den EX-Beatle und seine Arbeit, in der mehrere der bekanntesten Sechziger Jahre-Interviews mit John nachgedruckt werden.

1988

18. JANUAR
Im amerikanischen Westwood One-Radionetzwerk beginnt die erste Staffel der wöchentlichen Rundfunksendung *The Lost Lennon Tapes*, ein Wechselbad zwischen Faszination und Totalausfall. An die 300 Stunden seltener Lennon-Aufnahmen werden in kleinen Dosen über das Programm verstreut, der Rest besteht aus längst übergehörtem oder belanglosem Material.

20. JANUAR
Die Beatles werden in die Rock'n'Roll Hall Of Fame in New York aufgenommen. Lennon sollte eigentlich von Yoko, Sean und Julian vertreten werden. Paul McCartney bleibt wegen des andauernden Rechtsstreites zwischen ihm und den anderen Beatles fern. Auch Yoko glänzt durch Abwesenheit, obwohl sie der Presse hintenherum steckt, daß John dort gewesen wäre, wenn er noch leben würde.

22. AUGUST
Beatles Fans sind selbstverständlich empört, als Albert Goldman in seinem Buch „The Lives Of John Lennon“ behauptet, ihr Held sei ein Mörder, ein unfähiger Drogensüchtiger und ein unersättli-

cher Weiberheld gewesen, wenn er nicht gerade damit beschäftigt war, sein Baby quer durch den Raum zu treten oder seinen Manager zu vögeln. Trotz seiner Sensationsgier ist Goldmans Wälzer nicht jene schlecht recherchierte Unverschämtheit, gegen die die Fans protestieren, obwohl viele seiner Spekulationen völlig absurd sind.

8. SEPTEMBER
Ein insgesamt freundlicheres Bild von Lennon zeichnet „John Lennon: My Brother" das Johns Halbschwester Julia Baird mit Hilfe von Geoffrey Guiliano schrieb.

14. SEPTEMBER
Westwood One Special Report: Yokos Response, eine US-weite Rundfunksendung gibt Yoko die Gelegenheit, Albert Goldmans Biographie zu kommentieren.

19. SEPTEMBER
Jealous Guy" wird zum ersten Mal als US-Single Lennons veröffentlicht.

30. SEPTEMBER
John wird mit einem Stern auf dem Pflaster des Hollywood Walk Of Fame (Sunset Boulevard) vor dem Gebäude von Capitol Records geehrt.

4. OKTOBER
Ein neuer Dokumentarfilm, „Imagine: John Lennon", feiert ohne Yokos Anwesenheit Premiere in New York. Der Film ist eine autorisierte „Biographie" Lennons, die sein Leben anhand von eigenen Interview-Zitaten und etlichen bislang ungesehenenAusschnitten von Lennon/ Ono-Clips und Amateurfilmen nacherzählt.

Am gleichen Tag erscheint die Doppel-LP „Imagine: John Lennon" mit dem bislang unveröffentlichten Lennon Song „Real Love" von 1980. Dazu gibt es ein reich bebildertes Buch mit vielen Original-Zitaten von John.

10. OKTOBER
UK-Veröffentlichung des „Imagine: John Lennon"-Set.

25. OKTOBER
Yoko Ono und Cynthia Lennon besuchen die UK-Premiere von „Imagine: John Lennon".

28 NOVEMBER
„Imagine" wird als doppelte A-Seiten-Single (mit „Jealous Guy") in England herausgebracht.

26. DEZEMBER
Sean Ono Lennon (13) macht sein Debüt als Schauspieler in Michael Jacksons Fantasy-Fim „Moonwalker".

1989

27. MÄRZ
Julian Lennon veröffentlicht sein drittes Album: „Mr. Jordan".

1. APRIL
18 Jahre nachdem er gedreht wurde, hat der Film „Ten For Two", der die Lennons bei einem Konzertauftritt Ende 1971 zeigt, Premiere in Detroit.

28. APRIL
Durch die Video-Veröffentlichung „Sweet Toronto" ist das Konzert Plastic Ono Band in Toronto im September 1969 zum ersten Mal in voller Länge erhältlich.

28. NOVEMBER
George Harrison sagt einem Journalisten, daß es keine Wiedervereinigung der Beatles geben wird, „so lange John Lennon tot bleibt".

1990

1. JANUAR
Yoko Ono ruft das „Greening Of The World (GOW)"-Jahr aus – 12 Monate mit Umwelt-Kampagnen und Aktionen, die an Lennons 50. Geburtstag erinnern sollen.

20. MÄRZ
Eine Ausstellung über Yoko Onos Kunsthandwerk und ihre Filme wird in den Riverside Studios in West London eröffnet. In den nächsten fünf Wochen werden ein Dutzend Lennon/Ono Filme ihre seltene öffentliche Vorführung erleben.

5. MAI
Yoko Ono veranstaltet und moderiert im Pier Head in Liverpool ein Konzert zu Ehren von John Lennon, um Geld für den The Greening Of The World John Lennon Scholarship-Fond aufzutreiben. Zahlreiche Rock-, Pop, Country- und Soulstars treten mit durchweg schlechten Coverversionen von Lennon-Songs auf, während Ringo Starr und Paul McCartney je einen eigens angefertigten Film beitragen.

28. JUNI
Ebenfalls in Liverpool, aber dieses Mal in der Nähe des King's Dock, singt Paul McCartney ein Medley von John Lennon-Songs während seines dortigen Konzertes. Er spielt auf seiner aktuellen Tour das erste Mal „Strawberry Fields Forever", „Help!" und „Give Peace A Chance" (alles Kompositionen von Lennon) in der Öffentlichkeit.

JULI
Die Firma Rickenbacker Guitars gibt ein E-Gitarren-Sondermodell mit der eingravierten Unterschrift von John Lennon heraus.

13. SEPTEMBER
Eine der armseligsten Lennon-Biographien, Sandra Sheveys „The Other Side Of Lennon", wird veröffentlicht.

6. OKTOBER
Zu Beginn der Woche, in der Lennon 50 geworden wäre, strahlt BBC-Radio die erste einer Serie von zehn Sendungen unter dem Titel *In My Life: Lennon Remembered* aus. Ein Buch mit gleichem Titel folgt bald.

9. OKTOBER
Mehr als 1.500 Rundfunk-Stationen rund um den Globus spielen an seinem 50. Geburtstag gleichzeitig John Lennons „Imagine". Es ist „The Day Of Love", wie Yoko es bezeichnet: „Ich wollte einen Weg für Johns Fans finden, etwas gemeinsam zu tun, aber zugleich wollte ich, daß es angemessen und einfach ist" erklärt sie.

29. OKTOBER
Autor John Robertson veröffentlicht die erste eingehende Studie über Lennons Arbeit, „The Art And Music Of John Lennon". Er kommt zu dem Schluß, daß es die Arbeit eines Genies war.

30. OKTOBER
Die Vier-CD- Box "Lennon" kommt mit bereits veröffentlichtem Material in England auf den Markt. Obwohl sie seine komplette „John Lennon/ Plastic Ono Band"-LP einschließt, bevorzugt sie doch das weniger umstrittene und experimentelle Werk Lennons.

8. NOVEMBER
Weitere Lennon-Bücher kommen in die Läden: Philip Normans „Days In The Life: John Lennon Remembered", Nishi F. Saimarus „John Lennon: A Family Album", und „Daddy Come Home: The True Story Of John Lennon And His Father" von Johns 41jähriger Stiefmutter Pauline Lennon.

2. NOVEMBER
Die BBC klinkt sich wieder ein und bringt *John And Yoko – The Interview*, das Auszüge aus Andy Peebles Treffen mit den Lennons im Dezember 1980 beinhaltet.

3. DEZEMBER
„John And Yoko: The Bed-In", eine bearbeitete Version des Lennon-

Filmes von 1969 mit ähnlichem Titel erscheint in England auf Video.

21. DEZEMBER
Ein zweites, weniger spektakuläres, Greening Of The World-Konzert wird im Tokio Dome veranstaltet.

1991

JANUAR
Cynthia Lennon veröffentlicht eine limitierte Ausgabe von Reproduktionen einer Reihe von Johns Karikaturen, die er 1968 auf Apple-Briefpapier gekritzelt hat.

4. JANUAR
Sean, Yoko und Lenny Kravitz besprechen eine Aktualisierung von „Give Peace A Chance" als Antwort auf den Ausbruch des Golf-Krieges. Während der nächsten Woche nehmen sie eine neue Version von Lennons Friedenshymne auf, bei der mehr als 20 berühmte Pop und Rock-Künstler mitwirken.

15. JANUAR
Das neu arrangierte „Give Peace A Chance" wird unter dem Gruppennamen Peace Choir veröffentlicht.

28. JANUAR
Die BBC weigert sich aufgrund der neuen Firmenpolitik, keine Anti-Kriegs-Propaganda mehr zu übertragen, die Peace Choir Single zu spielen. Lennons Song hat offensichtlich seinen Anti-Establishment-Biß bewahrt.

20. FEBRUAR
Lennon wird posthum mit einen Lifetime Achievement Award bei der Grammy-Verleihung in New York bedacht. Yoko Ono nimmt die Auszeichnung in Empfang.

MAI
Yoko leitet gerichtliche Schritte gegen die Pop-Band EMF ein, deren „Schubert Dip"-Album eine Aufnahme von Mark Chapman beinhaltet, der Zeilen aus Lennons Songtext von „Watching The Wheels" vorliest. EMF sind damit einverstanden, den kompromitierenden Song von der Platte zu entfernen.

12. JULI
Professor Jon Wiener, Autor der grundlegenden Studie über Lennons politisches Leben, „Come Together", gewinnt einen Gerichtsstreit in San Francisco, in dem er gefordert hat, daß das FBI gezwungen werden muß, seine verbleibenden 69 Geheimakten über John Lennon zu öffnen. Das FBI legt Berufung ein mit dem Ziel, den Ausweisungs-Konflikt nicht noch lange nach Lennons Tod fortzuführen.

28. SEPTEMBER
Julian Lennon veröffentlicht seine vierte LP, „Help Yourself".

9. OKTOBER
Fred Seaman ist der nächste Insider, der eine Erinnerung an Lennon veröffentlicht: „Living On Borrowed Time" erweist sich als überraschend informativ in Bezug auf Lennons letzte Jahre.

6. DEZEMBER
Mimi Smith, Johns Tante, die verantwortlich für seine Erziehung ab dem vierten Lebensjahr war, stirbt im Alter von 88 Jahren in Poole.

12. DEZEMBER
Mimi Smith wird in Poole eingeäschert. Der Zeremonie wohnen Yoko Ono, Cynthia Lennon und Sean Lennon bei.

1992

MÄRZ
Ein neues Buch erscheint: „ai: Japan Through John Lennon's Eyes". Es enthält Skizzen aus dem Übungsbuch, das Lennon Ende der Siebziger Jahre zusammengestellt hat, als er die japanische Sprache lernte.

2. MÄRZ
Yoko Ono bringt ein Set mit sechs CDs heraus, „Onobox", die viele der Stücke einschließt, die sie zwischen 1968 und 1980 mit Lennon aufgenommen hat, wobei einige von ihnen vorher nie veröffentlicht worden sind.

23. MÄRZ
Nach vier Jahren zunehmend unerträglicher werdenen Folgen wird die US-Hörfolge *The Lost Lennon Tapes* endlich eingestellt.

APRIL
Im Rahmen eines Schwulen-Festivals in London wird „The Hours And The Times", ein bemerkenswerter Independent-Film, der Lennons Beziehung zu Brian Epstein durchleuchtet, vorgeführt.

1. MAI
Ein weitere von Yoko freigegebene TV-Werbung für Nike, diesmal Mal mit Lennons, „Instant Karma! „ entsetzt die Fans.

23. JUNI
Das FBI verliert noch eine Runde seines Kampfes, die Offenlegung seiner letzten geheimen Akten von John Lennon zu verhindern. Der Oberste Gerichtshof setzt den 11. September als endgültigen Termin für die Übergabe an. Als die Akten schließlich dem Autor Jon Weiner ausgehändigt werden, entdeckt er, daß die US Regierung ihre illegalen Bespitzelungen Lennons noch in den Siebzigern mehrere Jahre lang fortsetzte, nachdem er seine politischen Agitationen längst beendet hatte. „Wenn dies der Vorwand für die Kontrolle war," notiert Weiner, „macht es das ganze Projekt noch ungerechtfertigter, den Mißbrauches noch klarer als je zuvor."

5. OKTOBER
Mit der Veröffentlichung von „The John Lennon Video Collection" kommt eine Mischung aus Original-Promo-Clips für Lennons Singles und neu gesammelten Filmmaterial auf den Markt.

1993

SEPTEMBER
Paul McCartney erzählt, daß während der Produktion seiner neuen Single „C'mon People" „Johns Geist bei uns im Studio war. Es kam über uns und wir sangen genau wie John. Wir konnten uns nicht dagegen wehren. Zum Schluß gingen wir nicht mehr dagegen an, sondern ließen es einfach geschehen."

OKTOBER
Ein australischer Tribut aus der Theaterwelt zu Lennons Ehren: „Looking Through A Glass Onion" hat Premiere in London.

NOVEMBER
Lennon-Fans sind – wie immer – „entsetzt" von „Family Album (Blood Objects)", einer Kunstausstellung von Yoko Ono in Los Angeles. Sie zeigt einen Bronze-Abguß des von Kugeln durchsiebten Hemdes, das Lennon trug, als er erschossen wurde und seine blutverschmierte Brille.

1994

JANUAR
Yoko Onos Klang-Collage „Georgia Stone", die kurze Auszüge aus einem von Lennons letzten Interviews beinhaltet, wird auf dem John Cage Tribut-Album, „A Chance Operation" veröffentlicht.

15. JANUAR
Lennons enger Freund Harry Nilsson stirbt im Alter von 52 Jahren an Herzversagen.

19. JANUAR
Paul führt John in die Rock'n'Roll Hall Of Fame in New York ein. Bei seinem ersten öffentlichen Auftritt an der Seite von Yoko seit Lennons Tod liest er einen „Offenen Brief" an Lennon vor, in dem er ihr erstes Treffen und ihre gemeinsame Arbeit Revue passieren. Er bestätigt auch die beharrlichen Gerüchte der letzten Wochen, daß die restlichen Beatles planen, wieder zusammen zu arbeiten.

Nach der Feierlichkeit schenkt Yoko Paul einige unveröffentlichte Demo-Bänder mehrerer unvollendeter Lennon- Kompositionen, darunter „Free As A Bird", „Real Love" und „Grow Old With Me".

FEBRUAR
Nachdem sie sich die drei Lennon-Songs angehört haben, beginnen Paul McCartney, George Harrison und Ringo Starr mit der Arbeit, das „Free As A Bird"- Demo in einen fertigen Song zuwandeln – ihre erste gemeinsame Studioarbeit seit 1970. Der Song soll bei der geplanten *Anthology*-Serie mit Dokumentar-Videos über die Beatles eingesetzt werden, die Ende 1995 ausgestrahlt werden soll.

Das Sessions finden in McCartneys Heim-Studio The Mill in Sussex statt, Jeff Lynne produziert.

McCartney: „Es ist echt irre. Wenn du an eine neue Beatles-Platte denkst, ist es eigentlich unmöglich, weil John nicht mehr da ist. Aber wir haben es geschafft, einen unveröffentlichten Song von John zu bekommen und stellen uns einfach vor, er wäre in Urlaub gefahren und hätte vorher gesagt: ‚Macht das mal fertig, ich vertraue euch.' Das gab uns dieses nette Ge-

Yoko mit Sean und Paul McCartney bei Johns Aufnahme in die Rock'n'Roll Hall Of Fame im Januar 1994.

fühl, frei zu sein und machen zu können, was wir wollen. Also haben wir daran weitergearbeitet, so wie es die Beatles mit jedem alten Stück gemacht haben, und jetzt bin ich verdammt stolz darauf."

MÄRZ
John Lennon reagiert aufgeregt auf die Beatles-Reunion – sagt zumindest die britische Klatschpresse, die berichtet, daß er sich über ein Medium an Yoko gewandt habe. Inzwischen behauptet ein britischer Songwriter, daß Johns Geist ihn in den letzten Monaten zum Komponieren von 120 Songs inspiriert habe. Wieder ein paar Wochen später behauptet das amerikanische Medium Jason Leen, der bemerkenswert aktive Lennon habe ihm geholfen, 13 Songs zu komponieren und ihm sogar Musiker vorgeschlagen, die diese Songs aufnehmen sollen.

APRIL
Julian Lennon sagt dem *London Evening Standard*, daß er von Paul McCartney zu den neuen Beatles-Sessions eingeladen wurde. „Er fragte, ob ich Lust hätte, etwas Musik zu machen", sagt Julian, „was mich total überrascht hat." Die Zusammenarbeit findet dennoch nicht statt.

22. JUNI
Die überlebenden Beatles treffen sich erneut in The Mill und arbeiten an dem unvollendeten Lennon-Song „Free As A Bird" weiter.

JULI
Julian Lennon will angeblichYoko verklagen, weil er nicht den ihm zustehenden Anteil an Lennons Vermögen bekommen habe, das nach wie vor Yoko kontrolliert.

15. SEPTEMBER
Ein kürzlich entdecktes Tonband von zwei Songs der The Quarry Men, aufgenommen an dem Tag im Juli 1957, als Lennon zum ersten Mal Paul McCartney traf, wird bei Sotheby's für 70.000 Pfund verkauft. Das primitiv klingende Band von „Putting On The Style" und „Baby Let's Play House" zeigt die Gruppe als einen ungeschliffenen Skiffle-Haufen, bei dem Lennon schon wie ein geborener Rock'n'Roller shoutet. Mit Genehmigung von Apple kauft schließlich die EMI das Band.

ENDE OKTOBER
In einem bizarren Medien-Ereignis klebt Yoko Ono die deutsche Stadt Langenhagen mit 70.000 Plakaten eines nackten Hinterteils zu. „Gesichter können lügen", sagt sie, „Hinterteile können das nicht."

30. NOVEMBER
Die Doppel-CD mit BBC-Rundfunk-Session-Aufnahmen, „Live At The BBC", wird die erste offizielle Veröffentlichung von „neuem" Material der Gruppe seit 1977. Die Platte schießt direkt auf Platz 1 und provoziert eine Flut von Medien-Berichten.

1995-96

22. FEBRUAR
Cynthia Lennon wird das sechste und letzte Mitglied des Lennon-Clans, das eine Platte veröffentlicht: sie debütiert mit der Single „Those Were The Days".

6. MÄRZ
Lennons Version von „Baby It's You" wird aus „Live At The BBC" als neue Beatles-Single ausgekoppelt.

11. MÄRZ
Eine bizarre Plattensession in Paul McCartneys Heim-Studio bringt McCartney und die Lennon-Familien musikalisch zusammen. Der Ono-Song „Hiroshima, It's Always A Beautiful Blue Sky" wird aufgenommen. Yoko übernimmt den Leadgesang und wird unterstützt von Paul McCartney am Bass und dessen Töchtern Mary, Heather und Stella. Linda McCartney spielt dazu Celesta, Sean Lennon und Pauls Sohn James McCartney bedienen die Gitarren. Das Stück soll an den 50. Jahrestag des Abwurfes der ersten Atombombe auf die japanische Stadt Hiroshima erinnern.

Yoko Ono: „ Es war heilsam für unsere Familien, auf diese Weise zusammenzukommen. Es war ein sehr besonderes Gefühl."

Sean Lennon: „Es ist das Ergebnis unserer Versöhnung nach 20 Jahren Bitterkeit und Zank-Scheiß. Hier waren Leute, die nie zusammen gespielt hatten und machten Musik. Es war ein unglaubliches Gefühl, mit Paul zu arbeiten."

15. MÄRZ
In einer US-Pressekonferenz verrät Paul McCartney weitere Details über die Aufnahmesessions der „Free As A Bird"-Beatles-Wiedervereinigung: „Es ist schon gespenstisch, John die Lead-Vocals singen zu hören, aber es ist schön. Vorher rieten uns die Leute, daß wir es nicht tun sollten, aber das hat uns nur weiter angespornt. Es war eine tolle Erfahrung. George spielte eine großartige Gitarre, wir bekamen einige wunderschöne Harmonien hin, so daß Ringo sagte: ‚Es klingt wie die Scheiß-Beatles'."

ANFANG APRIL
Es kommt heraus, daß Paul McCartney, George Harrison und Ringo Starr ein zweites Lennon-Heim-Demo, „Real Love", im Rahmen des Anthology-Projektes bearbeiten. Diese Video-Historie der Beatles mit der dazugehörigen Single („Free As A Bird") und einer Reihe von weiteren Raritäten soll im November ausgestrahlt und veröffentlicht werden. Geplant ist auch eine CD-Box mit der besten Ausschußware und Demos aus Lennons Solo-Karriere.

20. NOVEMBER
Die 2-CD-Box „Anthology I" erscheint weltweit gleichzeitig in allen kaufkräftigen Ländern. Sie löst zwar keine neue Beatlemania aus, ist aber kommerziell ein Riesenerfolg: Das Werk mit der Single „Free As A Bird" (erschienen am 4.12.) und etlichen bislang unveröffentlichten Versionen alter Beatles-Hits schießt in England, Deutschland und den USA auf Platz 1 der Charts und verkauft weltweit rund 10 Millionen Exemplare.

DEZEMBER
Die dreiteilige Beatles-Serie wird zur Weihnachtszeit vom ZDF in Deutschland ausgestrahlt, erreicht überdurchschnittliche Einschaltquoten und heizt die Verkäufe der CD-Box an.

18. MÄRZ 1996
„Anthology II" wird nach der am 4.3. vorab ausgekoppelten Lennon-Single „Real Love" weltweit veröffentlicht. Der BBC-Sender Radio One weigert sich, die Single „wegen ihrer schlechten Qualität" zu senden

SEPTEMBER
EMI plant die weltweite Veröffentlichung der dritten und letzten 2-CD-Box, „Anthology III", für Anfang September. Nachdem Yoko Ono kein weiteres Lennon-Demo zur Verfügung stellen will, gibt es dieses Mal auch keine Single.